böhlau

Hans Haid

Das Schaf

Eine Kulturgeschichte

Böhlau Verlag Wien · Köln · Weimar

Bibliografische Information der Deutschen Nationalbibliothek:
Die Deutsche Nationalbibliothek verzeichnet diese Publikation in der
Deutschen Nationalbibliografie; detaillierte bibliografische Daten
sind im Internet über http://dnb.d-nb.de abrufbar.

Coverillustration: Foto: plainpicture/alt-6
Covergestaltung: Judith Mullan

ISBN 978-3-205-78442-5

Das Werk ist urheberrechtlich geschützt. Die dadurch begründeten Rechte, insbesondere die der Übersetzung, des Nachdruckes, der Entnahme von Abbildungen, der Funksendung, der Wiedergabe auf fotomechanischem oder ähnlichem Wege, der Wiedergabe im Internet und der Speicherung in Datenverarbeitungsanlagen, bleiben, auch bei nur auszugsweiser Verwertung, vorbehalten.

© 2010 by Böhlau Verlag Ges.m.b.H. und Co. KG,
Wien · Köln · Weimar
http://www.boehlau.at
http://www.boehlau.de
Druck: Széchenyi István Nyomda Kft., H-9027-Győr

Inhalt

GESCHICHTE UND VERBREITUNG 13

    Erste Züchtungen 13
    Erste Bilddarstellungen 15
    Anfänge der Schafhaltung in den Alpen 17

APOKALYPSE UND LAMM GOTTES 21

    Das „geduldige" Lamm 21
    Die Rolle des Lammes in der Apokalypse 23
    Das Lamm und der Widder in der Religion 26
    Der „gute" Hirte 30
    Apokalypse und neue Schreckens-Szenarien 37
    Das Opferlamm 37
    Das Schaf in der Bibel 40

IM ZEICHEN DES WIDDERS 42

    Der Schafbock als Opfertier 42
    Widderkult in Osttirol 43
    Der Widder als „Symbol der Wolken" 45
    Der weiße Widder als Schutzsymbol 45
    Der Widder in der Volksmedizin 46
    Der Widder in Sagen 46
    Der „heilige" Widder 46
    Der Widder als Sternbild 48
    Widder-Kämpfe 48
    Widder-Menhir im Ötztal 50
    Schaffeste und Schafkulte 51

INHALT

SAGE, LEGENDE, MÄRCHEN UND APOKRYPHEN . 54

ISLAND Ein Märchen von Josef Calasanz Poestion . . . 54
ISLAND Der Schäfer von Silfrúnastaðir 58
SPANIEN Das weiße Schaf auf dem Weg nach
Santiago de Compostela 60
SALZBURG Der Gletschergeist im Kötschachtal 61
SÜDTIROL Was haben die „Wolfsmenschen"
aus der sagenhaften Bergwelt mit den Schafen zu tun? 61
THÜRINGEN Eine Schäfersage 62
AUS DEN APOKRYPHEN Die verborgenen Bücher
der Bibel 63
PYRENÄEN Transhumanz und Jakobspilgerweg
bei Cize 66
KORSIKA Der fliegende Widder von Pietralba 66
SCHWEIZ/URI Die Sage vom Uri-Stier 68
SCHWEIZ/ZERMATT Das blökende Schaf 69
SCHWEIZ/ZERMATT Der große Widder
im Findelntal 71
SCHWEIZ/ZERMATT Der Widder vom Muttberg . . . 71
SCHWEIZ/GRAUBÜNDEN Der Schafhirt von Ranasca . 73
BURGENLAND Die Riesenschlange von Güssing 74

HEILIGE, PATRONE, HIRTINNEN UND HIRTEN . . 77

Das geheimnisvolle Geschehen in Lourdes 77
Das nicht minder geheimnisvolle Geschehen
rund um die Schafhirten in Fatima 78
La Salette 80
Le Laus 80
Schaf-Patrone 82
Die geheimnisvolle Schafherde am Luschariberg 83

Der Marienwallfahrtsort Sonntagsberg 86
Der Wallfahrtsort Kaltenbrunn 87
Von den Hirtinnen und ihrem Paradies 87
Die starken Frauen der Alp Sovrana und die Steinfrau . 93
Christliche Schutzheilige 94

SCHÄFERLEBEN
Idylle und Mentalität 98

Der Beruf des Schäfers 98
Die Bergamasker 101
Status der Schäfer 102
Gefährliche Arbeit 103
Über die Mentalität der Schäfer 106
Die Wanderschäferei 109
Rinderhirten contra Schafhirten 110
Das Schaf in Flurnamen 111

BARFUSS ÜBERS STOPPELFELD
Bräuche, Feste und Schäfer-Aktionen 113

Schäferkönig und Schäferkönigin in Markgröningen . . 113
Bräuche in Thüringen und in der Rhön 113
Antlasswidder und Widderopfer 119
Schafabtriebe 119
Die Schaftriebe in den Ötztaler Alpen 120
Schafkult in anderen Kulturkreisen 122
Schafe und Hirten in der Krippe 123
Bräuche und Riten weltweit 124

INHALT

GEDULDIG GEMOLKEN, GESCHOREN, GESCHLACHTET, GESCHÄCHTET 125

Protestzug in Madrid 125
Protest mit Schafen gegen Kraftwerksprojekt 125
Ausgewählte Beispiele ritueller Schlachtungen 128
Rituelle Tötung 128
Ist Ötzi das Opfer eines Ritualmordes? 129
Nachrichten über Tieropfer 130
Das Ritual der Schächtung 131
Die Schächtung bei den Muslimen 132
Die Schächtung bei den Juden 134
Und bei den Christen? 135
Scheren: die reinste Tortur 136
Kastration der Jungwidder 137

NUTZTIER/SCHLACHT- UND OPFERTIER, GEFÄHRDETE UND ANDERE SCHAFRASSEN 138

Das Kärntner Brillenschaf 139
Das Braune (Tiroler) Bergschaf 139
Das fuchsfarbene Engadiner Schaf 140
Das Tiroler Steinschaf 140
Das Krainer Bergschaf und das alpine
(oder Montafoner) Steinschaf 141
Das Waldschaf 142
Das Zackelschaf 142
Schafzucht in Island und auf den Faröern 144
Das Sambucca-Schaf 146
Eine Vielfalt an Rassen 147
Das berühmteste Schaf der Geschichte: Dolly 149
Das Schaf in der Literatur 150

INHALT

SCHAFRUFE, SCHAFNAMEN, SCHAFMARCH 152

    Schafmarch 152
    Das Schaf hat viele Namen 153
    Schafrufe 154
    „Besch", „Garanetsch", „Feda":
        Bezeichnungen in Graubünden 155
    Tröll und andere Sagengestalten in Island 156

VON SCHAFEN, DIE LEIDEN,
ZUGRUNDE GEHEN UND BLÖKEN 158

    Die Sprache des Schafes 158
    Schafkrankheiten 158
    Schafe als Luftverschmutzer 160
    Gequälte Schafe 160
    Schaftod in den Bergen: erfroren, verhungert 161
    Salige Frauen und andere geheimnisvolle Sagengestalten 162

SCHAFPRODUKTE: FLEISCH,
WOLLE, MILCH UND HORN 166

    Fleisch 166
    Beispielhafte Lammveredelung im Villgraten-Tal . . . 169
    Lesachtaler Lamm 170
    Tauernlamm 171
    Villgrater Lamm 172
    Schafwoll-Waschanlage in Umhausen 172
    Wolle 172
    Die mühsame Arbeit des Waschens und Scherens . . . 175
    Die Rolle der Wolle im Volksglauben 177
    Loden und Filz 178

Loden-Steiner und Pischl-Loden 180
Der Ausseer Hut 182
Kreative Wollprodukte aus Innervillgraten 183
Schafmilch, Schafkäse und Schafkosmetika 184
Lanolin und Schaffett. 187
Zucht und Handel 187
Schafmist 188
Schafhörner 189
Schafe in der Entwicklungshilfe 190

HIRTENGERÄTE
Fangeisen, Hackenstock, Schäferschippe,
Stützstab, Rucksack, Pfeife, Schäferkarren und Handy 192

Wichtiges Utensil: der Stab 192
Der Krummstab oder Bischofsstab 193
Der Hund – wichtigster Begleiter des Schäfers 197
Die Schleuder 199
Weitere Arbeitsgeräte der Schäfer 200

MEHRSPRACHIGES UND POLITISCHES ZUM SCHAF
Idiomatik, Schäfersprache, Redensarten, Sprüche 203

Begriffe und Ausdrücke rund um Schaf und Lamm . . . 203
Schäfersprache in den Bergamaskischen Alpen 206
Lammfromm, dummes Schaf, schwarzes Schaf,
    Schafskälte 206
Schäferstündchen unter Schäfchenwolken 209
Verlogene Idylle 210
Schäfchen zählen 211
Politisches 212
Globales Schafe-Scheren 212

INHALT

Schweizer Wahlkampf mit dem schwarzen Schaf 212
„Die PKK sitzt in den Bergen" 214
Wanderschäfer: Idylle oder Zwielicht? 214
„Die Vergessenen des Pamir" 215
„Ein neuer Kampf um den Balkan" 216

SCHAFE AUF WANDERSCHAFT
DIE TRANSHUMANZ/TRANSHUMANCE 218

Was ist Transhumanz? 218
Mythos Schaf 223
Einige Nachrichten zur Transhumanz in
Ländern Europas 225
Frankreich 225
Spanien 226
Italien 226
Deutschland, Österreich, Schweiz 229
Bulgarien 231
Förderung der Transhumanz 232
Schafwege in Süditalien: die „Tratturi" 233
Agropastoralismus 234
Feste und Museen der Schafe und der Transhumanz . . 234

BUKOLIK UND SCHÄFERDICHTUNG 235

Albrecht von Haller: „Die Alpen" 235
Schäfer- oder Hirtendichtung 235
Franz Grillparzer: „Das goldene Vlies" (Drama 1819) . . 237
Gustav Schwab: „Medea raubt das goldene Vlies" 239
Halldór Laxness: „Am Gletscher" 244
Leo Tuor: Schaf-Impressionen aus „Giacumbert Nau" . 245
Haruki Murakami: „Wilde Schafsjagd" (Roman) 247

INHALT

Robert Musil: „Nachlass zu Lebzeiten" 247
Paulo Coelho: „Auf dem Jakobsweg. Tagebuch einer
    Pilgerreise nach Santiago de Compostela" 249
Wilhelmine von Hillern: „Die Geierwally" 250
Freiherr Ritter von Alpenburg:
    „Mythen und Sagen Tirols" 251
Andri Peer: „Zwischen Gletscher und Weide". 252
Claude Debussy: „Pelléas und Mélisande" 252
Luciano Berio: 11 Folk Songs 255
Elfriede Jelinek: Libretto für „Bählamms Fest"
    von Olga Neuwirth 256
Gustav Mahler: 4. Sinfonie 257

MUSIK: SCHOFAR, HIRTENHORN, SPINNSTUBE,
KRIPPENLIED, PASTORALE UND PASTORELLEN . . 260

    Der Schofar. 260
    Hörner 261
    Spinnstubenlieder. 261
    Pastoralen und Pastorellen 264
    Madrigale. 264
    Schafe in Werken der klassischen Musik 265
    Hirten- und Krippenlieder 265

LITERATURLISTE 271

Geschichte und Verbreitung

ERSTE ZÜCHTUNGEN

Erste erfolgreiche Schafzucht soll es bereits vor 10.000 Jahren gegeben haben. Wissenschaftliche Aussagen über das Alter von Schafen stimmen weitgehend überein. Das Schaf ist ein „Haustier der Urgeschichte" wie Hund, Katze und Ziege. „Urahn", d. h. „ovis vignei" des Schafes als Haustier, ist eine Wildform, höchstwahrscheinlich das Armenische Mufflon. Dass Schafe als robuste und genügsame Tiere gelten, dass sie sich klimatischen Bedingungen und Nahrungsangeboten gut anpassen, erleichtert ihre Haltung sehr. Schafe als Haus- und Nutztiere sind weltweit verbreitet. Die Ur- und Frühgeschichte bestätigt, dass Steinzeitmenschen bereits um 9.000 v. Chr. das Urschaf domestiziert haben. Vom „Urschaf" blieben weltweit 39 Unterarten. In Afrika soll es heute noch Bestände von alten Haar-Schafen geben, weil dort Wolle nie eine besondere Rolle spielte.

Josef Reichholf hat in einer Studie über die Neolithische Revolution die These aufgestellt, dass erst der Besitz von gezähmten Schafherden die Sesshaftwerdung ermöglicht, zumindest erleichtert haben soll (Reichholf 2008, S. 201-23). Als jagdbare Tiere seltener wurden und die Jagd zur Beschaffung von Fleisch immer schwieriger, begann der Mensch, vormals wilde Schafe zu zähmen, sie nahe den Siedlungen einzuzäunen, sie bei Bedarf zu stechen und Nahrung zu gewinnen. Nach und nach wurden die eingesperrten und eingezäunten Schafe und Ziegen zutraulicher. Die besondere Eignung als Haustier begründet Reichholf mit dem Hinweis, dass Kinder und Jugendliche im Clan mit den Schafen zurechtgekommen sind, was bei Rindern und Pferden schwieriger war. Das heutige Schaf entstand aus einer schrittweisen Entwicklung seit etwa 8.000 Jahren aus dem im östlichen Mittelmeerraum beheimateten Wildschaf OVIS AMMON.

Die Bibel bestätigt die Sesshaftwerdung: Die biblische Stamm-Mutter Eva gebar Kain und Abel. Nach der Überlieferung wurde Abel Schafhirt. Kain wurde Ackerbauer. Mit der Geschichtsschreibung von Kain und Abel beginnt insofern auch die Hirten- und Nomadenkultur auf der einen und die durch Sesshaftigkeit gekennzeichnete Kultur des Ackerbaus auf der anderen Seite.

Der Urahn des heutigen Hausschafes hatte ein glattes Borstenfell wie heute das Schwein. Erst durch planmäßige Züchtung wurde das Schaf ein Wolltier. Schafe werden in der Regel zweimal im Jahr geschoren. In den letzten Jahren ist der Preis für Wolle immer mehr gesunken. Die Wolle wurde vielfach zum Nebenprodukt, das nichts wert ist, das nicht mehr oder kaum weiterverarbeitet wird. Es gibt Überlegungen, wie das Schaf so weit „rückgezüchtet" werden könnte, dass es nur einmal und in späterer Folge nicht mehr geschoren werden muss.

Nach neueren Schätzungen existieren weltweit etwa 1,03 Milliarden Schafe. Ca. 40 % davon leben in Asien, etwa 20 % in Afrika, ca. 15 % in Ozeanien, dort vor allem in Australien und Neuseeland. Die restlichen ca. 25 % verteilen sich auf Europa und Amerika. In Europa lebten nach einer Zählung im Jahr 2002 mit ca. 36 Millionen die meisten Tiere in Großbritannien. In Deutschland sind es ungefähr zwei Millionen. Innerhalb der EU sind die Zahlen stark bis dramatisch sinkend. Dies ist unter anderem auf die Reformen der gemeinsamen Agrarpolitik zurückzuführen. Nachfolgend sind die ersten zwölf Plätze jener Länder, die die größten Schaf-Populationen aufweisen, aufgelistet (www.welt-in-zahlen.de; Anzahl der Schafe je 1.000 Einwohner).

Platz	Land (Kontinent)	Schafe je 1.000 Einwohner (Stück)
1	Neuseeland (Australien u. Ozeanien)	10.433
2	Australien (Australien u. Ozeanien)	5.536
3	Mongolei (Asien)	4.095
4	Uruguay (Südamerika)	3.228
5	Mauretanien (Afrika)	2.517
6	Insel Man (Europa)	2.198
7	Island (Europa)	1.636
8	Faröer (Europa)	1.564
9	Somalia (Afrika)	1.523
10	Turkmenistan (Asien)	1.233
11	Namibia (Afrika)	1.232
12	Irland (Europa)	1.166

Bei der auf Platz acht gelegenen „Faröer", einer Inselgruppe mit 22 Inseln, zeigt sich die große Bedeutung der Schafzucht bereits im Namen: „Faröer" bedeutet übersetzt „Schafsinseln". Auch das Landeswappen zeigt ein Schaf.

ERSTE BILDDARSTELLUNGEN

Die Verbundenheit des Menschen mit dem Schaf ist aus fast allen Weltgegenden überliefert. Seine symbolische Funktion in Religionen ist bedeutungsvoll. In der hebräischen Kultur heißt das einfache Schaf „kibsa", das Mutterschaf aber heißt „rahel" – wie die Lieblingsfrau des Erzvaters Jakob. Weibliche Jungtiere hießen „asterot-son" (vgl. 5. Mose 7, 13 orig.). Vardinam deutet die Bezeichnungen als Bezugnahme auf die Fruchtbarkeitsgöttin Aschera:

> [Die] wahrscheinlich aus dem Kanaanäischen übernommene Bezeichnung hängt mit der alt-orientalischen Fruchtbarkeitsgöttin „Aschera" bzw. „Astarte" zusammen. Die jungfräuliche

GESCHICHTE UND VERBREITUNG

1. a) Assyrische Schafe mit Fettschwänzen. Wandbild vom 8. Jh. aus Nimrud; b) heutiges Fettschwanzschaf aus dem Negev. Der schwere Schwanz kann bis 10 kg wiegen.

Mutter- und Fruchtbarkeitsgöttin wurde in Askalon als Taube, in Sidon und in Byblos als Kuh, in Kanaan aber als Jungschaf verehrt. (Vardinam 1990, S. 71)

Anhand der Darstellung der erwähnten historischen Linien wird im Folgenden eine Beziehung zum bisher weithin verborgenen, nicht entschlüsselten Mythen-Stoff rund um das Lamm in der Apokalypse bzw. in der „Geheimen Offenbarung des Hl. Johannes" hergestellt. Sie hat die Nutzung des Schafes und des Lammes von der Verwertung der Wolle, des Fleisches, der Milch usw. bis zum Kult, bis zur Verehrung, ja bis zum Aufstieg in die Götter- und Göttinnenwelt zum Thema.

Die ersten bildlichen Darstellungen des Schafes liegen mehr als 4.500 Jahre zurück. In 4.500 Jahre alten ägyptischen Wandbildern sind Schafe zu sehen, die mit ihren Hufen Saatgut in die feuchte Ackerkrume eintreten oder während der Ernte Körner aus den Ähren stampfen (Vardinam 1990, S. 71). Kurzhaarige, hochbeinige mesopotamische Bergschafe finden sich in einem Siegel aus dem dritten

ANFÄNGE DER SCHAFHALTUNG

2. Altägyptische langbeinige Haarschafe mit waagerechten Korkenzieherhörnern und dünnem Schwanz. Wandbild vom Grab der Urarna (Werini) vom 25. Jh.

Jahrhundert v. Chr. Die Darstellung stammt aus Ur. Aus der Zeit vor rund 4.500 Jahren finden sich auf einem Wandbild vom Grab der Urarna (Werini) in Ägypten Darstellungen der altägyptischen langbeinigen Haarschafe mit waagrechten „Korkenzieherhörnern" (vgl. Vardinam 1990, S. 72 und 73).

ANFÄNGE DER SCHAFHALTUNG IN DEN ALPEN

Im Alpenraum gibt es erste halbwegs sichere Nachweise der Schafhaltung seit über 6.000 Jahren. Neuere Überlegungen, speziell zu den Ötztaler Alpen, die seit dem „Fund des Ötzi" im September 1991 eine wahre Flut von Ur- und Frühgeschichtsforschungen ausgelöst haben, haben dieses hohe Alter bestätigt. Es ist anzunehmen, dass nach Ende der Eiszeit erste Schafwanderungen möglicherweise aus dem Nahen Osten bis in den Alpenraum erfolgten. Menschen-

GESCHICHTE UND VERBREITUNG

leere große Gebiete mit vorzüglicher Eignung für die Schafbeweidung wurden sozusagen von den Schafen „erobert".

Forschungen im schweizerischen Wallis bezeugen ebenfalls die Schafhaltung bis zurück zur mittleren Steinzeit. Funde bestätigen, dass die Schafe zu den häufigsten Haustieren gehörten. Knochenfragmente aus Walliser Fundstätten ergeben sichere Nachweise auch über Größe und Aussehen der Tiere. Bis zur Bronzezeit trugen männliche und weibliche Schafe Hörner. In der Frühbronzezeit kamen erstmals Schafe ohne Hörner vor – sie waren bereits Ergebnis langer Züchtung. Vom Neolithikum bis zur Römerzeit blieb die Walliser Schafrasse ziemlich einheitlich. Wie bei Funden in Südtirol ist auch im Wallis aus Knochenfunden nachweisbar, dass die Schafe das weitaus häufigste Haustier waren.

Ein „stilisiertes Schaf" findet sich auf einem der Siegel eines archäologischen Fundes im Norden Mesopotamiens aus der Zeit vor etwa 5.500 Jahren.

3. Links: Kurzhaarige, hochbeinige mesopotamische Bergschafe nach einem Siegel vom 30. Jh. aus Ur; rechts: Fessan-Schaf mit hufeisenförmigen Hörnern – a) einst (30. Jh.) und b) heute

ANFÄNGE DER SCHAFHALTUNG

In einem undatierten Schulbuch mit dem Titel „Lesebuch für die Landschulen" lautet eine kurze Einführung in die Schafzucht:

„Schafe halten nur mit Vortheil in Menge jene Landwirthe, welche nicht nur auf ihren eigenen, sondern auch auf den benachbarten Feldern das Recht zu hüten haben. Es gehöret zu deren Unterhaltung vieles Heu, trockene und bergige Gegenden; nasse Weide ist ihnen schädlich. Störe oder Böcke nennet man die männlichen Thiere des Schafgeschlechtes, welche zur Zucht dienen, Schafe die weiblichen.

Gute Eigenschaften, darauf zu sehen ist:

Jene Arten sind die besten, welche viele und feine Wolle tragen, und solche nicht leicht fahren lassen. Mann kann sie durch Anschaffen auswärtiger, oder auch inländischer Störe ingleichen durch gute Fütterung sehr verbessern.

Anmerkungen über den Gebrauch:

Man hält die Schafe vornämlich der Wolle halben, welche man entweder ein oder auch zweimal im Jahre abscheeret. Man melket sie auch wohl, um aus der Milch Käse und Butter zu machen; allein man vermindert dadurch die Wolle. Ihr Dünger ist der allerbeste. Man bedienet sich der Schafherden, um dadurch entfernte Aecker zu bedüngen, dahin es den Dünger zu führen zu beschwerlich seyn würde.

Nahrung und Pflege:

Man lässt sie auf Feldern, und in Gebüschen zur Sommer- und Winterzeit ihre Nahrung sich selbst suchen; wenn aber der Boden mit Schnee bedecket ist, so füttert man sie mit zartem Heu, eingesammeltem Laube, besonders von Eichen, Pappeln und Linden, mit Erbsen und anderm Stroh, manchmal auch wohl besonders die tragenden mit Haber. Steinsalz ist ihnen zuträglich, es ist für sie eine Arzney.

Fortpflanzung:
Um Michaelis lässt man die Störe oder Böcke unter die Schafe, sie sollen beiderseits wenigstens 2 Jahr alte seyn; ein Stör ist auch 20 Schafe hinlänglich; die Schafe tragen etwas über 5 Monate. Die Lämmer des männlichen Geschlechtes, welche nicht zur Zucht bestimmet sind, werden verschnitten, man nennet sie alsdann Hämmel oder Schöpfen; sie sollen, wenn sie verschnitten sind, mehrere Wolle tragen, und besseres Fleisch bekommen."

Apokalypse und Lamm Gottes

DAS „GEDULDIGE" LAMM

Dem Lamm werden die Attribute „geduldig" und „dumm" zugesprochen – ein Opfertier, das zur Schlachtbank geführt wird. Hierbei handelt es sich um einen Typus, dem alles Leiden, Quälen zugemutet wird, das Unsägliches erleidet, das alles Zerren, Reißen, Ziehen und auch das Schlachten hinnimmt, das nicht klagt und nicht jammert. Es wird also nicht nur sprichwörtlich zur Schlachtbank geführt.

Weit weg vom Klischee des dummen und geduldigen Schafes existieren auch Geschichten von Schafen als Wetterpropheten. Das „dumme" Schaf, das bei Schnee in den höchsten Höhen verharrt und im Schnee elendiglich verhungern und erfrieren würde, entspricht einem alten Märchenglauben. Tatsächlich reagiert es wie viele andere Tiere überaus sensibel auf Veränderungen in der Natur. Dies bestätigt etwa ein Schäfer aus Rofen in den Ötztaler Alpen. (Mündliche Auskunft des Schäfers Willi aus Rofen gegenüber dem Autor.) Zwei Tage vor Abgang einer Lawine auf Rofen im Winter 1986/87 hätten die im Stall befindlichen Kühe sie gespürt. Sie hätten sich durch außergewöhnliches Verhalten bemerkbar gemacht, vor allem durch auffallendes Muhen und Schlagen mit den Glocken. Später zerstörte die Lawine den Stall. Auch die Schafe seien empfindlich gewesen. Zwei Tage vorher hätten sie den dramatischen Klimawechsel in Form von Schneefall und starkem Föhnsturm gespürt. Der erfahrene Hirt weiß das, er kennt die natürlichen Witterungsbedingungen sowie seine Schafe. Scheinbar unmotiviert suchen diese bei

4. Details einer Weihnachtskrippe. Friedrich Gurschler, Holz bemalt, 1962–1975

einer Klimaänderung andere Weide- und Rastplätze auf. Laut bemerkbar machen sie sich in der Regel zwei Tage vorher durch außergewöhnliches und immer wieder wiederholtes Beuteln des Kopfes und durch das damit verbundene Anschlagen der Glocken. Immer wieder schütteln sie mit dem Kopf, sodass die Glocken mächtig und stark anklingen. Zwei Tage später kommen der Schnee, der Schneesturm oder ein mächtiger Föhnsturm.

Eine Darstellung in Weihnachtskrippen versinnbildlichen Schaf und Lamm als lieblich-zärtlich-harmlose Tierchen in der christlichen Religion und in Weihnachtsspielen wird das Jesuskind sogar mit einem Lämmchen im Arm gezeigt (siehe auch Farbtafel 10/11). Es sind diese vertraut klischeehaften alpenländischen Geschichten, in denen die Versinnbildlichung und das Schaf als Nutztier in den Bergen verquickt werden. Dazu kommen in katholischen Gegenden die vertrauten Bilder aus der Bibel, aus dem alten Testament und der Messgestaltung.

DIE ROLLE DES LAMMES IN DER APOKALYPSE

Eine beinahe konträre Rolle spielt das Lamm in der als „Offenbarung des heiligen Apostels Johannes" bekannten Apokalypse. In der Bibel-Fassung von Franz von Allioly (Fassung der St. Joannis-Druckerei in Dinglingen, Baden aus dem Jahre 1929, auf der Grundlage der Übersetzung von Martin Luther) wird das Lamm in einer ungewohnten Stellung beschrieben. Es ist das *Lamm*, das Macht besitzt. Es ist das Lamm, das Symbol für Macht und Herrschaft ist, das ausersehen ist, die Siegel zu öffnen und dem gehuldigt werden muss. Die (bösen) Mächte kämpfen mit dem Lamm. Aber das Lamm siegt. Es ist der „Herr der Herren", der Sieger und das *Starke*. Im Kommentar zur „Apokalypse" im Kirchenlexikon von 1882 wird es mehrfach in dieser Rolle erwähnt, als „Gestalt mit sieben Hörnern, den Symbolen der Kraft, und mit sieben Augen, den Sinnbildern des göttlichen, überall hinschauenden Geistes ..." Die Gegenposition vertritt „ein anderes Tier mit zwei Lammeshörnern und mit Drachenstimme ... Jenes Tier ist der Antichrist":

„Und ich sah, und siehe, in Mitte vor dem Throne und den vier lebenden Wesen, und in der Mitte vor den Ältesten stand ein Lamm wie getötet, und hatte sieben Hörner und sieben Augen, welche die sieben Geister Gottes sind, ausgesandt in alle Welt." (5.6.)

„Und ich sah, dass das Lamm eines der sieben Siegel öffnete …" (6.1.)

„Nach diesem sah ich eine große Schar, die niemand zählen konnte, aus allen Nationen und Stämmen, und Völkern und Sprachen; sie standen vor dem Throne und vor dem Lamme, angetan mit weißen Kleidern …" (7.9.)

„Und ich sah ein anderes Tier aufsteigen aus der Erde; es hatte zwei Hörner gleich dem Lamme, redete aber wie der Drache …" (11.1.)

Der „Antichrist" ist der Gegenpol zum „Lamm" bzw. zum zweihörnigen Widder. Im apokalyptischen Szenario tritt wieder das Lamm, das Schaf, aber auch der ja viel stärkere Widder in Erscheinung:

„Und ich sah, und siehe, das Lamm stand auf dem Berge Sion, und mit ihm hundert vierundvierzigtausend, die seinen Namen, und seines Vaters Namen auf ihren Stirnen geschrieben hatten." (14.1.)

Die „große Hure oder Babylon, die Mutter aller Greuel auf Erden, betrunken vom Blute der Märtyrer" tritt auf und

„sie werden mit dem Lamme streiten, aber das Lamm wird sie überwinden; denn es ist der Herr der Herren, der König der

Könige, und die mit ihm sind, die Berufenen, die Auserwählten, die Gläubigen ..." (17.14.)

Schließlich ist „alles neu. Das himmlische Jerusalem" kommt näher:

„Und es kam einer der sieben Engel, welche die sieben Schalen hatten von den letzten sieben Plagen, und redete mit mir, und sprach: ‚Komm, ich will dir die Braut zeigen, die Braut des Lammes!' Und er führte mich im Geiste auf einen großen, hohen Berg, und zeigte mir die heilige Stadt Jerusalem ..." (21.9–10.)

Im Finale folgt der Sieg über Unzucht und Laster:

„Selig, die ihre Kleider im Blute des Lammes waschen, dass sie Macht erhalten im Baume des Lebens, und durch die Thore eingehen in die Stadt! Draußen sind die Hunde und die Zauberer, die Unzüchtigen und die Mörder, die Götzendiener, und alle, welche die Lüge lieben und tun." (22.14.)

Diese Zeilen lesen sich keineswegs lieblich oder verharmlosend. Die Symbolik ist elementarer Bestand einer jahrtausendealten Kultur und Überlieferung. Eine sehr alte Kultur der Schafe wird seit vielleicht 6.500 Jahren auch und beispielgebend in den Bergen der Ötztaler Alpen zelebriert. Dabei kommt es unweigerlich zum „Sieg des Lammes". Die apokalyptischen Interpretationen enden mit der Darstellung der „Hochzeit des Lammes" und dem Sieg. Das Szenario der Apokalypse stimmt in Alter und Würde mit der altertümlichen Transhumanz überein. Es ist ergreifend und apokalyptisch-archaisch, wenn die Schäfer und Hirten und Treiber über die Gletscher ziehen. Der „Alte vom Berg" wird vielleicht mit seinen 120 Schafen wiederkommen. (Umso spannender und dramatischer ist der gegenwärtige

Kontrast – der Ausbau des Skigebiets – rund um das Hochjoch in Südtirol.) Hier heißt es: *„Ein neues Lied ertönt zum Preise des Lammes"*.

Das ist eine starke Symbolsprache. Das „Lamm" versteht sich offensichtlich und vielleicht auch stellvertretend für den „Widder" als Symbol von Kraft und Stärke. Es wird an einigen unkorrekten Übersetzungen liegen, dass es zu dieser verharmlosenden Reduktion kommen konnte. Dies bestätigen einige Interpreten der Bibel und der Apokalypse. Der überaus eindrucksvolle *Widderkult* wurde bislang kaum erforscht und in den verschiedenen Kulturen verglichen.

In Zusammenhang mit Betrachtungen der Schafwanderungen zwischen Südtirol und dem Ötztal ist es nicht unerheblich, wie die Rolle des Schafes in diesem kulturell-kultisch-religiösen Zusammenhang neu gesehen werden kann. Es wertet die Rituale, Zeremonien und Glaubensvorstellungen um eine jahrtausendealte Praxis erheblich auf (siehe auch Farbtafel 12).

DAS LAMM UND DER WIDDER IN DER RELIGION

Die Darstellungen von Lamm und Widder in der Religion werfen assoziative Leitfragen über Symbolgehalte auf, deren Zusammenhänge es zu ergründen gilt: Ist das *„Lamm Gottes"* das Ideal der Christgläubigen? Ist es das Lamm oder der Widder, der auf dem Thron sitzt, der richtet und das Buch aufschlägt? Kann aus der Apokalypse des Heiligen Johannes eine aktuelle Religionskritik abgeleitet werden? Was hat die Bibel über das Schaf und das Lamm zu berichten und was hat es mit dem Hirten bei der Schafherde in Analogie zu einem Bischof und/oder Jesus auf sich? Auch die Funktion des Bischofsstabs als Hirtenstab der Schäfer zum Einfangen der Schafe ist kommentarbedürftig, wenn das Lamm einerseits als geduldiges, „das zur Schlachtbank geführt wird", oder als eines, vor dem die Ältesten und die vier Wesen niederknien und es als Herr und

LAMM IN DER RELIGION

5. Fenster in der Kirche am Sölk-Pass

Richter verehren, fungiert. Beim weltgrößten Tourismusereignis in Mekka erwirbt fast jede Familie einen Widder zur Erinnerung an das Opfer Abrahams – warum es ein Widder ist, ist ebenso interessant wie die Ankündigung eines Lammes mit sieben Köpfen als Löwe in der Apokalypse, das aber ein Lamm bleibt.

Das Lamm ist sozusagen der „große Star" in der „Geheimen Offenbarung". Wiederum ein Gegenbild liefert das Kirchenlexikon von 1882. Hier steht es als „Agnus Dei" symbolisch in der Eigenschaft als Sühnopfer:

„Dass unter allen Thieropfern gerade das Lamm zum Symbol gewählt ist, kommt daher, dass in ihm vorzüglich die Reinheit und Unschuld, die Sanftmuth und der Gehorsam, die das wahre, vernünftige Opfer zieren sollen, ihr Sinnbild finden. Der Ausdruck ‚Lamm Gottes' bezeichnet das Opferlamm als das wahre und vollkommene, den Absichten Gottes entsprechende, von ihm selbst bereitete und unbedingt wohlgefällige Opfer." (Kirchenlexikon von Wetzer und Welte in der Fassung von 1882, Spalten 1015–1035, S. 343)

Täuflinge wurden als „agni" oder „agnelli", also als „Lämmer" bezeichnet. Im „Agnus Dei, qui tolis peccata mundi, miserere nobis" als einem Teil des Messritus sind die „Lämmer" bzw. Schafe auch Teil einer Gebetsformel, „mit welcher wir den eucharistischen Heiland sehr passend gerade in dem Augenblicke anrufen, wo derselbe vor unseren Augen auf dem Altare als geschlachtetes Opferlamm gegenwärtig ist", dieses Lamm also als das „dargebrachte göttliche Opferlamm, welches schuldlos und sanftmüthig den blutenden Kreuzestod gelitten hat" fungiert (Kirchenlexikon, S. 346). Und wieder tritt der Kontrast in der immer gleichen und doch sehr ungleichen und scheinbar konträren Glaubensvorstellung der katholischen Kirche hervor: *[U]nd ich sah, dass das Lamm der Siegel sechstes auftat. Und siehe, es entstand ein großes Erdbeben ... O Schrecken! Grauen! Der Tag des Zornes ist da, des Zornes des Herrn der Herren und des Lammes",* steht in der Apokalypse. Und weiter in der apokalyptischen Rolle, die dem Lamm zukommt, heißt es in der heute altertümlich erscheinenden Übersetzung mitsamt einem Kommentar Martin Luthers im 7. Kapitel unter anderem:

> „… wie ein anderer Engel von der Sonne Aufgang der Knechte Gottes 144.000 an der Stirn versiegelt; wie eine große Schar in weißen Kleidern Gott und das Lamm gepriesen … diese sind es, die gekommen sind aus der großen Trübsal, und haben ihre Kleider gewaschen und haben ihre Kleider helle gemacht im Blut des Lammes … denn das Lamm mitten im Stuhl wird sie weiden, und leiten zu den lebendigen Wasserbrunnen …"

Das Lamm geleitet die „Gerechten", die Auserwählten zu den lebendigen Wasserbrunnen. Nicht ein „guter Hirt" weidet die Schafe, sondern die Schafe sind die Hirten. Das „Lamm" tritt wie ein mächtiger Hirte auf. Die Auserwählten erscheinen also unter der Obhut des Lammes. Dann ertönt ein „neues Lied zum Preise des Lammes". In weiteren Bildern der Apokalypse erscheint „ein anderes Tier mit zwei Lammeshörnern und mit Drachenstimme" – der Antichrist (ebd., Spalte 1017). Die überwältigende Bild- und Symbolsprache der Apokalypse ist zugleich die unübertroffene Huldigung an die Macht und Herrschaft des Lammes, dem alles untertan sein soll. Durchaus zutreffend ist auch das poetische Element als „Erzeugnis der glühenden orientalischen Phantasie" charakterisiert (ebd., Spalten 1020 und 1021). In der Johanneischen Offenbarung finden sich nicht die anmutigen Formen und die mit vollendeter Schönheit verknüpfte plastische Erhabenheit der griechischen Dichter, auch nicht die sentimental schwärmerischen Reize der Romantiker, sondern eine über alle Gesetze der Schönheit, wie sie von Aristoteles bis auf die ÄsthetikerInnen unserer Tage aufgestellt worden sind, hinausragende Fantasie, zu deren vollkommener Würdigung wiederum eine ganz besondere Anlage zur Phantasie gehört.

DER „GUTE" HIRTE

Die konträre Deutung des Schafs findet sich weiter in den überaus zahlreichen Darstellungen, Bildern, Schilderungen und Deutungen, wenn es um die Rolle des angeblich *guten Hirten* geht. Hier wird eine Idylle von den geduldigen Herdentieren beschworen, die dem Hirten folgen. Die friedvoll grasende Schafherde mit dem „guten" Hirten ist seit Jahrhunderten Sinnbild für die den Menschen anvertraute Kreatur. Diesem „guten" Hirten obliegt es, die Herde zusammenzuhalten und keine Ausbrecher und Querköpfe zu dulden. Ein „verlorenes" Schaf geht unweigerlich verloren. Nur wenn der Mensch als Hirte sich um die Lämmer und Schafe (die „Gläubigen"?) kümmert, können sie überleben. Ganz anders wären Symbole differenziert und überliefert worden, wenn es sich statt der geduldigen Lämmer etwa um Ziegen gehandelt hätte – Tiere mit einem ausgeprägten Sinn und „Instinkt" für das Ausreißen, die Querköpfigkeit, den Eigensinn. Versprengte Ziegen finden immer ihren eigenen Weg. Das zahme Schaf ist nur noch ein Schatten von dem wilden Schaf. Das mächtige Lamm der Apokalypse ist der Kontrast zum geduldigen „Lamm Gottes", das zur Schlachtbank geführt wird. In der aktuellen Religionskritik wird die Rolle des Schafes und des Lammes teilweise als „Ideal des Christgläubigen" hingestellt. In „Brehms Thierleben" als „Allgemeine Kunde des Thierreichs" in der ersten Fassung von 1883 wird der „Charakter" des Lammes und der Schafe geschildert:

> „Fast alle wilden Arten lassen sich ohne erhebliche Mühe zähmen und behalten ihre Munterkeit wenigstens durch einige Geschlechter fort. An Leute, welche viel mit ihnen sich abgeben, schließen sie sich innig an, folgen ihrem Rufe, nehmen gern Liebkosungen entgegen und können einen so hohen

Grad an Zähmung erlangen, dass sie mit anderen Haustieren auf die Weide gesandt werden dürfen, ohne günstige Gelegenheiten zur Wiedererlangung ihrer Freiheit zu benutzen. Die zahmen Schafe hat der Mensch, welcher sie seit Jahrtausenden pflegte, ihres hohen Nutzens wegen über die ganze Erde verbreitet und mit Erfolg auch in solchen Ländern eingeführt, welche ihnen ursprünglich fremd waren." (Brehms Tierleben, S. 339 f.)

Insofern passt zum geduldigen Lamm unter der Obhut des guten Hirten zu allen Zeiten die klischeehafte Rolle. Sie zeigt, wie der Mensch mit der ihm anvertrauten Kreatur umgeht. Es verwundert also auch nicht, wie beispielsweise von der katholischen Kirche das Klischeebild des „guten Hirten" in der speziellen Rolle des Bischofs ausgeprägt ist und auch zelebriert wird. Religionskritische Aufsätze liefern Hinweise hierfür, zum Beispiel Texte von „Tüpli's Global Village Library" (www.payer.de/religionskritik). Dort finden sich auch zahlreiche Zitate aus der Bibel, aus dem Neuen und dem Alten Testament mit Nennung von Schaf und Lamm. „Der gute Hirt als Gegenbild zu Dieben und Räubern" kann auch dem Johannesevangelium 10, 1–10 entnommen werden, wo es wörtlich heißt:

> „Amen, amen, das sage ich euch: Wer in den Schafstall nicht durch die Türe hineingeht, sondern anderswo einsteigt, der ist ein Dieb und ein Räuber. Wer aber durch die Tür hineingeht, ist der Hirt der Schafe. Ihm öffnet der Türhüter und die Schafe hören auf seine Stimme; er ruft die Schafe, die ihm gehören, einzeln beim Namen und führt sie hinaus. Wenn er alle seine Schafe hinausgetrieben hat, geht er ihnen voraus, und die Schafe folgen ihm; denn sie kennen seine Stimme. Einem Fremden werden sie nicht folgen, sondern sie werden vor ihm

fliehen, weil sie die Stimme des Fremden nicht kennen. Dieses Gleichnis erzählte ihnen Jesus. Aber sie verstanden nicht den Sinn dessen, was er ihnen gesagt hatte. Weiter sagte Jesus zu ihnen: Amen, amen, ich sage euch: ich bin die Tür zu den Schafen. Alle, die vor mir kamen, sind Diebe und Räuber; aber die Schafe haben nicht auf sie gehört ..."

Und an einer anderen Stelle des Johannesevangeliums (10, 11–21) wird das Bild des guten Hirten als Gegenbild zum Tagelöhner gezeichnet:

„Ich bin der gute Hirt. Der gute Hirt gibt sein Leben für die Schafe. Der bezahlte Knecht aber, der nicht Hirt ist und dem die Schafe nicht gehören, lässt die Schafe im Stich und flieht, wenn er den Wolf kommen sieht ... Ich bin der gute Hirt; ich kenne die Meinen und die Meinen kennen mich ..."

Einigermaßen Ähnliches findet sich im Alten Testament, im Buch Ezechiel 34, 11–12. 15–17:

„Ihr meine Herde, ich sorge für Recht zwischen Schafen und Schafen, zwischen Widdern und Böcken. So spricht Gott, der Herr: ‚Jetzt will ich meine Schafe selber suchen und mich selber um sie kümmern. Wie ein Hirt sich um die Tiere seiner Herde kümmert an dem Tage, an dem er mitten unter den Schafen ist, die sich verirrt haben, so kümmere ich mich um meine Schafe und hole sie zurück von all den Orten, wohin sie sich am dunklen, düsteren Tag verstreut haben. Ich werde meine Schafe auf die Weide führen, ich werde sie ruhen lassen ...'"

Und im Psalm 23 steht zu lesen:

6. Lämmer, Malerei von Ingrid Schreyer

„Der Herr ist mein Hirte.
Nichts wird mir fehlen.
Er läßt mich lagern auf grünen Auen
Und führt mich zum Ruheplatz am Wasser ...
Muss ich auch wandern in finsterer Schlucht,
Ich fürchte kein Unheil.
Denn du bist bei mir.
Dein Stock und dein Stab geben mir Zuversicht."

Hier wird der Bezug zu den Hilfsmitteln der Schäfer deutlich. Ausdrücklich werden Stock und Stab genannt, die bis in die Gegenwart in Gebrauch sind. Der alte Hirtenstab fungiert als Bischofsstab der katholischen Kirche (siehe auch Farbtafel 15).

Noch einmal kommt das Symbol des Lammes in einem Text des Alten Testaments, beim Propheten Jesaja, 53, 5–8, zur Geltung, wenn dort geschrieben steht: *"Wie ein Lamm, das man zum Schlachten führt, und wie ein Schaf angesichts seiner Scherer, so tat auch er seinen Mund nicht auf."*

Gemeint ist in christlicher Deutung, bezogen auf das Osterfest, das „Lamm Gottes" auch als „Osterlamm", auch als Zeichen der Hingabe. Ähnlich wie im Requiem, vertont und interpretiert von Giuseppe Verdi, hat auch Johann Sebastian Bach in seiner Matthäus-Passion dieses Motiv des Lammes aufgegriffen und vertont: *„O Lamm Gottes unschuldig, am Stamm des Kreuzes geschlachtet, allzeit erfunden geduldig, wie wohl du warest verachtet."* Und es darf erinnert werden, dass bei der Heiligen Messe der katholischen Kirche nach der Wandlung das „Agnus dei" zur Kommunionspendung der bemerkenswerte Text folgt: *„Seht das Lamm Gottes, das hinwegnimmt die Sünden der Welt."*

Bereits in älteren vorderasiatischen Kulturen, zum Beispiel bei den Ackerbau betreibenden Akkadern, wurde das Idolbild des „guten Hirten" geprägt. Der von 1792 bis 1750 v. Chr. regierende König von Babylonien nannte sich der „gute Hirte". Die altorientalische Vorstellung vom „guten Hirten" wurde dann im Alten Testament dichterisch verklärt:

„Er erwählte seinen Knecht David, nahm ihn von den Hürden der Herde, holte ihn weg von den säugenden Schafen, dass er weide sein Volk Jakob und Israel, sein Erbe." (Ps. 78, 70 ff.)

„Die Heroen der Wanderhirten verließen denn auch den Stamm nicht, wenn sie starben: in den Himmel entrückt, schützten sie ihn mit magischer Kraft. Der Hirte Etana im gleichnamigen babylonischen Epos (um 3000–2500) wird von einem Adler in den Himmel getragen. Ein babylonisches Siegel stellte dieses Szene dar: zwei Hirten, Schafe, Ziegen und Hunde blicken dem entschwindenden Etana nach." (Vardinam 1990, S. 32)

Immer wieder ist vom Lamm und vom Schaf zu lesen, so auch im Johannesevangelium (21, 15–18), wenn der Auferstandene, also Christus, den Jüngern erscheint:

> „Als sie gegessen hatten, sagte Jesus zu Simon Petrus: ‚Simon, Sohn des Johannes, liebst du mich mehr als alle diese?' Er antwortete ihm: ‚Ja, Herr, du weißt, dass ich dich liebe'. Jesus sagte zu ihm: ‚Weide meine Lämmer'. Zum zweiten Mal fragte er ihn: ‚Simon, Sohn des Johannes, liebst du mich?' Er antwortete ihm: ‚Ja, Herr, du weißt, dass ich dich liebe'. Jesus sagte zu ihm: ‚Weide meine Schafe' ..."

An dieser Stelle stellt sich die Frage: Wieso kommt zuerst der Auftrag „weide meine Lämmer" und dann, offensichtlich verstärkend, „weide meine Schafe"? Wieso werden Lämmer und Schafe nicht gemeinsam geweidet? Ein spannendes und aktuelles Dokument über die „Hirtenaufgabe" der katholischen Bischöfe findet sich in einem der Dekrete des Zweiten Vatikanischen Konzils vom Jahre 1966:

> „In dieser Kirche besitzt der römische Bischof als Nachfolger des Petrus, dem Christus seine Schafe und Lämmer zu weiden anvertraute, aufgrund göttlicher Einsetzung die höchste, volle, unmittelbare und universale Seelsorgegewalt ...
> Bei der Erfüllung ihrer Vater- und Hirtenaufgabe seien die Bischöfe in der Mitte der Ihrigen wie Diener, gute Hirten, die ihre Schafe kennen und deren Schafe auch sie kennen, wahre Väter, die sich durch den Geist der Liebe und der Sorge für alle auszeichnen und deren von Gott verliehener Autorität sich alle bereitwillig unterwerfen. Die ganze Familie ihrer Herde sollen sie so zusammenführen und heranbilden, dass alle, ihrer Pflichten eingedenk, in der Gemeinschaft der Liebe leben und handeln."

Hier wird verständlich, dass als Obrigkeits-Symbol des Bischofs der Bischofsstab gewählt wurde. Dieser „Hirtenstab" ist offenbar und eindeutig eine Nachbildung des Fangstabes der Schäfer (siehe auch Farbtafel 15).

7. Bischofsstab. Darstellung aus Bamberg

8. Vier Hirtenstäbe der Schnalser Schafbauern

Es ist bemerkenswert, welche konträren Bilder von Lamm und Schaf beispielsweise in der katholischen Kirche bis auf den heutigen Tag vorherrschen. Es ist immer wieder die Apokalypse, also die „Geheime Offenbarung des Johannes", die Fragen über eine angemessene Interpretation aufwirft und für Spannung und Aufregung sorgt. Das dortige Bild vom mächtigen Lamm als Herrscher und zugleich als Drache mit mehreren Köpfen verträgt sich schlecht mit den lieblichen Bildern des geduldigen Lammes an der Schlachtbank oder der optimal gezähmten Kreatur „Schaf" für die Symbolgestalt des „Guten Hirten".

APOKALYPSE UND NEUE SCHRECKENS-SZENARIEN

Zusätzlich erregt die immer häufigere Heranziehung der Apokalypse für neue Endzeit-Visionen, für neue Schreckens-Szenarien nach gewaltigen Tsunami-Katastrophen und schrecklich-tödlichen Tornados Aufmerksamkeit. Vermutlich deswegen nimmt Papst Benedikt XVI immer wieder auf die Apokalypse Bezug. Der Papst schildert, wie das apokalyptische Lamm die sieben Siegel öffnet und dass dann das Bild der Jungfrau zu sehen ist. In Teilen der kritischen Kultur- und Religionsdebatte werden immer wieder solche Gegensätzlichkeiten beschworen. Teile des neuen Fundamentalismus in den USA, aber auch in Europa, in römischen Kirchenkreisen usw. beziehen sich darauf. Neue Schreckens-Szenarien werden apokalyptisch überhöht, aber auch verzeichnet und verharmlost.

DAS OPFERLAMM

Es ist davon auszugehen, dass in anderen Religionen Schafe, Lämmer und Widder eine ähnlich dominante Rolle spielen wie in der katholischen Kirche. Das betrifft Islam, Judentum und andere

Glaubensgemeinschaften im Nahen und im Fernen Osten. Eines der eindrucksvollsten Beispiele über die Rolle von Schaf und Lamm gibt es bei den Muslimen. Einmal in ihrem Leben sollen sie nach Mekka pilgern, aber auch nach Arafat, Mina oder Medina. Der Andrang zu den großen religiösen Festen ist groß. Der Besuch der Hadsch, der vorgeschriebenen Pilgerfahrt, ist auch mit einem speziellen Kult um das Schaf verbunden. Höhepunkt des islamischen Jahres ist das Opferfest als größter Feiertag der Muslime. Dabei werden allein in Mina über eine Million Tiere geopfert. Beteiligt sind bei diesem Spektakel 18.000 Personen, einschließlich der Metzger, 700 Veterinäre, 600 religiösen Berater und des Verwaltungspersonals. Überall, auch in Mekka, Mina und anderen Orten erstehen die Pilger Bons für Schlachtung und Verteilung der Opfertiere. „Jeder bezahlt mindestens ein Schaf, eine Ziege, ein Siebentel Kuh oder ein Siebentel Kamel." Man kann etwa einen Widder auch über die Website www.adahi.org erstehen. Fast jede Familie kauft aus diesem festlichen Anlass heraus einen Widder in Erinnerung an das Opfer Abrahams. Ein Drittel des Widders wird an Arme gespendet. Ein weiteres Drittel wird Nachbarn und Freunden geschenkt. Das letzte Drittel ist der Festbraten für die Familie. Der Bedarf an Tieren zur Schlachtung ist gigantisch. Die Preise für Hammel und Lamm sind am höchsten, weil Hammel- und Lammfleisch auch zeremoniell am wichtigsten sind. Lamm ist teurer als Rind. Eine große Bedeutung haben Schaf und Lamm auch bei anderen feierlichen Ritualen mit Schlachtungen und anschließenden Festmählern. Man denke auch an die speziellen Tieropfer mit rituellen Schlachtungen. „Bei den Juden ist PASSAH (hebräisch: Pessach) das eigentliche Ur-Hirtenfest. Das Fest wird am 15. Nisan, dem ersten Vollmond des Frühlings, gefeiert. Dann wird ein Lamm oder ein Zicklein geschlachtet und mit ungesäuertem Brot (Mazza) im Familienkreis verzehrt" (Vardinam 1990, S. 62). Moderne Forscher konnten nachweisen, dass das

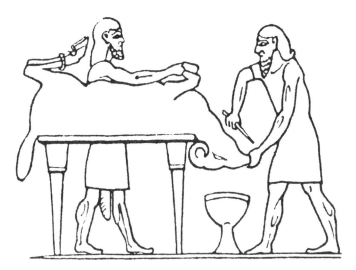

9. Kultisches Schlachten. Von einem Priester wird dem gefesselten Widder unterhalb des Kehlkopfes die große Halsschlagader durchschnitten, darunter eine Schale, die das Blut auffängt. Wandbild vom 7. Jh. aus Ninive

Pessach-Fest ursprünglich das Frühlingsfest der Wanderhirten beim Weidewechsel war. (Ebd., S. 62)

Das katholische Ritual rund um das Osterlamm kann nur verstanden werden, wenn die alten Bezüge zum Vorderen Orient mit einbezogen werden, einschließlich das Pessach-Fest. Vardinam als kompetenter und überaus ergiebiger Sammler der schöpferischen Kultur der Nomaden beschreibt die Feste detailreich und liefert wichtige kulturgeschichtliche und völkerkundliche Bezüge. Opfer und insbesondere die Schlachtopfer dienten auch und primär der Abwehr von Dämonen, bösen Geistern, auch wilden Tieren. Die Beduinen verfolgen „noch heute ähnliche Blutopfertraditionen. Wann und wo immer der Beduine in ein neues Zelt oder Haus einzieht, die einmal Ort eines Unglücks waren, schlachtet er auf der Schwelle ein Schaf und beschmiert Pfosten und Türsturz mit Blut. Die Braut, die er heimführt, muss durch das Blut eines frisch geschlachteten Schafes das neue Heim betreten." (Vardinam 1990, S. 63)

Eine Beschreibung der Beschaffenheit des Pessach-Opfers findet sich bei Mose:

> „Ein fehlerloses, männliches, einjähriges Lamm soll es sein ... So solltet ihr es essen: die Lenden gegürtet, die Schuhe an den Füßen und den Stab in der Hand. Ihr solltet es essen in angstvoller Eile." (2, Mose 12, 5 ff.)

Die einjährigen Opferlämmer stammen aus dem letzten Wurf vom Oktober des Vorjahres. Ein Priester durchschneidet dem gefesselten Widder unterhalb des Kehlkopfes die große Schlagader.

Vardinam bringt auf Seite 65 das Bild einer kultischen Schlachtung (siehe Abb. 9).

DAS SCHAF IN DER BIBEL

Das mitteleuropäische Schaf stammt aus dem Vorderen Orient. Mit ihm kamen auch viele religiöse und kultische Riten aus dem Nahen Osten und wurden von der katholischen Kirche adaptiert, umgewandelt, angepasst.

Entsprechend finden sich in der Bibel so zahlreiche Hinweise auf das Lamm, angefangen mit dem „guten Hirten", über das „Lamm Gottes" und das „Osterlamm" bis hin zu den Geschichten vom „verlorenen Schaf" (z. B. bei Lukas 15, 01–07):

> „Es nahten sich ihm aber allerlei Zöllner und Sünder, um ihn zu hören. Und die Pharisäer und Schriftgelehrten murrten und sprachen:

‚Dieser nimmt die Sünder an und isst mit ihnen'. Er sagte aber zu ihnen das Gleichnis und sprach: ‚Welcher Mensch ist unter euch, der hundert Schafe hat und, wenn er eines von ihnen verliert, nicht neunundneunzig in der Wüste lässt und geht dem verlorenen nach, bis er es findet? Und wenn er es gefunden hat, so legt er es sich auf die Schultern voller Freude. Und wenn er heimkommt, so ruft er seine Freunde und Nachbarn und spricht zu ihnen: Freut euch mit mir, denn ich habe mein Schaf gefunden, das verloren war. Ich sage euch: so wird auch Freude sein im Himmel über einen Sünder, der Buße tut, mehr als über neunundneunzig Gerechte, die der Buße nicht bedürfen."

An einer anderen Stelle der Bibel, im Psalm 23, wird sogar der Hirtenstab erwähnt (siehe Zitat S. 33).

Im Zeichen des Widders
Widderkult und Astrologie, Herr der Herde und der Volksglauben

DER SCHAFBOCK ALS OPFERTIER

Das „Handwörterbuch des deutschen Aberglaubens" (HDA) liefert zahlreiche Hinweise über die Nutzung und Verehrung des Widders im Volksglauben des deutschen Sprach- und Kulturraums. Wie auch bei den Muslimen und den Juden sind Lamm und Widder im Christentum bevorzugte Opfertiere. Der Widder erscheint als Sinnbild der Fruchtbarkeit. Er stellt auch den Gewittergott dar. Zugleich diente seine Opferung der Verehrung der mütterlichen Erdgottheit. In der Opferrolle wird auf das Umgehen des Antlasswidders in der bayerischen Jachenau zumindest bis zum Jahre 1854 verwiesen. Ein Widder musste jeweils von einem anderen Bauern gespendet werden. Seine Hörner wurden vergoldet, sein Kopf wurde mit einem Kranz aus Buchsbaum und mit Bändern verziert. Er wurde dann in der Kirche geweiht und im Gasthaus an die Taglöhner verteilt. Der Hirt erhielt den Schädel. Dieser Brauch wird in einigen Orten in Osttirol bis auf den heutigen Tag weitergeführt: Am Freitag nach Ostern wird in der Wallfahrtskirche von Obermauern im Osttiroler Virgental ein Widder „geopfert". Heute wird aus christlicher Sicht der Ursprung des Brauchs in einem Gelöbnis anlässlich einer Seuche, wahrscheinlich der Pest, vermutet. Laut HDA handelt es sich jedoch um einen vorchristlichen Brauch: „Wir haben es mit einer uralten vorchristlichen Kulthandlung zu tun, die von der Kirche zunächst geduldet und dann unter die landschaftlichen Feierlichkeiten aufgenommen wurde." (HDA, Spalte 555)

WIDDERKULT IN OSTTIROL

Am Wochenende nach Ostern findet in Prägraten und Virgen die Opferhandlung statt (vgl. auch Haid „Mythos und Kult in den Alpen", S. 75–83). Ein Besuch des Autors bei Frau Digna im Ort Zedlach der Gemeinde Matrei in Osttirol und das Miterleben des Ritus waren eindrucksvoll: Frau Digna hatte einen Widder erworben und ihn in einem Schuppen hinter Nylonplanen gehalten. Der prächtige Kerl durfte nicht geschoren werden. Als es dann so weit war, spendete sie ihn als Widderopfer. Beim feierlichen Gottesdienst durfte er aber nicht in die Kirche mitgenommen werden. Dieses Privileg stand nur einem Prägratner Widder zu. Dieser durfte in einem feierlichen Zug zur Wallfahrtskirche Obermauern geführt werden, während der Heiligen Messe beim Altar stehen, dreimal den Altar umkreisen und wurde nach der Messe versteigert. Auch der Widder von Frau Digna wurde an diesem Tag zu einem guten Zweck versteigert. Frau Digna hatte in ihrem kleinen Wohnzimmer die Bänder zum Schmücken des Widders hergerichtet (siehe Farbtafel 1). Erst in den letzten Jahrzehnten, angeblich um 1920 herum, wurde diese Prozession mit der anschließenden „Versteigerung" (die ja früher eine wirkliche Opferung mit ritueller Schlachtung gewesen sein müsste) nach Obermauern verlegt. Bis dahin führte der Weg ins ungefähr 50 Kilometer entfernte Lavant. Ein Bericht hierüber, in dem die Widderprozession aus dem Jahr 1917 geschildert wird, ist in der Chronik von Virgen zu finden. Immer aber spielte auch die Wallfahrtskirche von Obermauern eine Rolle. Am Ostersonntag wurde der Widder um 13.00 Uhr mit dem Kreuzgang nach Obermauern geführt und dann wieder zurück in den Ort:

> „Die ganze Woche den Widder sauber halten, das war eine Arbeit. Am Freitag Vormittag vor Weiß-Sonntag sind wir

von hier weggefahren. In Matrei hat Lottersberger den Widder fotografiert. Dann ging es weiter bis St. Johann im Walde, dort wurde übernachtet. In der Früh wieder weiter nach Lienz und auch dort wurde übernachtet. Um zirka ein bis zwei Uhr nachts am Samstag gingen die Leute mit dem Kreuzgang von Virgen weg. Gebetet wurde nur durch die Ortschaften durch. Um zirka acht bis halbneun Uhr kamen die Leute aus Virgen bei der Pfarrkirche in Lienz an. Wir mussten mit dem Widder solange dort warten. Dann ging es weiter durch die Stadt durch nach Lavant. Durch die Stadt durch regnete es fast Blumen und Seidenbänder, sodass man vom Widder seinem Rücken fast gar nichts mehr sah. In Lavant war dann ein Amt, den Widder musste man in der Kirche bei einem Seitenaltar halten. Unser Widder fing an die Bank zu stoßen, sodass der Pfarrer ganz wild wurde. Hierauf wurde der Widder dem Kirchenprobst übergeben. Es gab dort ein sehr gutes Mittagessen: Fleischsuppe, Knödel und Mohnbingelan. Der Heimweg war auch kein Spaß. Am Montag um fünf Uhr in der Früh kamen ich und die Mutter nach Hause. Ich musste rückwärts über die Stiege gehen, so fertig bin ich gewesen. Soviel ich weiß, wurde der letzte Widder im Jahr 1918 von Peter Hochkofler Naggiler in Welzelach in Lavant geopfert. Damals hatte es so viel Schnee, dass auf den Tristacher Feldern die Zaunsäulen erst eine Spanne herausragten." (Lechner 2002)

Bei der aus dem Lienzer Talbecken von Weitem sichtbaren Kirche von Lavant handelt es sich um eine der wichtigsten Kultstätten des Landes. In unmittelbarer Nähe wurden sehr bedeutende frühgeschichtliche Funde gemacht. Die Einbettung und Einbindung in eine jahrtausendealte Kultur deckt sich hier mit dem Widderkult. Er muss sich tief in das religiöse, in das kultische Leben der Bewohner dieser Region eingeprägt haben. Auch im benachbarten Mölltal – in Sagritz und Ötting bei Oberdrauburg – wurde der Widderkult praktiziert. Der regionale Forscher Helmut Prasch hat darüber in seinem Buch „Mölltaler G'schichten" berichtet. Es scheint bedeutsam, dass diese Wallfahrten mitsamt dem Widderopfer zu alten Kultorten stattfinden und stattgefunden haben, die als Stätten einer MUTTERGOTTHEIT gelten. Denn es handelt sich durchwegs um Marien-Wallfahrtsorte, wohin der gehörnte Widder, geschmückt und hochverehrt, kommt. Der männliche Widder als Sinnbild der Fruchtbarkeit neben der „Erd- und Muttergöttin"?

Die Erforschung dieses Kults bis in die Ur- und Frühgeschichte zurück, Religionen- sowie Landesgrenzen übergreifend, ist notwendig, um das Wesen und die Bedeutung der Widderopfer besser ermessen zu können.

DER WIDDER ALS „SYMBOL DER WOLKEN"

Im HDA ist der Widder nicht nur Opfertier, sondern auch nach älteren Mythologien „Symbol der Wolken". So gibt es Gegenden, in denen schwarze Gewitterwolken als „Schwarzer Widder" bezeichnet werden. Daneben stehen die sprichwörtlich harmlosen und hellen „Schäfchenwolken". Es heißt, im Umzug der Schäfer zu Worbis in Sachsen wurde ehedem entweder ein abgehauener, noch blutender Schwanz oder das männliche Glied eines Widders mitgetragen. Volkskundler sprechen vom „Wachstumsdämon" oder vom „Korndämon".

DER WEISSE WIDDER ALS SCHUTZSYMBOL

„Ein weißer Widder (Schafbock) im Stall schützt gegen Alpdruck und Habergeiß sowie gegen den Totengeist", lautet ein weiser

Spruch. Eine im Volk durchaus bekannte Rolle spielt das Horn des Widders (auch des Stieres, des Steinbockes, des Hirschen etc.), das oberhalb der Stalltür angebracht wird. Dieser Brauch hat sich bis heute gehalten.

DER WIDDER IN DER VOLKSMEDIZIN

In der Volksmedizin gälte in vielen Fällen das, was vom Schaf geglaubt werde. Der Widder scheint für eine stärkere Wirkung zu sorgen. So wird unter anderem berichtet: „Wenn ein Kind Zähne bekommen soll, muss man es dreimal mit dem Munde auf einen Schafbock stoßen ..."

DER WIDDER IN SAGEN

Sagen von gespenstischen Widdern sind in der volkstümlichen Überlieferung selten. Dennoch gibt es vereinzelte Hinweise. In einer Tiroler Sage, vermutlich aus dem Vinschgau, heißt es, bei einem vorchristlichen Heiligtum habe der Heilige Valentin einen goldenen Widder in der Erde vergraben.

DER „HEILIGE" WIDDER

Marija Gimbuta schreibt in ihrem Bildband „Die Sprache der Göttin":

> „Nachdem die Menschen begonnen hatten, Tiere zu domestizieren, kann es nicht überraschen, dass der Widder zu einem Kulttier wurde; von den in neolithischen Siedlungen gefundenen Knochen stammten 90 Prozent von Ziegen und Schafen. Ihr Fell schützte gegen Kälte, ihre Milch und ihr Fleisch dienten als Nahrung.

Vom 7. Jahrtausend an wurden Widderfiguren mit Sparren, Parallellinien, Spiralen, Dreifachlinien und Rautennetzen verziert. Der Widder wird bis in die Kupfer- und Bronzezeit hinein in Anatolien, der Ägäis, dem südlichen Balkan, in Italien und Mittel- und Nordeuropa als ein der Schlangen- und Vogelgöttin geweihtes Tier angesehen ..."

Oft taucht das Motiv der Widderhörner auf, etwa auch auf anatolischer und griechischer neolithischer Keramik. Immer wieder findet sich das Symbol der Göttin auf Widderfiguren. Gelegentlich ist die Göttin selbst durch ein Tier dargestellt. Die von Gimbuta dokumentierten Darstellungen fallen in die Zeit um 4800 bis 4600 v. Chr. in Thessalien, von 5000 bis 4500 u. a. in Zentralbulgarien.

Der „heilige Widder" war auch Gegenstand der Kulte in Ägypten. Die Götter Chnum, Herischaf, Banebdjedet und Cherti sowie die wichtige Gottheit Amun-Re traten als Widder in Erscheinung. Im alten Ägypten gab es verschiedene Widder-Rassen, solche mit horizontalen Hörnern und andere wieder mit spiralig nach unten gedrehten Hörnern. Zu gewissen Zeiten, beispielsweise ab der Ersten Dynastie, wurden die kultisch verehrten Widder sogar mumifiziert. Ohnehin ist auch – wie bei den Widderköpfen auf einheimischen Stadeln und Stallungen – im alten Ägypten das dauerhaft sichtbare Gehörn von großer Bedeutung für das Fortbestehen des Kultes.

Bei den Griechen wurde der ägyptische Widder von Mendes als Bendetis verehrt. Der Dichter bzw. Geschichtsschreiber Herodot erwähnte ihn in seinen Schriften. Dieser als Bendetis oder Bendet genannte Widder genoss vor allem in der Stadt Mendes besondere Verehrung. Das ging so weit, dass ihm der Beiname „Besamer im mendischen Gau" gegeben wurde. „Der heilige Bock besprang vor aller Augen ein Weib. Und alle Welt bekam es zu wissen." (Herodot, Buch II, S. 46)

DER WIDDER ALS STERNBILD

Auch die Wurzeln der Astrologie reichen bis zu den alten Ägyptern und den alten Griechen zurück. So gelangte der Widder auch in die Schar der Tierkreiszeichen. Im „Sternbild des Widders" finden Astrologen bis auf den heutigen Tag besondere Charaktereigenschaften. Offensichtlich in Anspielung auf Stärke, Dominanz und Fruchtbarkeit werden den im Sternbild des Widders geborenen Menschen besonderer Tatendrang, Tatkraft und Wagemut zugesprochen. Wie der (wilde) Stier und der ebenfalls (wilde) Widder sollen die menschlichen Widdergeborenen auch leicht reizbar, sehr emotionell, an Konflikten interessiert sein usw. Diese Kämpfernatur wird auch Widder-Frauen zugesprochen. Bei dieser esoterischen Form einer Glaubensvorstellung handelt es sich um einen offenbar sehr alten, starken, und vor allem bis in die Gegenwart überaus wirksamen Archetypus.

WIDDER-KÄMPFE

Eine inneralpine Variante des Widderkultes gab es im Tiroler Zillertal. Dort fanden bis vor wenigen Jahren, von Tierschützern immer wieder bekämpft, die WIDDER-KÄMPFE im Rahmen des sogenannten „Gauderfests" in Zell am Ziller statt. Beim überaus beliebten Widderstoßen müssen die von den Bauern extra auf das Fest hin gefütterten und behandelten Widder einer nach dem anderen aufeinander zurennen, müssen mit ihren harten Schädeln aneinanderprallen, bis es dröhnt. Beim anschließenden „schönen Fest" wird im Zelt das eigens zu diesem Anlass gebraute Starkbier gereicht, der „Gauderbock". 1989 standen offenbar einige Widder unter Alkohol, sodass man auch von den besoffenen Widdern als „Gauderböcke" sprechen könnte. Nach strengem Ritual dürfen sie zehnmal zum Stoßen eingesetzt werden. Da soll es geschehen sein, dass sie „ge-

10. Kämpfende Widder in der Loidl-Krippe, Ebensee, Kohlstatt

dopt", auch bis zu zwanzigmal aufeinander losgehen konnten oder mussten. Es ist auch genau vorgeschrieben, welche Rasse eingesetzt werden darf – nämlich nur einheimische, nicht aber der angeblich fremdrassige Mufflon-Widder. Er soll besonders stark und wild sein.

Heute sorgt der Tierschutz im Zillertal für eine artgerechtere Behandlung der Tiere (vgl. „Nachwehen des Gauderfestes: Standen Widder unter Alkohol?" in der Tiroler Tageszeitung vom 14./15. 8. 1989). Möglicherweise ist auch das Rangeln junger Burschen beim Gauderfest auf den Widderkult zurückzuführen: Sie werfen wie hochverehrte „Talwidder" einander auf den Boden; und auch da gibt es Sieger und Verlierer.

Alles in allem wird es jedoch immer schwerer, gehörnte Widder zu finden. Und die gehörnten Widder sind der Stolz der Zillertaler beim Widderstoßen.

WIDDER-MENHIR IM ÖTZTAL

Ein paar Täler weiter, im hintersten Teil des Ötztals, auf der sogenannten KASER im Niedertal, eine knappe Stunde hinter Vent, steht neben dem Weg ein ca. 70 cm hoher Stein. Es ist höchstwahrscheinlich ein MENHIR, ein kultischer Stein, wie er in vielen Teilen der Erde zu finden ist. Knapp daneben hat der italienische Forscher Domenico Nisi einen weiteren Stein gefunden, der allerdings stark überwachsen und wahrscheinlich auch ein Menhir ist.

Der jetzt dort befindliche Stein ist ein WIDDER-MENHIR und eindeutig als Widderkopf zu erkennen. Trotz mehrmaliger ur- und frühgeschichtlicher Forschungen konnte das Alter nicht festgestellt werden. Auffallend und sehr bemerkenswert dabei ist, dass es sich bei der Kaser um eine alte Kultstätte handelt. Unter einem großen Stein fließt eine „heilige" Quelle, die bioenergetisch geladen ist. Geschulte Augen erkennen hier mehrere Steinkreise. Für Laien sind sie

11. Der Menhir auf der Kaser Richtung Similaun

zumeist verfallen und kaum deutlich sichtbar. Die Matriarchatsforscherin Heide Göttner-Abendroth hat hier auf eine sehr wichtige jungsteinzeitliche Kultstätte hingewiesen (vgl. auch Haid 1991, 2001, 2008). Der Platz an der „Kaser" ist im Übrigen eine markante Station der seit über 6.000 Jahren erfolgten Schafwanderung von Süden her.

Zusammenhänge zwischen den berühmten Stationen des Widderkultes, ob in Osttirol, bei den Griechen, im alten Ägypten oder an anderen Orten, scheinen offensichtlich: Die Glaubensvorstellungen rund um Schaf und Widder sind vergleichbar.

SCHAFFESTE UND SCHAFKULTE

Beim großen Schaffest, das Mitte September jeden Jahres auch in Vernagt im Schnalstal gefeiert wird, ist beim Sammelplatz, am Zugang zum großen Schafpferch eine Tafel aufgestellt, auf der gehörnte Widder zu sehen sind. Heute sind solche gehörnten Widder nahezu ausgerottet. Die Hörner wurden „weggezüchtet" (siehe auch Farbtafel 3).

Vereinzelt wird beim Schnalser Schafabtrieb, der ca. Mitte September über das Niederjoch nach Vernagt und über das Hochjoch nach Kurzras erfolgt, ein Widder geschmückt; mit bunten Bändern, wie es auch Frau Digna aus Zedlach bei ihrem Widder für das Widderopfer tat. Nur selten findet sich beim Schnalser Almabtrieb ein geschmückter und auch gehörnter Widder unter den nahezu 4.000 Schafen.

Manche Züchter „züchten" neuerdings um. So wie es vor allem in der Schweiz im Bereich der Bio-Bauern den Trend gibt, den Tieren nicht mehr die Hörner wegzuzüchten bzw. wegzuschneiden, so gibt es auch Schafzüchter, die wieder gehörnte Widder haben wollen.

Der SCHAFKULT im Christentum sowie in Mythen und Ursprungserzählungen ist ein weltweit verbreitetes Phänomen. Immer wieder steht der Widder (neben dem Lamm) im Vordergrund.

DER HIMMELSWIDDER bei den Berbern Nordafrikas, im Hinterland Algeriens sowie im Atlasgebiet Südmarokkos ist Stoff vieler Geschichten. Die Legende bzw. die Sage vom Himmelswidder schildert zugleich die Entstehung ihrer Herden:

„Die Erste Frau knetete einst einen Teig aus Mehl und Wasser und formte daraus ein Mutterschaf. Ihre Hände waren vom Herdfeuer rußig und so wurde der Kopf des Schafes ein wenig schwarz. Dann legte sie ihre feuchte und kraftlose Schöpfung in einen Steintrog mit etwas Gerstenspreu. Am nächsten Tag formte Erste Frau einen Widder. Seine Hörner bog sie nach unten, damit er niemanden aufspießen konnte. Als sie ihn in den Trog legte, hörte sie das Schaf blöken. Die Spreu war an seinem mit vielen Härchen bedeckten Fleisch als Wolle hängen geblieben. Erste Frau gab dem Schaf von ihrem Kuskus zu essen. Am dritten Tag formte die Frau ein zweites Mutterschaf aus Teig; am vierten Tag einen weiteren Widder. Diese beiden Tiere waren ganz weiß. Danach machte sie keine Schafe mehr. Doch bald darauf paarten sich die ersten vier Schafe und warfen Lämmer. Der erste Widder, den Erste Frau geschaffen hatte, starb auf ungewöhnliche Weise. Er kletterte auf die Berge und versuchte, die aufgehende Sonne mit seinen Hörnern zu stoßen. Die Sonne packte den Widder und nahm ihn so hoch mit hinauf, dass man ihn nicht mehr sehen konnte."

Ein Bild dieses Widders befindet sich auf den Felsen von Haiter, dem Wüstenheiligtum der Kabylen. Die Malerei ist sehr alt. Unter dem Widder lässt sich eine menschliche Gestalt erkennen. Ihre Haltung drückt Verehrung aus. Die Bewohner des Stammes meinen, dieser Widder sei ja mit der Sonne gegangen und müsse genau wissen, wie das Jahr eingeteilt ist und wie der tägliche und jährliche Verlauf der Sonne zu verstehen ist.

Eine weiterer Mythos handelt von einem ungeheuer großen Widder. Sein Fell war glühend heiß und er schien maßlos in seiner Raserei. Die Mutter dieses Widders hingegen war ein scheues, altes Schaf mit gewaltiger Stimme. Immer wieder hatte sie versucht, den mächtigen Widder zu bändigen, zu Hause zu halten. „Deshalb schleuderten ihn die Menschen, die damals sehr stark waren, zusammen mit seiner Mutter weit fort in den Himmel."

Sage, Legende, Märchen und Apokryphen

ISLAND
Ein Märchen von Josef Calasanz Poestion

Der Islandforscher Josef Calasanz Poestion wurde am 7. 6. 1853 in Bad Aussee geboren und starb am 4. 5. 1922 als Ministerialrat in Wien. Poestion hat Sagen und Märchen über Island und von den Lappen aus den Originalquellen übertragen. Das Märchen „Der Häuslersohn und der Oberhirt des Königs" handelt unter anderem davon, wie ein Bursche für den König die Schweine, dann die Kühe und auch die Schafe hüten musste. Er verliert immer seine Herde, findet aber geschickte Ausreden für das Verschwinden:

„Am Morgen kam wiederum der Hausherr zu ihm und sagte: ‚Nun habe ich eine neue Arbeit für dich. Ich besitze hundert Schafe. Diese sollst du mir hüten; aber gib gut Acht, dass dir keines verloren geht.'
‚Ich kann es ja einmal versuchen', antwortet der Bursche, nahm die Schafe in Empfang und trieb sie hinaus auf die Wiese. Hier hatte er sie anfangs zu einem dichten Haufen versammelt, den er auch beisammen zu halten suchte. Aber es dauerte nicht lange, so wurden die Schafe so unlenksam, dass er sie nicht beisammen zu halten vermochte. Da wurde er betrübt und zornig zugleich. ‚Das ist die Strafe für mich', meinte er, ‚weil ich gegen meinen Vater so unwillig war, als ich seine Kuh hätte hüten sollen und nichts für ihn arbeiten wollte.'
Hierauf setzte er seine Füße in Bewegung, lief rings um alle Schafe herum und trieb sie in einem dichten Haufen geraden Weges heim nach der Hütte seines Vaters.

Als der Alte den großen Haufen Schafe erblickte, war er aufs Höchste verwundert, und fragte, was dies zu bedeuten habe und wo er die Schafe gefunden, und wem sie gehören. Der Bursche erzählte ihm den ganzen Sachverhalt; aber da sagte der Alte: ‚Begehe nun nicht mehr die Schlechtigkeit, sondern eile so schnell als möglich mit den Schafen heim zum Oberhirten.'

‚Nein', sagte der Bursche, ‚so dumm bin ich nicht. Wir werden sie schlachten und du behältst dir das Fleisch für deine Wirtschaft.'

‚Nein, nein', entgegnete der Alte, ‚das würde dich gar bald das Leben kosten.'

‚Oho, das ist noch so sicher nicht', antwortete der Sohn. ‚Aber, was immer auch kommen mag, ich will einmal meinen Willen haben.'

Er beredete auch den Alten so lange, bis sie wirklich alle Schafe schlachteten und die Leiber und die ganzen Eingeweide sowie die Felle und Köpfe auf die Seite schafften; nur den Kopf des Schafes, welches den Haufen anzuführen pflegte und Schellen auf den Hörnern hatte, bat der Sohn behalten zu dürfen. Er lief mit demselben in den Wald und zu der Stelle, wo er die Schafe hätte hüten sollen. Dort befand sich eine Anhöhe und auf dem höchsten Punkte derselben ein Felsen; zuoberst auf dem Felsen war ein Rasenfleck und auf demselben ein mächtiges Gebüsch, welches seine Zweige nach allen Seiten ausbreitete. Er kletterte mit dem Schafskopfe den Felsen hinan und zog sich mithilfe der niederhängenden Zweige zum Gebüsch empor, bis er den mittelsten Ast erreichen konnte. An diesen befestigte er den Kopf, durch welchen er einen Strick gezogen hatte; die Hörner aber ließ er aus dem Gebüsch hervorsehen. Die Schellen begannen alsbald lustig zu läuten, da ein starker Wind herrschte. Hierauf kletterte er wieder den Felsen hinab. Als er unten angelangt war, konnte er den Kopf nicht sehen, denn der Fels war sehr hoch und das Gebüsch sehr dicht. Als er nun mit dieser Arbeit fertig war, lief er nach Hause zu dem Oberhirten und kam ganz in Schweiß gebadet und mit kummervoller, betrübter Miene dort an.

Da der Hausherr ihn in diesem Zustande kommen sah, fragte er ihn sogleich, was ihm denn so vielen Kummer mache und wo er die Schafe gelassen habe.

‚Sprecht nicht davon, Hausherr', jammerte der Bursche; ‚ich weiß nicht, was das für Wunder sind, die mich da heimsuchen.'

Aber der Hausherr rief barsch:

‚Heraus damit und zwar schnell! Sag, was mit den Schafen geschehen ist.'

Der Bursche begann zu weinen, sodass er anfangs kein rechtes Wort hervorbringen konnte, indem er antwortete:

‚Ich ... ich. .. kann es euch kaum erzählen; sie ... sie ... sie waren so ... so störrig, dass ich sie nicht ... nicht ... nicht zügeln konnte. Ich lief so ... so stark, dass ich beinahe ge ... gestorben wäre, und ho ... holte sie ein, da ... ich konnte meinen Augen nicht trauen: da da hör ich ein ... ein starkes Sausen und ... und ich glaubte, es komme ein Sturmwind. Das ... das waren die Schafe, die ... die vor meinen Augen in den Hi ... Himmel fuhren. Ich stand wie versteinert und schaute ihnen lange Zeit nach und immer hörte ich das Geläute der Schellen von dem Schafe, welches die anderen anzuführen pflegte. Sie müssen in den Hi... Himmel aufgenommen worden sein.'

‚Das ist nun doch eine niederträchtige Lüge, mit der du mir da kommst, du Schurke!' schrie der Hausherr.

‚Nein, das ist so wahr wie, dass eine Sonne am Himmel ist' sagte der Bursche, während ihm neuerdings die Thränen über die Wangen flossen.

‚Nun so liefere mir einen Beweis davon, wenn du willst, dass ich es dir glauben soll' sagte der Hausherr.

‚Kommt nur mit und seht selbst', sagte der Bursche.

ISLAND

12. Hirte mit Schafen auf der Weide. Stich aus dem 16. Jh.

Hierauf machten sich beide auf den Weg; aber es ging bereits gegen Abend und die Schatten fielen ein. Der Bursche eilte voraus bis er zu dem Felsen kam, auf welchem sich das Gebüsch befand. Nun war aber die Nacht schon so nahe, dass man den Felsen in der Dunkelheit kaum sehen konnte. Wohl aber hörte der Hausherr das Schellengeläute hoch oben in der Luft.

‚Hört ihr nun das Geläute der Schellen, welche euer Leitschaf auf den Hörnern hat, lieber Herr?' fragte der Bursche.

‚Ja', antwortete der Mann und blickte in die Luft empor, ‚nun höre ich es selbst; du hast die Wahrheit gesprochen. Sie sind in den Himmel aufgenommen worden und ich kann dir keine Schuld geben, das weiß ich. Du sollst deshalb keine bösen Worte von mir zu hören bekommen, sondern ich werde sehen, dass ich mich in den Verlust finde, den ich erlitten habe.'

Hierauf kehrten sie wieder heim und schliefen beide die Nacht hindurch."

(Poestion, J. C.: Island. Das Land und seine Bewohner, Wien 1885)

Der Schäfer von Silfrúnastaðir

Alexander Baumgartner berichtet von einem weiteren Märchen aus Island, in dem Schafe eine wichtige Rolle spielen:

„Zu Silfrúnastaðir im Skagafjörðr, da war ein Mann, der hieß Guðmundr. Dem kam auf Weihnachten sein Schäfer abhanden. Da nahm er einen zweiten, und der hieß Grimr. Und der hütete Guðmunds Schafe bis zur nächsten Weihnachten, und da verschwand auch er und ward nimmer gesehen. Es lebte aber zu Sjávarborg eine arme Witwe und die hatte einen Knaben, so Sigurðr hieß. Diesen nahm Guðmundr nun zum Schäfer, um der armen Frau zu helfen. Nach einiger Zeit gab er ihm einen Widder, ein Mutterschaf und ein Lamm. An Weihnachten aber, da er seine Schafe hütete, da kam eine furchtbare Hexe und schrie ihm zu: ‚Komm! Ich will dich in diesen Sack stecken.' – ‚Nimm lieber das Schaf und das Lamm', erwiderte Sigurðr. Da nahm sie das Schaf und das Lamm. Sigurðr aber ging fröhlich heim und auch Guðmundr war froh, ihn wiederzusehen, und fragte ihn, wie es ihm gegangen sei. ‚Mir ist nichts Besonderes begegnet', sagte Sigurðr. An der nächsten Weihnacht kam die böse Hexe wieder und sagte: ‚Komm! Ich will dich in diesen Sack stecken!' – ‚Nimm lieber den Widder', sagte Sigurðr. Der Bauer war sehr froh, dass Sigurðr wieder lebendig nach Hause kam, und gab ihm zum Geschenk vier Widder. Nun kam die dritte Weihnacht heran, und wieder erschien die böse Hexe, und diesmal brachte sie ein

Beil mit und sprach: ‚Wetze mir dieses Beil und dann nimm dein Halstuch ab; denn ich will dich köpfen.' – ‚Nimm lieber diese drei Widder', sagte Sigurðr. Da warf die Hexe ihr Beil weg, ward ganz freundlich und gab Sigurðr guten Rath. ‚Geh', sprach sie, ‚zum Silberschmied und lerne sein Gewerbe, und wenn du es gelernt hast, dann gehe zum Propst. Der hat drei Töchter, und die jüngste ist das schönste Kind im ganzen Land. Die zwei anderen kümmern sich nur um ihren Putz, die dritte aber ist fromm und bescheiden. Bitte sie, dass sie zuerst mit dir bis zur Thüre geht und dann bis zum Ende des Feldes. Dort gib ihr dieses Halstuch, diesen Gürtel und diesen Ring, und dann wird sie dich lieben.'

Alles geschah, wie es die Hexe gesagt hatte. Sigurðr lernte so gut, dass er in zwei Jahren Meister ward. Da ging er nach Hofsós und kaufte einen Silberschmuck. Dann ging er weiter nach Miklibaer zum Propst, und auch da ereignete sich alles, wie es die Hexe vorausgesagt. Als er aber Margrjet das Halstuch und den Gürtel und den Ring gegeben hatte, da sprach sie: ‚Ich wollte, ich hätte nie diese Geschenke angenommen; aber ich kann sie dir jetzt nicht mehr zurückgeben.' Ob sie aber wollte oder nicht, sie musste Sigurðr lieben, und der Propst, der nichts von einer Heirat wissen wollte, gab endlich nach, da er sah, wie sehr sie sich lieb hatten. Und sie wurden verlobt. Da träumte Sigurðr von der Hexe und er ging mit dem Propst nach Silfrúnastaðir. Da fanden sie die arme Hexe tot und begruben sie. Sie hatte aber so viel Kostbarkeiten hinterlassen, dass es zehn Pferde brauchte, um sie nach Miklibaer zu bringen. Und nun hielt Sigurðr Hochzeit und lebte glücklich mit Margrjet bis an ihr seliges Ende."
(Baumgartner 1889)

SAGEN, LEGENDEN, MÄRCHEN UND APOKRYPHEN

SPANIEN
Das weiße Schaf auf dem Weg nach Santiago de Compostela
Aus einer Erzählung von Paulo Coelho

Der bekannte Erfolgsautor Coelho berichtet in seinem Buch „Auf dem Jakobsweg", seinem „Tagebuch einer Pilgerreise nach Santiago de Compostela", auch von einer Begegnung mit einem weißen Lamm:

„Ein verirrtes Lamm kam den Berg herauf und stellte sich zwischen mich und das Kreuz. Es sah mich etwas erschreckt an. Lange blickte ich zum dunklen Himmel empor, zum Kreuz und dem weißen Lamm zu seinen Füßen ..." (Coelho, S. 257)
„Das Lamm erhob sich, und ich folgte ihm. Es wußte, wohin es mich bringen sollte, denn die Welt war trotz der Wolken für mich durchsichtig geworden ... Ich folgte dem Lamm, das auf den kleinen Ort zuging, der Cebreiro heißt wie der Berg." (Coelho, S. 259)

Coelho schildert, wie sich das Lamm erhebt und sich ihm anschließt. Das Lamm kennt den Weg, bleibt am Eingang des Ortes stehen. Symbolisch wird das Schaf der Wegbegleiter und Führer auf dem Jakobsweg. Coelho bezieht sich auf einige Zitate der Apokalypse. Dort wird berichtet, wie das Lamm den Thron besteigt, wie es groß und mächtig wird und wie es Menschen retten kann, die ihre Kleider im Blut des Lammes reingewaschen haben. Coelho folgt dem Lamm bis zu einer kleinen Kapelle, wo es plötzlich zwischen den Bänken der Kapelle verschwindet. Offensichtlich war das ein traumatisches Erlebnis der Jakobspilger. Über lange Strecken ist der Pilgerweg ident mit den Wanderwegen der Schafherden. Auch der Einbezug der Apokalypse gehört zu den prägenden Elementen der langen Pilgerreise. (Vgl. Coelho, S. 259 und 260)

SALZBURG
Der Gletschergeist im Kötschachtal

Von einem Schafler, einem Schäfer, handelt die Salzburger Sage „Vom Gletschergeist im Kötschachtal". Der Schäfer traf eines Tages einen Berggeist, der ihn weit hinauf in die Berge führte. Dort trafen sie einen Greis, „der von Haut und Haar grau war wie Granit". Der Schäfer hätte dem Greis die Hand reichen sollen. Geistesgegenwärtig streckte er ihm seinen Bergstock statt der Hand hin, und der Alte drückte den Stock krachend entzwei. Schnell versuchte der Schäfer, wieder zu seinen Schafen zu kommen. Friedlich graste am Palfnersee seine Herde. (Steiner, Salzburg, S. 117)

SÜDTIROL
Was haben die „Wolfsmenschen" aus der sagenhaften Bergwelt mit den Schafen zu tun?

In einigen Teilen der Alpen taucht ein Motiv in verschiedenen Variationen immer wieder auf. Es geht um ein Schaf, das gegessen wird und dessen Teile sich am anderen Tag wieder am Tier befinden. Oder es ist ein ganzes Tier verschwunden, das auf geheimnisvolle Weise wieder auftaucht. In den Berichten hütet in der Regel in einem Bergdorf ein Schäfer die Herde mit Ziegen und Schafen. Der Hirt wird abwechselnd bei den Bauern verköstigt. Fleisch ist äußerst selten. Nur in der Familie der armen Taglöhner gibt es immer reichlich Fleisch. Der Hirt kann das nicht begreifen, während dem Schäfer öfter ein Tier der Herde fehlt. Auch war ein Wolf gesichtet worden. Als der Schäfer abends zur Tagwerkerin in die Kost kommt, bekommt er einen köstlichen Schöpsenbraten aufgetischt, den er sich schmecken lässt. Plötzlich steigt in ihm ein Verdacht auf und er sagt zu ihr: „Du musst eine Hexe sein, und eines sage ich dir, wenn du mir noch einmal als Wolf kommst, pulvere ich dir eine solche Ladung Blei ins Fell, dass dir die Lust am Schafbraten vergeht." Die Frau wird nun als Wolfsmensch erkannt, verliert somit jegliche Macht und stürmt heulend aus dem Haus. Niemand wird sie mehr sehen und dem Hirten kein einziges Schaf mehr abhanden kommen. Er wird noch viele Jahre die Herden der Gemeinde hüten.

THÜRINGEN
Eine Schäfersage

„Am Kyffhäuser w[urde] ein Schäfer vom Kaiser Barbarossa in den Berg gerufen, um belohnt zu werden. ‚Ich darf nicht von den Schafen gehen!' ‚Den Schafen geschieht nichts', sagte darauf der Kaiser und gab dem Schäfer in seinen unterirdischen Gemächern reichlich Gold."

„Schäfer und Schafe waren ohne Wasser und am Verdursten. Inständige Gebete halfen, und es sprudeln an diesen Orten bis heute erfrischende Quellen, so das Jesusbrünnlein, jeweils am Hörselberg, auf einer Bergwiese am Tenneberg und am Aufstieg zum Hülfensberg bei Geismair."

„Ein Schäfer fand unterhalb des Schlosses Gleichenstein in einem Waldtal ein Marienbild. Obwohl der Ortsgeistliche von Wachstedt es danach in der Kirche gut abschloss, war es an den folgenden zwei Tagen wieder auf dem Hutplatz des Schäfers. Dies wurde als Zeichen des Himmels gedeutet und an der Fundstelle, an der plötzlich auch eine Quelle sprudelte, wurde die Kapelle Hagis erbaut, die bis heute eine Wallfahrtsstätte ist".

„Mit den Wald- und Moosweiblein und den Kobolden [ver]standen sich die Schäfer meistens auch gut. Ein Schafknecht erhielt einmal

von einem Waldweibchen, da er sie vor dem wilden Jäger gerettet hatte, ein nicht enden wollendes Wollknäuel als Belohnung. Kobolde halfen als Futtermännchen in verschiedenen Schafställen und beim Austreiben, sorgten sich um die Herde. Als die Schäfer sie mit neuer Kleidung belohnen wollten, zogen sie jedoch beleidigt von dannen."
(„Hohenfeldner Blätter", Nr. 34, zum Thema „Schäfer und Schafhaltung in Thüringen". In Hohenfeld befindet sich auch ein wichtiges Museum, spezialisiert auf Schafe, Schafhaltung und Schäfer.)

AUS DEN APOKRYPHEN
Die verborgenen Bücher der Bibel

Erich Weidinger hat einen Auszug aus den geheimnisvollen Schriften samt Kommentar veröffentlicht. Darin heißt es: *„Das zweite Traumgesicht; Abriß der Weltgeschichte von Anfang bis zur Aufrichtung des messianischen Reiches"*.

Dieses Traumgesicht steht ergänzend zur Apokalypse oder ist deren Begleitung oder es ist eine frühere Interpretation. Es ist auch, sich wiederholend, von Schafen und Lämmern die Rede:

„Jenes Schaf aber zeugte zwölf Schafe ... Ein Schaf, das vor den Wölfen gerettet worden war, entfloh und entkam zu den Wildeseln; und ich sah, wie die Schafe wehklagten, schrieen und ihren Herrn aus allen Kräften baten, bis jener Herr der Schafe auf das Geschrei der Schafe aus einem hohen Gemach herabstieg, zu ihnen kam und sie weidete ... Der Herr der Schafe zog als ihr Führer mit ihnen und alle seine Schafe folgten ihm; sein Antlitz war glänzend und herrlich und furchtbar anzuschauen. Die Wölfe aber fingen an, jene Schafe zu verfolgen ... Jenes Schaf aber nahm andere Schafe zu sich und kam zu jenen ab-

gefallenen Schafen; darauf fing es an, sie zu töten; da fürchteten sich die Schafe vor ihm, und jenes Schaf brachte jene abgefallenen Schafe zurück, und sie kehrten zu ihren Herden zurück. Ich sah in diesem Gesicht, dass jenes Schaf ein Mann wurde und dem Herrn der Schafe ein Haus baute und alle jene Schafe in jenes Haus eintreten ließ ...
Die Hunde, Füchse und Wildschweine fingen an, jene Schafe zu fressen, bis der Herr der Schafe ein anderes Schaf, einen Widder aus ihrer Mitte, erweckte, der sie führte. Jener Widder fing an, nach beiden Seiten hin jene Hunde, Füchse und Wildschweine zu stoßen, bis er viele umgebracht hatte ...
Jener zweite Widder aber erhob sich und führte die Schafe, und jener Widder zeugte viele Schafe und entschlief; ein kleines Schaf aber wurde Widder an seiner statt und Fürst und Führer jener Schafe ..."

Und immer wieder kamen neue Schafe und neue Widder. Die Schafe bauten ein Haus. Löwen und Tiger fraßen und verschlangen den größeren Teil der Herde. Wildschweine zerstörten das Haus. Es war wie ein Turm. Immer weiter verschlüsselt und geheimnisvoll geht es weiter. Der Hirt war ausersehen, ein Buch zu führen und darin zu schreiben. „Das Buch wurde dem Herrn der Schafe vorgelesen und er nahm das Buch aus seiner Hand, las es, versiegelte es und legte es beiseite. Danach sah ich, wie die Hirten zwölf Stunden lang weideten, und siehe, drei von jenen Schafen kehrten zurück, kamen, traten heran und begannen alle Ruinen jenes Hauses aufzubauen ...". Viele Schafe erblindeten. Es kamen Vögel, die den Schafen die Augen auszuhacken begannen und ihr Fleisch verzehrten.

Diese Stelle erinnert an die mündliche Überlieferung von Schäfern im hinteren Ötztal. Das Schlimmste, das ihnen unterkäme, seien Raben, die darauf lauern, dass das Mutterschaf wirft. Dann stürzen sie herunter und picken dem Neugeborenen die Augen aus.

Rätselhaft – vielleicht apokalyptisch zu interpretieren? – und kaum zu entschlüsseln geht es in den Apokryphen weiter:

„Ich sah, dass den Schafen ein großes Schwert überreicht wurde, und die Schafe zogen gegen alle Tiere des Feldes, um sie zu töten, und alle Tiere und Vögel des Himmels flohen vor ihnen. Ich sah, bis dass ein Thron in dem lieblichen Land errichtet wurde, und der Herr der Schafe sich darauf setzte, und der andere nahm die versiegelten Bücher und öffnete jene Bücher vor dem Herrn der Schafe." Es kommt dann zur Verdammnis. Es entstand ein großes Feuer. „Auch jene 70 Hirten wurden gerichtet, für schuldig befunden und in jenen Feuerpfuhl geworfen ... Man brachte (auch) jene verblendeten Schafe; alle wurden gerichtet, für schuldig befunden und in jenen Feuerpfuhl geworfen ..." Und es wurde durch den Herrn der Schafe ein neues großes Haus gebaut. „Alle seine Säulen waren neu, auch seine Verzierungen waren neu und größer als die des ersten alten ..."

Am Ende siegt eines der übrig gebliebenen Lämmer, die jetzt zu Herren und Richtern werden: „Ich sah, wie alle übrig gebliebenen Schafe und alle Tiere auf der Erde und alle Vögel des Himmels niederfielen, jene Schafe anbeteten, sie anflehten und ihnen in jedem Wort gehorchten." Schließlich heißt es: *„Der Herr der Schafe aber freute sich sehr über sie ... Dies ist das Gesicht, das ich im Schlafe sah. Als ich erwacht[e], pries ich den Herrn der Gerechtigkeit und stimmte ihm einen Lobgesang an. Darauf brach ich in lautes Weinen aus, und meine Tränen hörten nicht auf ... Denn alles wird eintreffen und sich erfüllen. Alles Tun der Menschen ist mir der Reihe nach gezeigt worden ..."*

Kein anderes Lebewesen, kein Tier wird in den Apokryphen so oft genannt wie das Lamm, wie das Schaf, einige Male auch der Widder. Immer sind es die höchst widersprüchlichen Bilder vom Lamm, das von Wölfen und anderem Getier zerrissen wird, das aber mit einem Schwert ausgestattet wird, das dem Herrn der Schafe ein Haus, einen Turm bauen kann. Hieran ist auch ablesbar, welche Rolle das Schaf in der alten Glaubenswelt des Vorderen und Nahen Orients gespielt haben muss und auch heute noch spielt und wie widersprüchlich die Bilder sind: das liebliche Osterlamm, das liebliche „Lamm Gottes", die liebliche Gestalt des Hirten, überhöht und deformiert in der Gestalt des katholischen Bischofs mit dem alten Hirtenstab und der Herde, die dahinter willenlos zu folgen scheint.

PYRENÄEN
Transhumanz und Jakobspilgerweg bei Cize

Die schönen Dolmen, Cromlechs und Tumuli auf den Bergen von Cize sind Relikte der agro-pastoralen Gesellschaften. Diese Gesellschaften lebten nicht isoliert. Die Berge von Cize in den Pyrenäen, die mäßig hoch und im Winter wenig verschneit sind, begünstigten den kulturellen Austausch. Während der Zeit der Transhumanz nutzten die Hirten mit ihren Herden die zahlreichen Schafwege, um die Sommerweiden zu erreichen. Diese Wege wurden später Römerwege, Jakobspilgerwege … (vgl. http://vppyr.free.fr/pages_pat/vpp_pat35_etapyr.htm).

KORSIKA
Der fliegende Widder von Pietralba

„Eines Tages sah ein Hirte seinen Widder fliegen. Erschrocken holte er die Leute aus dem Dorf, die das seltsame Phänomen

KORSIKA

13. Szene mit verschiedenen Tieren

nur bestätigen konnten. Als er sich von seinem Schrecken erholt hat, dachte er daran, mit dem fliegenden Widder Gewinn zu machen und versteigerte ihn. Der Käufer zog mit seiner Herde ins Winterquartier, doch der Widder weigerte sich zu fliegen. Um ihn zu zwingen, seine übernatürlichen Kräfte zu nutzen, stieß er ihn ins Leere. Ein erschrockenes Geblöke begleitete den Sturz des Tieres. Schreckerfüllt sammelte der Hirt seine Herde: Alle Schafe waren zu Steinen erstarrt." (http://membres.lycos.fr/culturacorsa/belier.php)

Sie befinden sich noch heute, für alle Ewigkeit versteinert, am Campo Piano in der Gemeinde Urtaca.

SCHWEIZ/URI
Die Sage vom Uri-Stier

In der Schweiz, auf dem Weg von Attinghausen nach Engelberg, liegt die Surenenalp, die jetzt zum Kanton Uri gehört. Dort lebte, berichtet die Sage, „einst der Schafhirt namens Urs im Ried". Er schlachtete zuweilen ein Schaf, trug das Fell in das Urnertal und tauschte es gegen notwendige Waren.

„Eines Tages, als er auch wieder dort war, zogen aus dem Welschland seltsame dunkelhaarige Männer durch das Tal. Sie trieben außerordentlich schöne, hellhaarige Schafe vor sich her, wie der Hirtenbub noch nie gesehen hatte. Besonders ein kleines, schneeweißes Lämmlein gefiel ihm so, dass er nicht mehr davon wegkam und die fremden Hirten flehentlich bat, sie möchten ihm doch das schöne Lamm schenken."

Nach einigem Betteln und weil er nicht nachgab, schenkten sie ihm das Lamm. Mit dem neuen, schönen, weißen Lamm kam er zurück auf die Alm. Und dann geschah Schreckliches:

„Es musste immer um ihn sein, mit ihm essen und bei ihm schlafen. Er trieb es so weit, dass er beschloss, das weiße Lämmlein zu taufen. Heimlich machte er sich über die Surenenecke nach Attinghausen ins Urnerland hinunter. Dort schlich er sich in die Kirche, brach den Taufstein auf und schöpfte Taufwasser daraus. Unbemerkt machte er sich davon. Auf der Alpe taufte er das vergötterte Tier nach christlichem Brauch.

Da war es, als ginge die Welt unter. Über die Berge herein kam es kohlenschwarz. Ungeheuerliche Wolkengestalten mit Köpfen und Armen jagten über den Himmel, dann begann es zu donnern, und ein Unwetter kam, dass die Erde bebte. Ein Blitz schlug wie ein Riesenhammer in die Hütte und zerschmetterte sie. Als aber der junge Hirt, immer nur sein weißes Lämmle im Kopf, sich ängstlich nach diesem umsah, um es zu retten, stand stattdessen ein entsetzliches schwarzes Ungeheuer in den Alpenrosen. Zu Tode erschreckt wollte er davonhasten, aber das Ungeheuer stürzte ihm nach, und im Hui war er zerfetzt und zerrissen.

Von da an war es nicht mehr geheuer auf der Alp. Das Ungetüm, das die Hirten der Surenenalp das GREISS nannten, tötete Menschen und Vieh."

Grund ist ein schrecklicher Frevel. Er muss nach der Volksmeinung scharf bestraft werden. Das GREISS wird mehrfach und immer wieder in den Sagen vor allem des Kantons Uri genannt.

Das beschriebene weiße Lämmlein, das die fremden Männer aus Italien gebracht hatten, weist darauf hin, dass die Bergamasker Schäfer und Hirten bis in die Schweiz gekommen waren. Und es war das bekannte weiße Bergamasker-Schaf, das später auch nach Südtirol und dann nach Nordtirol kam und dort mit der alten Schafrasse gekreuzt wurde. Daraus entwickelte sich das „Weiße BERGSCHAF", das von den Nazis von Berlin aus im Jahre 1938 mehr oder weniger verpflichtend als allein gültige Schafrasse erklärt und entsprechend gefördert wurde.

SCHWEIZ/ZERMATT
Das blökende Schaf

„Eine eigentümliche Sage hat ihren Ursprung in der Umgebung des Matterhorns. Westlich von demselben am gegenüberliegenden Berg von Hohweng bis Hohbalm hörte man schon in frühesten Zeiten ein immerwährendes, unheimliches Blöken, gleich dem eines Schafes.

Manchmal bei Neumond hatte dieses Blöken einen so jammervollen Ton, dass die Leute in der Umgebung glaubten, es wäre ein Schaf über einen Felsen gestürzt und flehe bitterlich, es aus seiner qualvollen Lage zu befreien. Die Schafhirten jener Gegend und alle Leute, die dort etwas zu tun hatten, gerieten oft in große Angst und Aufregung, weil sie dieses Geblöke immer hörten und nie etwas sahen.

Man setzte sich nun mit einem Geistlichen des Tales in Verbindung, welcher es unternahm, dieses Treiben zu beschwören. Der begab sich mit einigen Bürgern an Ort und Stelle, und nachdem er die zum Exorzieren gebräuchlichen Gebete gesprochen [hatte, sagte er]: ‚Kraft meines Amtes und der mir von der Kirche übertragenen Gewalt, befehle ich dem geblöktreibenden Wesen, vor mir zu erscheinen.' Das Wesen folgte und erschien bald in Gestalt eines Schafes. Auf die Fragen des Geistlichen erzählte das Schaf, wie es ursprünglich ein Mensch gewesen, von Gressoney über den Theodul gekommen und sich mit der Familie niedergelassen habe. Da es aber fremd war und nicht die gleiche Sprache gesprochen habe, sei es von seinen Nachbarn scheel angeschaut worden. Es sei auch verfolgt worden, und niemand in der ganzen Gegend habe ihm Verdienst geben wollen. In der Folge sei große Not über seine Familie gekommen, und um sich und seine Familie vom Hungertod zu retten, habe es seinen Nachbarn Ziegen und Schafe gestohlen und auch sonst allerlei Unfug getrieben. Bei seinem Tod sei es dann in ein Schaf verwandelt und zu ewigem Blöken verdammt worden.

Der Geistliche sagte ihm, dass die Ursache seiner Not daher gekommen sei, weil es kein rechtes Gottvertrauen gehabt habe. Es solle Gott reumütig um Gnade und Verzeihung bitten und zum wahren Glauben zurückkehren. Dann werde es sicher von seinen Banden erlöst werden. Gott verzeihe jedem Sünder. Er zürne nicht ewig. Von da an habe das Blöken in jener Gegend gänzlich aufgehört."

(Aus: Karl Lehner: Zermatter Sagen, Bühler, Luzern 1894, S. 148 f.)

SCHWEIZ/ZERMATT
Der große Widder im Findelntal

"Gesehen haben ihn viele, diesen Widder. Genau hat es der Julen Naz erzählt. Es hat sich so zugetragen.

Als er im Herbst auf Eggenalp die Schafe hütete, sah er, dass sich da plötzlich ein Widder unter sein Trüpplein Schafe gemischt hatte. Wie jeder Schäfer kannte er jeden einzelnen Widder im ganzen Zermatt. Mit diesem wusste er nicht, wo er ihn hintun sollte.

Am Abend, wie er seinen Schafen zu lecken gab, war dieser Widder nochmals da. Auch er sollte seine Handvoll Salz und Mehl erhalten. Der Widder schaute den Naz an und schüttelte den Grind, dann wurde er immer größer und größer. Dem Naz wurde es Angst. Er rannte ohne zurückzuschauen davon bis hinunter zu den Gassen. Erst in der Küche merkte er, dass er im Laufen seine beiden Schuhe verloren hatte. Vor lauter Angst hatte er dies gar nicht gespürt."

(Aus: Karl Lehner: Zermatter Sagen, Bühler, Luzern 1894, S. 137)

SCHWEIZ/ZERMATT
Der Widder vom Muttberg

"Perren Alois erzählte einmal, wie er im Mutt die Schafe hütete, habe er seinen Buben, den Alexander, später Richter der Gemeinde, verloren. Wie er ihn zurückfand, war er im Stall mitten unter den Schafen. (Er war sechs oder sieben Jahre alt.) Es sei da ein Schaf gekommen, ein gewollter Widder, Alexander hat ihn gestreichelt. Als er das Tier näher ansah, kam es ihm vor, als wäre es nicht ein gewöhnliches Schaf und als blicke es ihn so merkwürdig an. Es wurde ihm Angst, und er verbarg sich.

Der Großvater vom alten Fender hatte einmal ein Schaf verloren. Nach langem Suchen fand er im Distelgufer sein Schaf. Er wollte

14. Schafherde. Friedrich Gurschler, Holzschnitt, 1966

ihm Brot geben und es mitnehmen. Aber immer und immer habe ihm dieses Schaf Nein gesagt, indem es den Kopf geschüttelt habe. Nun betrachtete er das Schaf. Etwas war da nicht richtig. Wie es weitergegangen ist, hat er nie erzählt. Aber eines wissen alle: Seit dem Tag ist er jeden Sonntag nach Winkelmatten in die Kapelle gegangen.

Als der Hyronimus im Staffel als Bub die Kühe hütete, hat er oft das Blöken gehört. Es war ein trockenes Jahr, und nirgends am Muttberg war ein Schaf. Und in trockenen Jahren hörte man den Bozen immer mehr, weil er in solchen Jahren auch mehr Unheil angerichtet hat.

Noch vor etlichen Jahren, so erzählte man, sei ein Schäfer im Herbst gegen Kalbermatten zu seinen Schafen gegangen. Unter seiner Herde sei ein unheimlich großer Widder gewesen. Er gab dann den Schafen Salz zum Lecken. Auch diesem hielt er die Hand hin. Der Widder habe, wie wenn er Nein sagte, den Kopf geschüttelt und sei dann plötzlich verschwunden."

(Aus: Karl Lehner: Zermatter Sagen, Bühler, Luzern 1894, S. 34/35)

SCHWEIZ

SCHWEIZ/GRAUBÜNDEN
Der Schafhirt von Ranasca

„Zu einer Zeit, da unsere Schafe so viel Milch gaben wie die Kühe und man sie alle drei Tage scheren konnte, lebte auf der Alp Ranasca oberhalb des Dorfes Pigniu ein Schafhirt mit einer Herde von über siebentausend Tieren. Eines Tages wurde ihm die Arbeit zu streng, und er machte sich auf den Weg ins benachbarte Glarnerland, um da einen Hüterbuben zu suchen. Auf halbem Weg begegnete er einem flotten Jüngling. Dessen angenehme Erscheinung gefiel dem Schäfer über die Maßen, und darum fragte er ihn: ‚Möchtest du nicht mein Gehilfe werden?'

‚Oh, gerne', antwortete der schöne Jüngling, ‚und zum Lohn fordere ich nichts weiter als den Respekt und die Ehrerbietung, die man jedem redlichen Menschen schuldig ist!' Damit war der Schafhirt natürlich einverstanden, und er nahm seinen neuen Gehilfen mit auf die Alp. Der machte dort alles genau so, wie er geheißen wurde, und arbeitete zur größten Zufriedenheit des Schafhirten.

Auch ins Dorf hinunter ging er und besorgte dort Salz und alles, was die beiden zum Leben brauchten. Noch nie hatte der Schafhirt einen so gefälligen und heiteren Gehilfen gehabt, und er freute sich darob den ganzen Sommer über. Gegen Ende September, kurz vor der Alpentladung, wachte der Schafhirt eines Nachts auf. Er erschrak nicht wenig, als er merkte, dass sein Gehilfe nicht neben ihm auf der Pritsche lag. Die ganze Nacht konnte er kein Auge mehr schließen. Als aber der Morgen schon leicht zu dämmern begann, sah er plötzlich, wie sein Gehilfe aus der Asche der Feuerstelle emporstieg, schön und strahlend wie ein Sommertag. Er hatte Körper und Formen einer Frau, und seine langen Haare leuchteten wie Sonnenstrahlen.

Der Schafhirt rieb sich die Augen vor Verwunderung – da war die Erscheinung auch schon verschwunden, und neben ihm schlief sein

Gehilfe in Männerkleidern. Als er den Jüngling nun aber genauer betrachtete, bemerkte er dessen große Ähnlichkeit mit der Fee von vorhin. Sachte öffnete er das Hemd seines Gehilfen und erblickte zwei Brüste, weiß wie Schnee. Da erwachte die Gestalt, und sofort sagte der Schäfer zu ihr: ‚Gelt, du liebliches Mädchen, du wirst jetzt auf der Stelle meine Braut?' – ‚Nein, ich bin nicht deine Braut, und ich werde es nie sein', antwortete das Mädchen. Da wurde der Schafhirt wütend, drückte die Jungfrau an sich und sagte: ‚Ob du willst oder nicht, du musst meine Braut werden!' – ‚Weder will ich noch muss ich! Du aber sollst zu Stein werden und Stein bleiben jetzt und in alle Ewigkeit. Und zu Stein werden sollen auch deine siebentausend Schafe und die schönste Matte von Ranasca bedecken!'"

BURGENLAND
Die Riesenschlange von Güssing

Variante 1:
„Auf den Wiesen der Abhänge des Güssinger Schlossberges weideten einmal viele Schafe. Eines Tages bemerkte der Hirt, dass ein Schaf verschwunden war. Tags darauf verlor er auf diese unerklärliche Weise ein zweites Schaf, und in den folgenden Tagen wiederholte sich der Abgang weiterer Schafe. Diese täglichen Verluste veranlassten den Hirten, die schwer zugänglichen Felsen der Abhänge zu untersuchen. Zu seiner Bestürzung entdeckte er eine Höhle, in der ein schlangenartiges Ungeheuer eben ein geraubtes Schaf fraß. Der Hirt eilte ins Dorf und erzählte den Bauern sein Erlebnis. Zehn Männer, mit langstieligen Mistgabeln bewaffnet, entschlossen sich, das Ungeheuer umzubringen. Nach einem dreistündigen schweren Kampf gelang es den heldenhaften Männern, das Ungeheuer zu erschlagen. Die Riesenschlange war so groß, dass der größte Wagen im Dorf mit

vier Ochsen bespannt werden musste, um sie aus der Höhle fortzuschaffen."
(Anton Mailly, Adolf Parr und Ernst Löger, Sagen aus dem Burgenland, Wien/Leipzig 1931, Nr. 22, zit. nach Sagen aus dem Burgenland, hrsg. v. Leander Petzoldt, München 1994, S. 247; http://www.sagen.at/texte/sagen/oesterreich/burgenland/petzoldt/riesenschlange.html)

Variante 2:
„Es war einmal ein junger Hirte, der hütete seine Schafe auf den Wiesen am Güssinger Burgberg. Sein Hund achtete darauf, dass kein Schaf verloren ging. Oft sah der Hirte den ganzen Tag keinen Menschen. Er träumte davon, dass er irgendwann einmal ein großes Abenteuer erleben würde. ‚Alle werden dann sehen, wie mutig und tapfer ich bin', sagte der Bursche zu sich selbst. Er musste gar nicht lange warten. Eines Abends bemerkte er, dass ein Tier fehlte. Es blieb spurlos verschwunden. Auch sein Hund verhielt sich ganz merkwürdig.

Am Tag darauf geschah nichts Ungewöhnliches. Aber sein Schrecken war groß, als am Abend abermals ein Schaf fehlte. So war es auch am dritten und am vierten Tag. Der Hirte wusste keinen Rat. Also begann er, die Abhänge des Berges abzusuchen. Plötzlich entdeckte er den Eingang zu einer Höhle. Ganz vorsichtig schlich er sich an die Höhle heran. Da bemerkte er einen sehr unangenehmen Gestank. Trotzdem ging der Bursche immer tiefer in die dunkle Höhle. Plötzlich sah er die Umrisse eines Ungeheuers. Es war eine riesige Schlange, die soeben die Reste eines Schafes verschlang. Der Hirte schlich leise aus der Höhle und trieb rasch die Tiere zusammen. So schnell er konnte, lief er ins Dorf und erzählte den anderen Bewohnern von der schrecklichen Riesenschlange. Sie wollten ihm zuerst gar nicht glauben. Der Dorfälteste sagte: ‚Zeig uns doch die Höhle!' Zu den Bauern rief er: ‚Holt eure Mistgabeln und Sensen!

Gegen dieses Untier können wir nur gemeinsam etwas ausrichten.‘ Es meldeten sich einige mutige Männer, die mit dem Hirten auf den Berg gingen.

Als sie oben am Berg ankamen, bemerkten auch sie schon den Gestank der Schlange, die vor dem Höhleneingang lag. Aus ihrem Rachen loderten Flammen. Als sie die Männer erblickte, schoss sie blitzartig auf diese zu, umschlang sie mit ihrem mächtigen Leib und schnürte sie wie ein Bündel Stroh zusammen. Die Männer konnten die Schuppen des Untiers nicht durchstechen, sie waren hart wie Panzer. Zum Glück traf einer zufällig auf eine empfindliche Stelle am Körper der Schlange. Sie zuckte zusammen und lockerte dadurch die Umschlingung. Die Männer befreiten sich und brachten sich schnell in Sicherheit. Sie wollten nicht aufgeben. Die mutigen Bauern umzingelten die Schlange und stachen immer wieder auf sie ein. Das wütende Tier schlug wild um sich und blutete bald aus vielen Wunden. Die Männer merkten, dass das Tier immer schwächer wurde. Aber auch sie selbst begannen, müde zu werden. Da riss die Schlange mit letzter Kraft das Maul weit auf. Einer der Bauern nahm seine Mistgabel und stieß blitzschnell zu. Die Schlange bäumte sich hoch auf, dann fiel sie tot um. So war Güssing von dem Untier befreit."
(http://www.maerchen-sammlung.de/Sagen_19/Drachensagen_24/Die-Riesenschlange-von-Guessing_455.html)

Heilige, Patrone, Hirtinnen & Hirten

Wichtige Teile des katholischen Wallfahrtskultes, insbesondere die Wallfahrtsorte La Salette, Lourdes und Fatima, wurden von zumeist frommen, Heiligen-ähnlichen oder heiliggesprochenen Hirtinnen geprägt.

DAS GEHEIMNISVOLLE GESCHEHEN IN LOURDES

Bernadette Soubirous hieß eigentlich Marie-Bernarde, denn sie hatte diesen Ordensnamen angenommen. Marie-Bernarde wurde am 7. 1. 1844 in Lourdes geboren und starb am 16. 4. 1879 in Nevers. Sie gilt als katholische Seherin und wurde heiliggesprochen. Ihr Fest wird am 16. April gefeiert.

Im damals kleinen Pyrenäenstädtchen Lourdes, so berichtet das Biografisch-Bibliografische Kirchenlexikon, war sie ab dem 13. Lebensjahr als Haushaltshilfe und Schafhirtin tätig. Der Schafstall dient in Lourdes als kleine Kapelle. Aufgrund ihrer Arbeit konnte sie kaum oder gar nicht am Schulunterricht teilnehmen. Also konnte sie weder lesen noch schreiben noch beherrschte sie das amtliche Französisch. Sie sprach ihren heimatlichen Dialekt. Am Morgen des 11. 2. 1858 ging sie zusammen mit ihrer Schwester Antoinette Marie und dem Nachbarsmädchen Jeanne Abadie am Gave in die Nähe der Grotte Massabielle. Von den anderen Mädchen unbemerkt, erschien ihr angeblich zum ersten Mal die Gottesmutter Maria und betete mit ihr den Rosenkranz. Es folgten viele weitere Erscheinungen der Muttergottes zwischen dem 14. Jänner und dem 16. Juli dieses Jahres. Die geheimnisvollen Erscheinungen zogen immer größere

Menschenansammlungen an und Kaiser Napoleon verbot höchstpersönlich am 5. 10. 1858 „alle Behinderungen der Marienverehrung an der Grotte".

Bernadette lebte dann bis Mai 1866 bei den Spitalschwestern in Lourdes und entschied sich in das Kloster einzutreten. Die knappen 13 Jahre des Klosterlebens sollen eine Zeit der körperlichen Leiden und der Erniedrigung gewesen sein. Von 1867 bis 1873 diente sie als Krankenschwester im Kloster. Am 16. 4. 1879 verstarb sie an Knochentuberkulose.

Papst Pius sprach sie am 14. 6. 1925 selig. Am 8. 12. 1933 folgte die Heiligsprechung der Seherin, der Klosterfrau und der Schäferin in ihren jungen Jahren.

Seit 1933 ruht ihr unverwester Leib sichtbar in einem Glasschrein in der rechten Seitenkapelle der Klosterkirche St. Gildard in Nevers.

Motivation dieser besonderen Heiligenverehrung dürfte ihre Abstammung aus sehr ärmlichen Verhältnissen sein und die Tatsache, dass sie viele körperliche Leiden und viele Anfechtungen wegen der wundersamen Erscheinungen erleiden musste. Vor allem erscheint sie im Volksglauben den Menschen besonders durch ihre zeitweise Tätigkeit als Schäferin vertraut zu sein. Dieses Image haben katholische Kreise sehr intensiv, durchaus populär und gekonnt in den Vordergrund gestellt. Das Schaf erhält in diesem Zusammenhang einmal mehr seine mythopoetische Funktion.

DAS NICHT MINDER GEHEIMNISVOLLE GESCHEHEN RUND UM DIE SCHAFHIRTEN IN FATIMA

Am 13. 5. 1917 erschien in Fatima den drei Kindern Lucia Santos, Francisco und Jacinta Marto angeblich die Muttergottes. Papst Johannes Paul II. sprach die Geschwister Francisco und Jacinta am 13. Mai 2000 in Fatima selig. Die drei Kinder hüteten die Schafherden ihrer Eltern. Laut Legende hätten die Kinder sorglos und lustig gespielt. Jacinta hatte eine besondere Vorliebe für den Tanz. Francesco spielte auf seiner Querflöte. Die Kinder setzten sich auf einen Felsen und riefen laut die verschiedenen Namen. Am meisten, so fanden sie, eignete sich der Namen „Maria". Daraufhin erschien den Kindern dreimal ein Engel. Er fordert die Kinder auf, viel zu beten, Opfer zu bringen und geduldig alle Leiden zu ertragen.

Als ihnen am 13. 5. 1917 die Jungfrau Maria zum ersten Mal erschien, hatten sie wie gewöhnlich ihre Schafe auf das Grundstück von Lucias Eltern getrieben. MARIA soll von einem Lichtglanz umgeben erschienen sein. Liebevoll und gütig soll sie die Kinder angesprochen haben: ‚Habt keine Furcht, ich tu euch nichts zuleide.' Von diesem Zeitpunkt an ging, so wird berichtet, das „unscheinbare, gewöhnliche Hirtenleben" Jacintas und der beiden anderen Kinder zu Ende.

Maria erschien den Kindern insgesamt sechsmal in der Cova da Iria. Daraufhin setzte eine überwältigende Marienverehrung ein. Wie auch in Lourdes waren es wieder Kinder aus sehr bescheidenen ländlichen Verhältnissen, die in der Nähe ihres Heimatortes Schafe hüteten. In beiden Fällen, bei den wundersamen Geschehnissen von Fatima und Lourdes, werden die Betrachterinnen und Betrachter in eine Bergszenerie von Schafweiden, von Felsen und Höhlen versetzt. Stein und Höhle lassen vermuten, dass es sich um sehr alte vorchristliche Kultstätten handeln könnte. Bislang ist nicht bekannt, welche Vorgänge zwischen den ersten Erscheinungen in der Höhle und dem weiteren Verlauf der Geschichte bis zur offiziellen Anerkennung der Wunder und der Errichtung großer Kirchen abliefen. Von Lourdes ist bekannt und bei den Wallfahrern und Pilgern überaus beliebt, das „Lourdeswasser" mit nach Hause zu nehmen. Der Schafkult trifft hier auf einen Wasserkult.

LA SALETTE

Zu den wichtigsten marianischen Erscheinungsstätten der Christenheit gehört neben Fatima und Lourdes auch La Salette. Die Wallfahrtskirche liegt in der Nähe der Stadt Annecy. Wieder spielt die erste Szenerie auf einer Schafweide: Am 19. 9. 1846 weiden zwei Hirtenkinder, Maximin und Melanie, ihre Schafherde oberhalb des Dorfes La Salette. Sie sehen – für sie völlig unerwartet –, wie die Legende berichtet, über dem Stein eine geheimnisvolle Feuerkugel schweben. Im Gefunkel des Lichts erscheinen zwei Hände. In den Händen verbirgt sich ein Gesicht. Es ist eine Frau, die „voll Hoheit und Majestät und doch voll Mütterlichkeit" vor ihnen steht. Diese Frau, es ist ohne Zweifel die Madonna, die Mutter Gottes, spricht zu den Kindern und gibt ihnen für die ganze Welt bedeutende Botschaften. Es ist wichtig, darauf hinzuweisen, dass an der Erscheinungsstelle eine Quelle entspringt, „die seit damals ununterbrochen fließt". Auch hier also kommen der Stein und das (heilige?) Wasser vor. Höchst (1996) schreibt La Salette eine besondere Bedeutung zu:

„Unter den von der Kirche anerkannten marianischen Erscheinungsorten nimmt La Salette eine besondere Stellung ein: durch die einzigartige topographische Lage und Majestät des Ortes, durch die strahlende Schönheit der Erscheinung, durch die Wucht der Botschaft."

LE LAUS

Ein weiterer Wallfahrtsort in Frankreich ist Saint-Étienne d'Avancon in den südlichen französischen Alpen. Auch diese Kultstätte steht in Verbindung mit einer wundersamen Erscheinung, die einem armen Hirtenmädchen zuteil wurde. Es geschah im Mai des Jahres

1664. In Saint-Étienne d'Avancon wurde Benoite Rencurel am 16. September 1647 geboren. Weil ihre Eltern arm waren, konnte sie keine Schule besuchen und lernte nie lesen und schreiben. Eines Tages hütete sie für die Bauern der Umgebung die Schafe in einem kleinen Tal mit zerklüfteten grottenähnlichen kleinen Höhlen. Dort betete sie eifrig den Rosenkranz. Da bemerkte sie auf einem Felsen eine schöne Dame, die „ein Kind von einzigartiger Schönheit an der Hand hielt", wie die örtliche Legende berichtet. Die wundersame Dame war offensichtlich, so ist weiter in der Legende zu lesen, die Gottesmutter Maria. Das Hirtenmädchen Benoite sprach die Dame freundlich an und lud sie ein, mit ihr das mitgebrachte Brot zu teilen und es in die dort befindliche Quelle zu tauchen.

In der Folge wurde die fremde schöne Dame von der frommen Hirtin „mehrfach beim Heraustreten und Verschwinden gesehen". Soweit aus einer der zahlreichen und immer wieder erschienenen Publikationen. Die Erscheinungen der schönen Dame, die sich später als „Dame Maria" vorstellte, dauerten bis Ende September. So war also wieder ein neuer Wallfahrtsort entstanden: LE LAUS in den südlichen französischen Alpen. Auch hier findet sich der Zusammenhang mit Höhle und Wasser. Und es ist wieder eine arme Schafhirtin, der dieses wundersame Glück zuteil und die auserwählt wurde. Und auch diese Hirtin musste viele Anfeindungen, Plagen und Krankheiten über sich ergehen lassen.

Im Vergleich mit anderen Entstehungslegenden der Wallfahrtsorte im Zusammenhang mit Schafen und Hirten bzw. Hirtinnen fällt auf, dass insbesondere in Frankreich Hirtenmädchen auserwählt werden. An anderen Orten traf es meist männliche Hirten.

SCHAF-PATRONE

Bei der Suche nach Schaf-Patronen, also nach Heiligen, die im Bereich der Hirtenkultur eine große Rolle spielen, finden sich auch weibliche Heilige. Eine dieser Hirten-Patroninnen ist die HEILIGE GERMANA. Auch sie stammt aus einem Ort in Frankreich. Geburtsort und Sterbeort ist Pibrac. Die heilige Germana wurde um 1579 geboren und starb im jungen Alter von 22 Jahren im Jahre 1601. Als nach 43 Jahren der Sarg geöffnet wurde, war die Leiche angeblich unversehrt. Ihr Fest wird am 15. Juni gefeiert. Ihr Leben verbrachte sie als Hirtin in der Nähe von Toulouse. Papst Pius IX. sprach sie am 29. Juni des Jahres 1867 heilig. Die heilige Germana gilt offiziell als Patronin der Hirtinnen. In der Ikonografie ist sie als Hirtenmädchen mit einem Schaf und meist mit Rosen dargestellt. Eine Heiligenstatue steht in der Kathedrale von Perigeux in Frankreich. Es gibt außerhalb von Pibac ganz wenige Orte, in denen sie verehrt wird. Eine Ausnahme bildet die Kapelle in Wersch in der Nähe von Köln. Bereits um 1710 führte der Mucher Pfarrer eine Prozession zur neuen Kapelle durch. Dieser Ort am Waldrand war ausgewählt worden, weil dort eine ähnliche Situation mit Schafweiden gegeben war. Nach der Heiligsprechung von 1867 erlebte die Wallfahrt einen großen Zuspruch, sodass eine größere Kirche gebaut werden konnte. Die Heilige ruht auf einem Strohlager. An der linken Seite liegt der Hirtenstab, umgeben von zwei Schafen und einem Widder (vgl. auch Busch 1985).

In den Heiligenlegenden findet sich eine weitere Heilige, die mit der Hirtenkultur in Verbindung gebracht werden kann. Es ist die HEILIGE AGATHA VON CATANIA, deren Fest am 5. Februar begangen wird. Sie ist als „Jungfrau, Märtyrerin und Nothelferin" bekannt und in einigen Regionen sehr verehrt. Sie dürfte um 225 in Catania auf Sizilien geboren worden sein und war angeblich eine wohlhabende adelige Jungfrau von großer Schönheit. Weil sie sich als fromme Christin deklariert und sich geweigert hatte, in einem Bordell tätig zu sein, musste sie viele Qualen und Misshandlungen erleiden. Nach ihrem Tod wurde sie als Heilige verehrt. Sie gehört zu den 14 Nothelfern. Das beweist die hohe und vor allem die populäre Verehrung. Agatha von Catania gilt als Patronin von Catania, aber auch als Patronin der Ammen, der Bergarbeiter, der Goldschmiede und Glockengießer sowie als Patronin der Hirtinnen. Wie populär sie ist, beweist auch, dass es eine auf die Heilige Agatha bezogene Bauernregel gibt: *„St. Agatha, die Gottesbraut, macht, dass Schnee und Eis gern taut."*

Im Handwörterbuch des deutschen Aberglaubens (kurz „HDA",) ist ihr ein Kapitel gewidmet. Besondere Verehrung genießt sie besonders im schwäbisch-alemannischen Gebiet: Am Vorabend des 5. Februar wurde in einigen Orten Brot geweiht, das dann für die kommende Zeit der Weide eine besondere Rolle spielen soll. Eigene „Agathenzettel" wurden gedruckt und dann geweiht, die besonders bei Brandgefahr Verwendung fanden.

Wie auch bei anderen populären „Volksheiligen" kann bei der heiligen Agatha angenommen werden, dass sie ältere vorchristliche Elemente übernahm oder dass sie ihr von der Kirche übertragen wurden.

DIE GEHEIMNISVOLLE SCHAFHERDE AM LUSCHARIBERG

In unmittelbarer Nähe der Stadt Tarvis/Tarvisio, knapp hinter der Kärntner Grenze, steht die Wallfahrtskirche „Heilige Maria in der Höhe". Der Marienwallfahrtsort auf 1.790 Metern Höhe gehörte bis 1918 zu Kärnten, liegt jetzt auf italienischem Staatsgebiet und gilt als einer der wichtigsten in den Alpen. Im Jahre 1913 schrieb Pfarrer Hoppe begeistert:

„Sei mir gegrüßt, du hoher, heiliger Berg, du stolzer Ruhm des
Kärntnerlandes, du kostbares Juwel im Steingeschmeide der
Julischen Alpen ..."

Geheimnisvoll wie die lange Entwicklung seit über 600 Jahren ist
auch die Entstehungslegende. Der Luschariberg gilt heute als der
„Heilige Berg der Völker slowenischer, italienischer und deutscher
Muttersprache". Im Jahr 1360 soll sich Folgendes ereignet haben:

„Ein Hirt, der auf dem Berge seine Schafe weidete, fand sie
eines Tages nach langem Herumsuchen auf dem Gipfel des-
selben vor einem Wacholderstrauche auf den Vorderfüßen
knien und in dem Strauche selbst ein altes, in Holz geschnitz-
tes Marienbild, das er mit sich nach Saifnitz nahm und dem
Seelsorger daselbst zur Aufbewahrung übergab. Doch am
nächsten Morgen fand er seine Lämmer und das Bild dennoch an derselben Stelle wieder, und da dies auch am dritten
Tage der Fall war, so verordnete der Bischof von Aquileja,
zu dessen Sprengel damals diese Gegend gehörte, nachdem
ihm diese Begebenheit berichtet worden, dass an der Stelle,
wo das Bild gefunden wurde, eine Kapelle erbaut und darin
das Bild zur Verehrung ausgestellt wurde. So berichtet die in
Gesängen und Gebeten erhaltene Sage." (Prettner, Jahrbuch
des Österreichischen Alpenvereins, 1865)

Erneut ist es ein Schafhirt, dem die Ehre zuteil wurde. Bemerkenswert ist das beschriebene Verhalten der Schafe. Es ist eigenartig, dass
sich Schafe in kniender Haltung wie zur Verehrung vor dem Ma-
donnenbild eingefunden haben.

In der Wallfahrtskirche wird das wundersame Ereignis mit den
Schafen in einem großen Bild dargestellt.

DIE SCHAFHERDE AM LUSCHARIBERG

15. Darstellung des wundersamen Ereignisses am Wallfahrtsort Luschari in Italien

Inzwischen erscheint durch frühgeschichtliche Funde erwiesen, dass sich auf dem Luschari-Berg eine alte Kultstätte befand. Insofern ist anzunehmen, dass die katholische Kirche auch in diesem Fall sehr wirksam und nachhaltig die Umwandlung in ein Marien-Heiligtum vollzogen hat. Wenn man so will, hat sich der heilige Luschariberg neuerdings zu einem „modernen" Kultberg entwickelt. In den vergangenen Jahren wurde die Wallfahrt dem „europäischen" Geist zugeordnet und gilt als „Königin Europas" und „Königin der europäischen Völker", wie in Prospekten zu lesen ist.

Heute ist der Luschari-Berg auch ein beliebter Wintersportplatz. Bis knapp zur Wallfahrts-Station führt seit Dezember 2000 eine Kabinenbahn und überwindet dabei einen Höhenunterschied von ca. 1.000 Metern.

HEILIGE, PATRONE, HIRTINNEN UND HIRTEN

DER MARIENWALLFAHRTSORT SONNTAGSBERG

Das Schaf-Motiv kehrt in der Wallfahrtsgeschichte immer wieder. Neben Lourdes, Fatima, La Salette, Laus, Luschari und vielen anderen Orten ist auch der Sonntagsberg in Niederösterreich ein Marienwallfahrtsort. Über seine Entstehung heißt es:

„Trieb da eines schönen Tages ein Hirt seine Herde auf den Berg hinauf. Unachtsam übergab er sich der Ruhe und bemerkte endlich nach längerer Zeit zu seinem nicht geringen Schrecken, dass die ganze Herde sich verlaufen hatte. Atemlos suchte er die ganze Gegend ab und brach endlich nach stundenlangem, vergeblichen Suchen ermattet und todmüde bei einem Felsen zusammen. Der Schlaf senkte sich auf seine Lider: aber siehe da, im Traume erschien ihm, dem frommen Hirten, der inbrünstig zu Gotte gerufen hatte, ein liebliches Bild, durch das ihm der Ort geoffenbart ward, wo seine Herde sich verlaufen hätte. Der Traum verschwand. Der Hirte erwachte. Freude durchzuckte sein Herz: aber was war denn dies? Neben sich bemerkte er ein weißes Brot. Dies genießend fand er alsbald seine Kräfte wieder; eilte, so rasch ihn seine Füße trugen, an die im Traum geschaute Stelle und fand zu seiner unbeschreiblichen Freude dort seine verlorene Herde."

An dieser Stelle entstand in den folgenden Jahren die Stätte der Verehrung. Die Leute nannten den Platz „Wunderstein" und „Zeichenstein". Zuerst soll es dort eine kleine Einsiedelei gegeben haben. Dann wurde eine große und mächtige Kirche gebaut; auch als Demonstration kirchlicher Macht und zur Überwindung alter „heidnischer" Kulte am Wunderstein. (Vgl. auch Haid)

DER WALLFAHRTSORT KALTENBRUNN

Die Legende über den Wallfahrtsort Kaltenbrunn im Kaunertal der Ötztaler Alpen in Tirol berichtet von sehr eigentümlichen, aber kultischen Begebenheiten. Wieder kommt ein Brunnen vor – insofern auch wieder eine Quelle – und wieder steht ein markanter Stein im Mittelpunkt.

Lange vor der Erbauung einer Kirche fanden nach der Legende die Hirten auf einem tischgroßen Stein eine Muttergottes-Statue. Auf diesem Stein wuchsen Roggen und Weizen, die aber vom Vieh unberührt blieben. In der Nähe des Steins entsprang eine Quelle, die heute jedoch verschüttet ist. In einer weiteren Legende, die auch an einem kleinen Deckenfresko dargestellt ist, wird berichtet, dass zur Zeit der Entstehung die Bauern, die im Wald arbeiteten, etwas Merkwürdiges gesehen hätten:

> „Pilgerfahrten mit einer roten Fahne nach Kaltenbrunn ziehen. Solche Kreuzgänge, denen eine weißgekleidete Jungfrau das Kreuz voraustrug, wurden von mehreren Personen in Gesichtern gesehen."

Handelt es sich bei dieser „Jungfrau" um eine geheimnisvolle Sagengestalt, die hier „Salige" genannt wird? Oder eine Hirtin? (Vgl. auch Haid, Mythen der Alpen", insbes. S. 21, 22, 180–186)

VON DEN HIRTINNEN UND IHREM PARADIES

Was ist eine Hirtin? Laut offizieller Berufsbezeichnung der Landwirtschaft und der Almen mittels BIC-Informationscomputer und Internet-Recherche unterscheiden sich die Aufgaben von Hirtinnen nicht von denen der Hirten. Den Hirtinnen bzw. den Hirten ist die

Beaufsichtigung der Herden anvertraut. Zumeist oder wenigstens teilweise, davon ist auszugehen, bezieht sich diese Beschreibung auch auf Schafe und Ziegen. Der Beruf wird nur saisonal ausgeübt. Wie im „Berufsbild" zu lesen ist, sind sie außerhalb der Sommerzeit als „Fach- und Hilfskräfte in landwirtschaftlichen Betrieben oder auch im Skitourismus (z. B. als SkilehrerInnen oder als Schankkräfte in Skihütten) tätig.

Hirtinnen verbringen in der Regel den Sommer allein auf den Almen, nur bei sehr großen Herden ... arbeiten sie mit Berufskolleginnen zusammen." Rolle und Funktion sind also geschlechtsspezifisch ident.

Spezielle weibliche Qualifikationen und Besonderheiten liefern ein Beispiel aus der Schweiz und ein aus einem „Roman" stammendes.

ZWEI FRAUEN GEGEN BÄREN lautet die erste Geschichte aus der Schweiz, zu der es in der Schweizer Presse viele Nachrichten gab, auch in einer Ausgabe des „tagesanzeiger" online, vom 7. 7. 2008. In dem Bericht heißt es: „Mindestens 19 Schafe hat ein Bär am Flüelapass bereits gerissen. Jetzt sollen ihm zwei vom Bund abgesandte Hirtinnen das Handwerk legen – mit Hilfe von speziellen Schutzhunden." Von Antonio Cortesi vom Flüelapass existiert darüber ein schriftlicher Bericht. Über 900 Schafe weiden, oder wie die Schweizer sagen „sömmern", auf dieser Alm (schweizerisch „Alpe") am Flüelapass. Der Bär, der gesichtet wurde, riss 19 Schafe. Die ansässigen Hirten und Hirtinnen schafften es nicht, dem Bär beizukommen. Auch nicht deren Hunde. „Die außerordentliche Lage am Flüelapass ist deshalb ein Fall für Riccarda Lüthi (32) und Kathrin Rudolf (31). Sie gehören zur ‚mobilen Eingreiftruppe' von Agridea, einer Beratungsstelle des Bundes, die ein Präventionsprogramm zum Schutze von Nutztieren entwickelt hat." Die beiden mutigen Frauen machten sich mit Hunden der Rasse MAREMMANO-ABRUZZESE auf, die

„weiß und wollig wie die Schafe selber" waren. Experten halten Maremmano-Abruzzese für die tüchtigsten Herdenschutzhunde überhaupt. In ihrem Ursprungsland Italien sind sie seit Urzeiten gegen Wolf und Bär im Einsatz. Zunächst verbrachten Schafe und Hunde eine Nacht in einem Iglu-Zelt. In der ersten Woche musste sich die Herde an die nicht mit den Hirten abgestimmten Maremma-Hunde gewöhnen. „Wenn sie den Schafen das Maul ablecken, ist die Integration geglückt", schreibt Riccarda. Bei den großen Schafherden sind mindestens drei dieser Hunde notwendig.

Am 6. 1. 2009 berichtete unter anderem die Kronenzeitung unter dem Titel „Hirtenhunde schützen Australiens Pinguine" von diesen Hunden, jetzt als „Maremmen-Abruzzen-Schäferhunde" bezeichnet. Die Tiere sollen jetzt als „perfekte Beschützer für die bedrohte Pinguinart" eingesetzt worden sein. Eine Gruppe dieser Hunde habe eine Kolonie Zwergpinguine „wie eine Familie adoptiert und schütz[e] sie jetzt vor Füchsen und anderen Raubtieren".

„Hirtin sein ist kein Sommerplausch", steht im Bericht der Kronenzeitung. Es erfordert viel Entbehrung, viel Wissen und Erfahrung, um Schafe etwa bei dichtem Nebel finden und retten zu können, vor Wolf und Bär schützen, bei Krankheiten sachkundig pflegen und verarzten zu können. HirtInnen müssen auch bei Gamsblindheit oder bei Klauenkrankheiten, bei der Moderhinke oder wenn Raben kommen und einem Neugeborenen die Augen auspicken wollen, reagieren können.

Ein sozialkultureller Bericht des Autors Fritz Berthold, der fast wie ein Roman anmutet, erzählt vom „Lebensbild einer Südtiroler Bergbauernfamilie" (Berthold 1976). Der Einleitung ist ein vielsagendes Zitat von Karl Jaspers vorangestellt:

„Mythen erzählen Ereignisse, welche Grund und Wesen eines Daseins bestimmt haben. Sie führen zur Lösung immanenter

Spannungen, nicht durch rationale Erkenntnis, sondern durch Erzählung einer Geschichte.
Mythen enthüllen in neuen Verhüllungen und wirken als bleibendes Gestalten."

In diesem Sinne erzählt Berthold durchgängig von der großen Bergbauernfamilie in archaischer und altertümlicher Lebens- und Arbeitsweise. Dabei kreist die Geschichte immer wieder um die Person der Hirtin als Teil seines „Psychogramms" der Bergbauernfamilie irgendwo im obersten oder hintersten Seitental des Vinschgau. Giga nennt er die Hirtin, die um 1900 die Aufgabe hatte, nach alter Manier die Schafe zu hüten, sie mit dem „Salzschrei" zu locken, „einem bestimmten melodischen Ruf", worauf sich die Schafe um sie herum versammelten, weil sie wussten, sie würden Salz zum Lecken bekommen.

Es ist eine sehr poetische Schilderung zum Leben einer Hirtin, über ihre Leiden, Freuden und Erfahrungen. Über das Wesen der Schäferin und Hirtin, über ihre Schaf- und Tierkenntnis, über das Hereinwirken von Glaube und Kult schreibt der Autor:

> „Wenn man dann aber die Schafe nur immer gut und gleichberechtigt behandelt und die Kühe jeden Tag streichelt und überall in ihnen nur die Schöpfung des Herrgotts sieht, dann packt sie der Teufel und dann ist es schon vorgekommen, dass gerade ihre liebste Kuh sie von hinten überfallen hat, ohne jeden Grund, und sie schon meterweit durch die Luft wirbelte. Darum muss man eben wenigstens einmal die Woche plötzlich und ohne Grund bös sein mit dem Vieh, ungerecht es anschreien, und dann ist es wieder zufrieden und brav. Und so machts auch der liebe Gott ...
> Giga hatte zum Leben dort oben von zu Hause immer einige Hühner mitbekommen. Im Übrigen lebte sie von stein-

hartem alten Gerstenbrot und von der Milch der Schafe. Manchmal stürzte ein junges Lamperl über die Felsen ab oder der Adler schlug eine Henne und dann gab es für das Hirtenmädchen die Reste des Fleisches als willkommene Ergänzung der täglichen schmalen Kost …

Die größte Gefahr für den Hirten, besonders für ein Kind als Hirten, komme manchmal von den Schafen. Dreimal in der Woche muss der Hirte mit der Miettasche herumgehen und jedem Schafsstück zwei Hände voll Salz mit Kleie vermischt geben. Es ist aber schon vorgekommen, dass dabei der Hirte den Tod fand, denn in ihrer Gier nach dem Salz verfällt manchmal die ganze Schafherde in eine Art Rauschzustand, fällt aus Salzhunger über den Menschen her und zertritt und zerstampft ihn zu Tode." (Berthold, S. 23 u. 40)

In einer Ötztaler Sage, die der aus Sölden stammende und später in Thaur bei Innsbruck tätige Pfarrer Christian Falkner aufschrieb, gibt es die schreckliche Nachricht „Schafe fressen einen Hirten auf":

„Ein Hirt ging einst auf die Klebleralm Schafe salzen. Er hatte aber zu wenig Salz mitgenommen. Die salzgierigen Tiere drängten sich immer mehr an ihn heran. Sie wollten noch mehr Salz. Der arme Hirt aber konnte ihnen keines mehr geben. Da fingen die Schafe in ihrer großen Sucht nach Salz den Hirten zu belecken und zu zernagen an. Er konnte sich nicht wehren, so eng war er im Schafrudel eingezwängt. Sie zerfraßen seine Kleider, begannen schließlich seine Haut anzunagen und bearbeiteten den armen Menschen so lange, bis er tot war." (Falkner 1997, S. 85)

In dieser Gegend wurden Schafe zu Tausenden auch über Jöcher und Gletscher getrieben, „auf Grund uralter Verträge" (Berthold, S. 75). Die großen Schaftriebe werden seit mehr als 6.000 Jahren bis auf den heutigen Tag jeweils Mitte Juni von Südtirol ins hintere Ötztal und dann Mitte September wieder durchgeführt. Berthold macht in einer Heft-Beilage über „Verhaltensforschung, Sozialverhalten und religiöses Hoffen" auf Analoga einer Schafherde zu einer Menschenmasse aufmerksam.

In der Gletscherwelt des hinteren Ötztales weiden im Sommer über 5.000 „fremde" Schafe aus Südtirol. Mehr als 3.000 Hektar Weidefläche befinden sich im Besitz von Bauern aus dem Schnalstal. Auch das hintere Ötztal hat seine Legende um eine Hirtin, nämlich die GEIERWALLY, eine Romanfigur der Autorin Wilhelmine von Hillern (1836–1916). Der Roman erschien 1875, wurde immer wieder aufgelegt, mehrmals verfilmt und war Grundlage für eine Oper. Der damals junge Alfredo Catalani schrieb seine erfolgreiche und bis in die Gegenwart auf mehreren Opernbühnen gespielte Oper „LA WALLY", deren Hauptfigur wie im Roman die überaus stolze und eigensinnige Jungbäuerin ist. Weil sie nicht den ihr vom Vater ausgewählten reichen Bauern heiraten will, sondern den „Bären-Josef" gern hat, wird sie vom hartherzigen Vater in die Einsamkeit, Wildnis und Kälte der weit oben bei den Gletschern befindlichen Schäferhütte verbannt. Dort muss sie Schafe hüten, muss unter überaus erschwerten Bedingungen in der Schäferhütte hausen, *„von Steinen erbaut, mit weit überhängendem Dach, einer starken Türe von rohem Holz und kleinen Lucken statt der Fenster. Darin waren ein paar geschwärzte Steine als Herd und eine Lagerstätte aus altem verfaultem Stroh ..."* (Hillern, S. 43)

Sie hütet dort die Schafe und Ziegen, eine kleine Herde. Die Geierwally lässt sich nicht unterkriegen. Sie hält monatelang in Höhen zwischen 2.400 Metern und 2.600 Metern aus. Nach wie vor ist sie eine Art Kultfigur, auch eine Heldin, auch eine Hirtin. Wilhelmine von Hillern kannte vermutlich alte, einheimische, ihrem Roman zugrunde liegende Sagengestalten, beispielsweise die SALIGEN-Frauen bzw. die SALIGEN-Fräulein Das alles wirkt auch höchst romantisch, derb und heimatlich. Die Wally ist auch eine heroisierte Schäferin.

DIE STARKEN FRAUEN DER ALP SOVRANA UND DIE STEINFRAU

Im Sommer 1985 waren von den großen Kraftwerksgesellschaften der Schweiz Pumpspeicherseen auf den Alpen Preda und Preda Sovrana geplant. Damit wären große Weideflächen und vor allem landschaftlich und ökologisch wertvolle Flächen zerstört worden.

Diese Almen bzw. Alpen befinden sich im Bereich Val Madris/ Avers im Kanton Graubünden. Gemäß dem alten Brauch der Steinsetzungen an markanten Plätzen, an Übergängen und an alten Kultstätten entstand die Idee, als Protest gegen die brutale Naturzerstörung eine neue Steinsetzung zu errichten. Weil auch „starke Frauen" als Hirtinnen auf diesen und auf anderen Almen tätig waren, wurde ein sogenannter „Steinmann" in leicht veränderter Form als STEINFRAU errichtet. In der 3,6 Meter hohen Figur aus Steinen wurden im oberen Teil lange Steine so angebracht, dass sie als Frauenbrüste erkennbar waren. Fortan hieß diese Steinsäule DIE LANGE HEIDI.

Am Anna-Tag des Jahres 1987, am 26. Juli, luden die Frauen aus der Region zu einem Protestgang über die alten historischen Steintreppen und hinauf zur gefährdeten Alm ein. Dem Aufruf folgten ungefähr hundert Frauen. Es waren zum Teil Hirtinnen und zum anderen Teil Sympathisantinnen. Anschließend versammelten sich die Frauen auf dem Dorfplatz von Soglio. Die Hirtin der Alpe Preda hielt vor den versammelten Frauen eine Rede. (Vgl. Haid, „Mythos und Kult in den Alpen", S. 180–183)

Die eindrucksvolle Hirtinnen-Aktion war zugleich auch der Start einer der wichtigsten Bürgerinitiativen in den Alpen. Manche Journalisten meinten sogar, es handelte sich um die größte Bewegung dieser Art in Europa. Am zweiten Samstag im August brennen auf vielen Bergen, auf Almen und Anhöhen die FEUER IN DEN ALPEN als sichtbare und kräftige Zeichen umweltschutzbewegter Menschen. Der Anstoß kam von Hirtinnen. Teilweise brennen in allen Alpenländern an diesem Samstag bis zu tausend Feuer. Die Zerstörung sensibler Bereiche der Alpen bleibt ein aktuelles Thema.

CHRISTLICHE SCHUTZHEILIGE

In alten und ältesten Glaubensvorstellungen vermischen sich im Christentum geprägte Legenden über Schutzheilige. Das gilt für den wichtigen Kulttag am 26. Juli, dem Festtag der Mutter Anna, genauso wie für viele andere Heilige, Patrone und kultische Gestalten. Über den christlich geprägten Bereich Europas bzw. des „christlichen Abendlandes" hinaus spielen Schutzheilige auch in der islamischen, jüdischen, tibetischen und afrikanischen Kultwelt eine Rolle. Hier finden sich im Heiligenkalender neben den heiligen Frauen und Patroninnen der Hirtinnen auch männliche Entsprechungen. Die „Hauptheiligen" als Schaf- und Hirtenpatrone sind

WENDELIN
BARTHOLOMÄUS
WOLFGANG
MARTIN
GEORG.

Diese Heiligen konnten oder mussten Elemente älterer Kulte übernehmen. Als Schafpatrone gelten Wendelin, Bartholomäus und Wolfgang (Jacobeit 1961). Vor allem im alpinen Raum müssen der Heilige Martin und der Heilige Georg genannt werden.

CHRISTLICHE SCHUTZHEILIGE

Der HEILIGE MARTIN VON TOUR, dessen Fest am 11. November begangen wird, gilt als einer der beliebtesten und populärsten Heiligen in Europa. Er hat nicht nur mit den inzwischen sehr populären Martini-Laterndl-Umzügen zu tun, er ist auch der Freigiebige, der seinen Mantel mit einem Bettler teilte und auf dessen Legende das Martinigans-Essen zurückgeht. In weiten Teilen Europas gilt er generell als Viehpatron. Allein in Südtirol werden über vierzig Martinsheiligtümer gezählt. Auf dem Weg der Schafe von Vernagt auf das Niederjoch steht (noch immer) ein Marterl mit dem Heiligen (siehe Farbtafel 2).

Die Geschichte des BARTHOLOMÄUS geht auf vorchristliche Zeiten zurück. Nach alten Legenden wurde ihm nach uralten Ritualen bei lebendigem Leibe die Haut abgezogen. Das erinnert an vor allem in der Schweiz bekannte Sagen, dass einem Frevler, der sich aus Holz oder Käse eine Sennenpuppe gebastelt hat, mit der er „Unzucht" treiben will, die Haut abgezogen wird. Im HDA gilt ein wichtiges und rätselhaftes Kapitel seinem Wirken und seiner Verehrung. Das erinnert an alte Kulte, die auch aus mexikanischen Kulturen überliefert sind. Immer steht Bartholomäus im Zusammenhang mit Ernte, Ernteabschluss, Beendigung der Almweidezeit. Die Volksüberlieferung folgt dabei der Heiligenlegende und sie folgt auch der griechischen Mythologie. Ein wichtiges Element der bekannten Wallfahrt „übers Steinerne Meer" von Maria Alm in Salzburg ist der beschwerliche Weg zum Heiligtum des Heiligen Bartholomäus am Königssee. Diese „Bartlmä-Wallfahrt" zum „Heiligen ohne Kopf" birgt eine ganze Reihe bisher nicht geklärter Phänomene.

Wichtig im Kontext der Kulturgeschichte des Schafes ist seine Rolle als Vieh-Patron (vgl. auch Haid: „Mythen der Alpen", S. 205–212). Jacobeit legt eine rationale Deutung nahe:

„Die Beziehungen des Heiligen zu den Schäfern rühren also nicht aus den Umständen seines Martyriums und den entsprechenden Attributen her, sondern sind – rein wirtschaftsethnografisch – durch die termingebundenen Notwendigkeiten und Besonderheiten des Wanderschäfertums bedingt." (Jacobeit 1961, S. 223)

In einer der aktuellen „Heiligenlegenden", zusammengestellt von Erna Melchers, findet sich zwar kein Bartholomäus, wohl aber ein anderer wichtiger Viehpatron. Es ist WENDELIN. Über ihn schreibt Melchers:

„Der Königssohn und Hirte Wendelin – sein Name bedeutet im Althochdeutschen ‚Wanderer, Pilger'– ist ein beliebter Kapellen- und Wallfahrtsheiliger. Er entspricht als Figur dem Heiligen Leopold."

Dargestellt wird der Heilige zumeist als Hirte mit Hirtenstab und Tasche.

Weniger als Schaf- und Viehpatron bekannt ist der HEILIGE WOLFGANG. Seine Vita bringt ihn mit Regensburg und vor allem mit St. Wolfgang am gleichnamigen Wolfgangsee in Verbindung. Dargestellt wird er unter anderem mit einem Hirtenstab. Er gilt als einer der populären Heiligen. Der heilige Wolfgang vereinigt wie andere „merkwürdige" Heilige eine Menge alter und ältester Glaubens- und Kultvorstellungen. War nach der Legende Wendelin ein Schäfer, so war Wolfgang ein hoch geschätzter und würdevoller Bischof. Ältere Wurzeln würden vermutlich belegen, dass er mit der Kultur der Hirten in sehr enger Verbindung steht.

Noch weniger bekannt als Patron der Hirten und Schäfer ist der HEILIGE GEORG.

In seiner legendären Lebensbeschreibung wird er als Schäfer und Hirte genannt. Er soll einstmals nahe bei einem Brunnen seine Schafe gehütet haben. Dort habe er sich zu einem Schläfchen niedergelegt. Seine neidischen Brüder seien gekommen und hätten den Schlafenden in den Brunnen geworfen. Unten angekommen, sei er aufgewacht und habe bemerkt, dass er auf einen Widder gefallen war.

Schäferleben
Idylle und Mentalität –
die Verklärung und die harte Realität

DER BERUF DES SCHÄFERS

Unzählige Geschichten und Fabeln, Legenden und bukolische Dichtungen zum Thema „Hirten", „Schäferin", „Schaf", „Lamm" und „Widder" sind weltweit verbreitet. Eine Übersicht und Auswahl zu treffen ist schwierig. Vordergründig sind die Vorstellungen über den Schäfer romantisch geprägt. Tatsächlich führen sie ein zumeist hartes und entbehrungsreiches Leben – ein krasser Gegensatz zur verklärenden Idylle, vor allem der schönen Hirtinnen.

Auch Hirte und Hirtin müssen geschult sein oder zumindest einen großen Schatz an Erfahrung und Wissen besitzen. In Deutschland gab bzw. gibt es Schäferschulen, eigene Aus- und Weiterbildungsstätten für Schäfer und Schäferinnen. Der inzwischen verstorbene Martin Scheiber aus Obergurgl im Ötztal, genannt der „Broser", war Schafliebhaber und Schafkenner. Er rühmte sich immer damit, Österreichs einziger geprüfter Schäfermeister zu sein. Seine Ausbildung hat er in Deutschland gemacht.

Inzwischen hat sich ein neues und durchaus professionell zu nennendes Berufsbild mit eigener Fachausbildung entwickelt, vor allem in der Schweiz. Um etwas gegen die ungenügende Ausbildung der Kleinviehhirten, insbesondere der Schafhirten, zu tun, führte die Schweiz 2000 eine neue Schäferausbildung ein. Der Anstoß kam von einer „Sömmerungsbeitragsverordnung" aufgrund der „verstärkten Präsenz der Großraubtiere". In den vergangenen Jahren waren mehrfach Bären und Wölfe in die Weidegebiete eingedrungen. Nun sollen Erfahrung und Fachkompetenz eine Schlüsselrolle spielen. Seit 2008 müssen in der Ausbildung fünf Module in zwei Jahren absolviert werden. Die Themen reichen von „Allgemeines zur Alpwirtschaft" über „Weidewirtschaft" bis zu „Tiere" (Gesundheit, Leistung, Fütterung, Herdenschutz, Tierschutz usw.). Weitere zwei Module gelten der Praxis auf einem Alpbetrieb, dann auf einem Winterbetrieb (bei Bauern im Stall) sowie einem „Ausbildungskurs mit Hütehunden". Organisiert und gemanagt wird sie von der AGRIDEA, der Nationalen Koordination Herdenschutz. („zalp", „Zeitung der Älplerinnen und Älpler", Nr. 19/2008, www.zalp.ch.)

Das neue Berufsbild und die professionelle Ausbildung dürften sich auch positiv auf die Identifizierung mit dem Beruf auswirken.

Als Experten sind die Viehhüter sogar befugt, im Sommer Wanderungen zu führen. Im aktuellen Prospekt des schweizerischen Münstertales, des Val Müstair, gab es im Jahre 2008 in Verbindung mit dem touristischen Angebot der „Themenwege" auch das Angebot einer Wanderung mit „Besichtigung einer Schafherde mit Herdenschutzhunden". Wie es im Prospekt ergänzend heißt, sollen die speziell ausgebildeten Herdenschutzhunde die Schafe und Ziegen vor „Bär und Luchs, aber auch vor Raubvögeln und streunenden Hunden" beschützen.

Ein in Deutschland ausgebildeter Schäfer, Martin Winz, führte im Sommer 2008 ein wissenschaftliches Alm-Projekt zum Thema „Von Schafen und anderen Pistengeräten" durch („Kleine Zeitung", 13. Juli 2008, S. 34/35).

Dem Profi-Schäfer sind auf dem Hauser Kaibling in der Steiermark rund 750 Schafe anvertraut worden. Mithilfe seiner drei Hunde dirigierte er die große Herde. Die Schafe sollten „die angegriffenen Weideflächen auf den Skipisten des berühmten Berges sanieren und die natürliche Vegetation wiederherstellen. Wo jetzt noch Beerenstauden und Latschen aus der Erde wuchern, schaut da und dort schon Almgras durch." Es sollten auf den insgesamt 400 Hektar auch der Wald-Wildwuchs gestoppt werden und der Boden „auf 36 Kilometern Skipisten widerstandsfähiger gegen Muren" gemacht werden. Der 60-jährige Schäfer Winz ist seit 1964, wie es heißt, „im Gewerbe" tätig. Zu seiner Tätigkeit am Hauser Kaibling bemerkt er: *„Der Berg und die Schafe beherrschen mich. Zum Träumen bleibt da keine Zeit."*

Dass die Nachfrage nach professionellen Schäfern nicht unterschätzt werden darf, zeigt eine Meldung aus Großbritannien:

„SCHAFHIRTEN STATT INFORMATIKER"

werden gesucht und angeworben (Die Presse, 13. 9. 2008). Unter dem Bild eines Schafhirten und einiger Schafe steht zu lesen:

„Schafhirten dürfen nach Großbritannien einwandern, Mathematiklehrer aber derzeit nicht."

Als Migranten haben ausgebildete Schäfer offenbar gute Chancen. Und: „Neben Schafhirten fehlen etwa auch Fisch-Filetteure oder Seeleute."

16. Schäfer aus der Provence in verschiedenen Ruhestellungen
(aus: Bourillon 1958, S. 54)

DIE BERGAMASKER

Weitum bekannt bei den schafzüchtenden und schafhaltenden Bauern der Alpen sind die berühmten BERGAMASKER. Das sind die Schafe (als Rasse) und die Menschen (als Hirten). Mit welch großen Schafherden die Hirten und Hirtinnen quer durch die Bergamaskischen Alpen gezogen sind und noch immer ziehen, ist schwer vorstellbar. Es handelt sich um die alpenweit mit Abstand größten Schafgebiete. In früheren Jahrzehnten sollen es bis zu 120.000 Schafe gewesen sein, die teilweise im Winter in der Poebene weideten und die im Sommer teilweise über die Grenze auf Schweizer Almen getrieben wurden. In einem Schweizer Almanach wird berichtet, es sollen 1.800 bis 45.000 Stück gewesen sein. Später machte die Schweiz wegen Seuchengefahr und aus anderen Gründen die Grenzen dicht. Die angeblich besten Schäfer stammen, wie ihre Väter und Großväter und Urgroßväter, aus Clusone und Parre sowie aus dem Valle Seriana.

Eine Besonderheit dabei ist, dass die vielen Schäfer (und immer wieder einzelne Schäferinnen) untereinander gut organisiert sind und dass sie sogar eine eigene SONDERSPRACHE entwickelt haben, eine Art „Geheimsprache", eine Art Fachsprache, die sich vielfach sehr markant und deutlich vom aktuellen Italienisch unterscheidet. Es gibt aber viele Anklänge an regionale und lokale Dialekte. Anna Carissoni (2001) beschäftigt sich wissenschaftlich mit der Kultur und der Sprache der bergamaskischen Hirten. Neben der Geschichte und wichtigen Daten enthält ihr Buch über die Bergamasker Weidewirtschaft auch mehrere Zusammenstellungen der Schäfersprache GAI.

Die in Österreich weitaus überwiegende Schafrasse, nämlich das weiße Bergschaf, ist eine Kreuzung alter einheimischer Rassen wie dem Steinschaf mit dem Bergamaskerschaf. Die konsequentesten Kreuzungen und auch die erfolgreichsten gab es vor allem im

Schnalstal. Das weiße Bergschaf hieß auch „Schnalser Schaf" und „Tiroler Bergschaf". 1938 führte dieser Zuchterfolg zur sonderbaren Weisung im Nazi-Regime, eine Schaf-Rasse-Reinheit herzustellen; durchaus mit tatsächlich „nachhaltigem" Erfolg.

Auch die speziell von den Bergamasker Schäfern weitergezüchteten Weidehunde wurden dann auf Umwegen über das Ultental in den Vinschgau und ins Schnalstal gebracht.

STATUS DER SCHÄFER

Das Ansehen und das Image der Schäfer und Schäferinnen schwanken. Einerseits vegetieren sie sozusagen am Rande der Gesellschaft als Außenseiter, als Sonderlinge. Andererseits genießen sie regional und lokal hohes Ansehen. Kann es sein, dass der ÖTZI auch ein Schäfer war und zugleich ein Privilegierter in seiner Gesellschaft? Seine Ausrüstung und vor allem ein Kupferbeil als Statussymbol könnten darauf hinweisen. Und der alte Vinz (Vinzenz) Gurschler vom Schnalstal, über Jahrzehnte hin Hirt und Herr einer mitunter 4.000-köpfigen Schafherde, hatte im Schnalstal den „Spottnamen" SEINE HEILIGKEIT. Aber signalisiert der Name wirklich Spott oder doch eher Hochachtung?

Es ist bekannt, dass sich in der Hirtenkultur aller Völker eine besondere Mentalität entwickelte. Wer Jahr für Jahr wandernd drei Monate mit den Tieren unterwegs ist, entwickelt sich zum Sonderling oder zum Philosophen oder zum Wissenden von Sagen und Mythen und auch von den Vorgängen der Natur, von Schneestürmen, von Lawinen und Muren und auch vom Klimawandel. Der Schäfer Virgil vom Niedertal und vom Rofenberg beispielsweise ist ein sensibler Beobachter der Klimaänderungen geworden. Er nimmt alle Vorgänge rund um Permafrost, Gletscherschwund und Austrocknung sehr genau wahr. (Vgl. die literarische Beschreibung solch eines Hirten in Haid: „Similaun" 2008, Roman)

GEFÄHRLICHE ARBEIT

17. Schäfer beim Meditieren über der Konstellation der Gestirne. Holzschnitt, Ende 15. Jh.

Die Tätigkeit von Schäfern und Schäferinnen war so wichtig, dass sie im Sommer, wenn sie in den Bergen unterwegs waren, auch in streng katholischen Gegenden selbstverständlich vom Besuch der Sonntagsmesse dispensiert waren. Sogar vom Wehrdienst waren sie befreit. Weiters gelten sie als Kenner von Heilkräutern, von Heil- und Giftpflanzen, insofern waren sie Heilkundige und damit auch geheimnisumwittert und „zauberkundig". Es wird berichtet, dass sie Salben aus Kräutern herstellen konnten.

GEFÄHRLICHE ARBEIT

Einen sehr informativen und auf das Land Salzburg abgestimmten Beitrag publizierte Ingrid Loimer-Rumersdorfer unter dem Titel „Von Schafen und Schäfern" („Salzburger Volkskultur", 18. Jahrgang, April 1994, S. 36–49).

CANIS CONTRA LUPUM war ein Bericht betitelt, der am 16. 11. 2006 in „Die Zeit" erschien. In einigen Schweizer Regionen waren Wölfe aufgetaucht. Mehrere Schafe wurden von ihnen gerissen. Als wirksames Gegenmittel sollten geeignete Hunde eingesetzt werden. Eingesetzt wurden Maremmano-Hunde. Im Walliser Ort Jeizinen hat Walter Hildbrand, ein ehemaliger Sportlehrer, eine Aufzucht der aus den Abruzzen stammenden Hunde begonnen:

> „Walter Hildbrand zeigt mit seiner Pfeife auf den Bergkamm. Kolkraben kreisen in der Luft. Schafskadaver stinken da zum Himmel, mittlerweile fast skelettiert. ‚Im Wolfsgraben lässt man sie liegen', sagt Hildbrand, ‚damit der Wolf, wenn er zurückkommt, auf die Kadaver geht und nicht auf die Schafe.'"

Der Beitrag beschäftigt sich auch mit der heldenhaften Hirtin Kathrin, die mit ihren zwei Hütehunden unterwegs ist und erfolgreich die Wölfe abwehren kann. Aber es wird befürchtet, dass in nächster Zeit die ersten Wolfsrudel kommen, dass sich im Wallis und anderswo die ersten „heimischen" Rudel gründen. Dann kann es gefährlich werden für die Schafherden.

KRÄHEN PICKEN LÄMMER ZU TODE lautete am 20. 10. 2007 eine Schlagzeile in der Zeitung „Die Presse". Es war in der Steiermark, und zwar im Bezirk Weiz. Die Bauern sprachen von einer Krähenplage:

> „Landwirte in Naas berichten von mehreren Krähen-Attacken auf Lämmer, die kurz nach der Geburt von den Vögeln angefallen wurden, die ihnen die Augen auspickten und die Weichteile verletzten. Insgesamt haben zwei Bauern sieben Lämmer verloren. In einem Fall brachte ein Mutterschaf zwei Lämmer

auf die Welt: Während sie noch mit der Geburt des zweiten
Tieres beschäftigt war, wurde das erste bereits von den Raben
attackiert. Auch das zweite Lamm wurde von den Vögeln getötet."

Von der Tötung der Lämmer durch Raben und von einer Krähenplage wollten offizielle Vertreter der Steirischen Jägerschaft nichts wissen. Vielleicht seien die Lämmer krank auf die Welt gekommen oder wären Totgeburten gewesen. Es gäbe vielleicht regional eine zu starke Krähenpopulation, meinten sie. Es würden sowieso 20.000 Krähen jedes Jahr in der Steiermark abgeschossen.

Tatsächlich sind verschiedene Vögel auch in den Hochgebirgsweiden eine konkrete Gefahr. Von Hirten ist bekannt, dass die Raben wie der Teufel gefürchtet sind und dass sie lauern, wenn ein Mutterschaf wirft, und sich sofort auf das Lamm stürzen. Ihm werden sofort die Augen ausgepickt. Hat das Mutterschaf nur ein Lamm, kann es sich eventuell zur Wehr setzen und die „schwarzen Teufel" verscheuchen. Hat es aber zwei Lämmer, kann in der Regel nur eines erfolgreich verteidigt werden. Diese Verhaltensweise von Vögeln ist durch Alfred Hitchcocks Spielfilm „Die Vögel" (1963) bekannt.

„AUF DER SPUR DER SCHAFE" lautet eine Titelüberschrift in der „Süddeutschen Zeitung" vom 30. 4./1. 5. 2008.

Der Artikel handelt über ein ICE-Unglück der Deutschen Bahn bei Fulda. Die Ermittler nahmen die Bahn wegen allfälliger Nachlässigkeiten oder Versäumnisse ins Visier:

„... nur sieben Minuten vor dem Unfall hatte ein Zug in Gegenrichtung die Stelle passiert und dabei ein Schaf überfahren." Dieser Vorfall war ordnungsgemäß gemeldet worden. Die Ermittler wollten herausfinden, welche Reaktion (wegen eines einzigen Schafes?) in einem solchen Fall vorgeschrieben ist und wie tatsächlich reagiert wurde – „die Meldung betraf offenbar nur ein einzelnes Schaf, keine ganze Herde."

Was war geschehen? Der ICE war mit mehr als 200 km/h von Hamburg nach München unterwegs, angeblich in die „Herde" hineingerast und dann im Tunnel entgleist. Es gab 19 Verletzte und großen Sachschaden. Nach Angabe der Bahn war es eine Schafherde, in die der Zug hineinraste. Die Bauern gaben aber an, die Schafe wären eingezäunt gewesen und dann aufgescheucht worden.

Tatsächlich sind bei dem Zugsunglück im April 2008 nicht nur 19 der insgesamt 135 Passagiere des Zuges verletzt worden. Es wurden auch 77 Schafe getötet. Ende 2008 gab es noch immer keine rechtliche Klärung der Schuldfrage. Der Schäfer Norbert Werner versucht, seine Schafwirtschaft weiterbetreiben zu können. Sein Schaden betrug ca. 15.000 Euro. (Vgl. ergänzend auch Süddeutsche Zeitung, 31. 12. 2008/1. 1. 2009, Panorama, S. 9)

ÜBER DIE MENTALITÄT DER SCHÄFER

Eine alte Geschichte aus dem Frankreich des 14. Jahrhunderts liefert die Beschreibung eines Dorfes „vor dem INQUISITOR". Es handelt sich um eine Art Dorfmonografie. Der Autor Emanuel Leroy Ladurie schildert aufgrund alter Schriften auch die Rolle der Schäfer.

Obwohl die Geschichte 700 Jahre alt ist, sind Teile daraus aktuell. Nur auf den ersten Blick wirkt das Leben des Schäfers Pierre Maury und seinesgleichen als eines „des geringsten Standes".

„Genau genommen fand er sogar Reichtum auf diesen Wegen, denn wenn er auch gewöhnlich weder Geld noch Gut sein eigen nennen konnte, führte er doch immer ein reiches

Leben ... Er bewegte sich, wie überhaupt die Transhumanten, außerhalb der feudalen städtischen Ordnung, war dem Druck, den die Grundherrn auf die Bauern ausübten, nicht ausgesetzt ... Pierre und seine Berufsgenossen waren also keine Neuerer, sondern im Gegenteil Erben einer uralten Überlieferung ... Pierre Maury war ja Schäfer, und die Schäfer waren große Sterndeuter: Die vollkommenste Formulierung des Glaubens an eine durchgehende Entsprechung zwischen Makrokosmos und Mikrokosmos ..." (Ladurie 2000, S. 167–183, insbesondere S. 171, 180)

Es ist verständlich, dass die Schäfer eine spezielle Gläubigkeit entwickelt haben. Es war auch eine Art „Schicksalsgläubigkeit", wie Ladurie charakterisiert:

„Pierre Maurys Schicksalsgläubigkeit war mithin nicht vulgär magisch, sondern abgeklärt philosophisch. Und doch handelte es sich dabei wohl um eine sehr alte Überzeugung, die in Gesellschaften ohne Wirtschaftswachstum, in Gesellschaften, wo buchstäblich niemand eine Wahl hat, als ganz natürlich gelten kann." (Ebd., S. 181)

Trotz aller Widrigkeiten fühlte sich der Held wohl:

„Er hieß sein Schicksal willkommen, liebte seinen Beruf. Seine Schafe bedeuteten ihm Freiheit. Und er war nie versucht, diese Freiheit gegen das schlechte Linsengericht zu verkaufen, das ihm Freunde, Dienstherren oder Leute, die ihn gerne ausnützen wollten, immer wieder dafür boten: indem sie ihm zumuteten, sesshaft zu werden, sich zu verheiraten, sich in eine reiche Familie adoptieren zu lassen. Er zog es vor, ein Wanderer

18. Ein Kreuzstichmotiv mit musizierendem Hirten und zwei Schafen

zu sein, unbehaust, doch überall befreundet. Hab und Gut wären ihm bei diesem Lebenswandel buchstäblich nur eine Bürde gewesen ...

Leichtfüßig ging er auf den Schuhen aus gutem Korduanleder, die er sich als einzigen Luxus leistete, über Berg und Tal, durchs Leben, durch ein Leben, das er, unbeschwert von Sorgen um Besitz und unbekümmert um die ihn nicht zuletzt von Seiten der Inquisition drohenden Gefahren, so führte, wie es ihm gut dünkte. Pierre Maury war ein glücklicher Schäfer." (Ebd., S. 183)

An einer anderen Stelle charakterisiert Ladurie das Wesen der Schäfer kurz und bündig und übertragbar auf gegenwärtige Verhältnisse:

„Hier sollen uns vornehmlich die Wanderhirten beschäftigen, die mit den Herden über Land zogen. Diese bildeten ein ländliches, nirgends fest ansässiges Halbproletariat, das gleichwohl seine eigenen Traditionen, seinen eigenen Stolz und eigentümliche Begriffe von der Freiheit der Berge und seinem Schicksal hatte." (Ebd., S. 100)

DIE WANDERSCHÄFEREI

Dem Schäfertum ist ein Denkmal gesetzt. Oft sind in Österreich – manchmal sogar im Nahbereich von Wien anzutreffende – Schafherden zu sehen. Viele staunen und wundern sich, wenn Hans Breuer mit seinen Schafen unterwegs ist. Er gilt als der letzte Wanderschäfer Österreichs. Der US-Amerikaner Sam Apple hat über ihn ein Buch geschrieben:

> SCHLEPPING DURCH DIE ALPEN, ein „etwas anderes Reisebuch". Der junge Journalist aus New York hat den Wanderschäfer begleitet, wie er mit seinen 625 Schafen unterwegs ist, wie er den Schafen jiddische Lieder vorsingt, wie er politisch engagiert ist und fallweise als „Liedermacher" auftritt. Hans Breuer folgt einer jüngeren Tradition der Bewegung „Longo Mai", die an extrem strukturschwachen Plätzen der Alpen und anderswo neue wirtschaftliche Impulse setzten – eben auch mit Schafhaltung, mit der Herstellung von Schaf- und Ziegenkäse. Longo Mai galt durch etliche Jahre ab ca. 1970 als Modell-Initiative „eigenständiger Regionalentwicklung".

Hans Breuer zieht noch immer mit den Schafen durch weite Teile von Niederösterreich und der Steiermark und kommt manchmal bis zur Wiener Stadtgrenze. Das fällt auf, das gefällt vielen. Aber es gibt keine Nachfolger, außer vielleicht dem eigenen Sohn. Zeitweise war Hans Breuer sogar mit mehr als 900 Schafen unterwegs, auch mit ein paar Ziegen und vier Hunden. „Die Weide ist seine Welt. Sie reicht vom Wiener Becken bis zum Zirbitzkogel in der Steiermark." (Kurier, 25. 9. 2005)

Ein Heftchen über die Almkultur im Gebiet Vinschgau mit dem schwer verständlichen Titel OLM NOU OLM, was „übersetzt" „Alm (und) nur die Alm" bedeutet, gibt in einer kleinen Sammlung Auskunft über das Hirtenleben wieder. Sepp, ein Hirt, meinte im Jahre 2004: *„Hirten waren früher oft arme Leute, sozial geächtet, die man loswerden wollte. Heute treffen wir auch Akademiker, Künstler, Aussteiger, Spinner aller Art auf den Almen."*

Und ebenfalls 2004 erklärt die Hirtin Silvia: *„Es ist das ursprüngliche Leben, der Rhythmus der Natur, das Gefühl etwas Sinnvolles zu tun, was mich reizt."*

In Deutschland existieren bis in die Gegenwart Reste der früher weiter verbreiteten Wanderschäferei, unter anderem auf der Schwäbischen und Fränkischen Alb. Relativ intensiv ist die Schafhaltung und teilweise damit Wanderschäferei in Teilen von Thüringen. Ein neueres Zentrum ist das gesamte Gebiet der Rhön, aufgeteilt auf die Länder Bayern, Thüringen und Sachsen. (Jacobeit 1961)

RINDERHIRTEN CONTRA SCHAFHIRTEN

Wenn der Schäfer oder die Schäferin im Sommer mit den Herden unterwegs sind, müssen sie überaus ortskundig sein. Auf den Almen müssen sie zum Beispiel ganz genau die Weidegrenzen kennen. Wo Rinder und Schafe zumeist übereinander grasen, gibt es zumeist genaue Regelungen. Wo die Kühe nicht mehr hinkommen, dürfen die Schafe weiden. Die Rinderhalter sind die Privilegierten. Die Schafe sind in der Regel (von wenigen Ausnahmen abgesehen) nur geduldet. In neuerer Zeit haben sie allerdings Zusatzaufgaben erhalten.

Das betrifft die gezielte Kulturlandschaftspflege und auch das Beweiden der winterlichen Pisten.

Der Rinderhirte Peter Gruber ist einer der Kenner der Region unter dem Dachstein im „gwändigen öden Gebürg". Sein Buch SOMMERSCHNEE, ein „Porträt eines Almlebens", handelt fast ausschließlich von seinen Erfahrungen, Betrachtungen und literarischen Reflexionen des sommerlichen Almlebens als Rinderhirte. An einer Stelle beschreibt er die Umgrenzung einer Alm und zitiert aus einer alten Urkunde, die besagt, dass die heutige Wiesalm in früheren Jahrhunderten offenbar eine Schafalm war. Sonst würden die Almbegrenzungen nicht so lauten:

„Diese Alpe beginnt nördlich am Schafkogl
und geht von dort auf die Schafwände,
westlich von den Schafwänden auf die Zusammentreibböden
und über den Hierznberggrat auf den großen Hierzberg,
südlich vom großen Hierzberg auf die Hochstuben der
Neubergeralpe
dann auf die Zusammentreibböden
und auf den Anfalterboden gegen das Lämmeregg
und östlich vom Anfalterboden auf den Ladenkogl
und vom Ladenkogl wieder zum Schafkogl, dem Beginn der Alpe."
(Gruber, ohne Seitenangabe)

DAS SCHAF IN FLURNAMEN

Durch Almurkunden und vor allem durch genaue Regionalkarten können Flurnamen entdeckt werden, die sich auf Schafe beziehen. Für die Ötztaler Alpen finden sich beispielsweise Flurbezeichnungen wie „Schlanderauner Schafberg", „Kortscher Schafberg", „Schafalpe", „Schäferhütte" (mehrmals genannt), „Schäferegg" usw. und sogar eine Eintragung in den Alpenvereinskarten als „Schaftod". Dabei handelt es sich um ein extrem steiles und felsiges Gelände im Niedertal in der Nähe der dortigen Schäferhütte. Hirten bestätigen, dass immer wieder Schafe abrutschen und in den Tod stürzen, wenn die Felsen glatt und nass und rutschig oder gar eisig sind. (Mündliche Aussage gegenüber dem Autor.)

1: Geschmückter Widder im Schnalstal.

2a und 2b: Marterl mit Heiligen am Vernagt-Niederjoch

3: Gehörnte Widder beim „Triumphbogen" am Schafhaag in Vernagt im Schnalstal

4./5: Rast der Schafe beim Schaftrieb bei der Schutzhütte „Schöne Aussicht" in den Ötztaler Alpen

6a: Rast der Schafe ...

6b: Rast der Mütter mit ihren neugeborenen Lämmern beim Schaftrieb

7: Schäfer mit einem Tragegestell für neugeborene Lämmer

8: Südtiroler Schäfer mit ihren Schafen unterwegs zu den Sommerweiden im Ötztal

9a: Schafe und Schäfer müssen eine Hängebrücke überqueren, um zu den Sommerweiden zu kommen.

9b: Die Schafe werden mit verschiedenen Farben markiert, um sie im Herbst wieder auf die Besitzer aufteilen zu können

10/11: Details einer Weihnachtskrippe. Friedrich Gurschler, Holz bemalt, 1962–1975

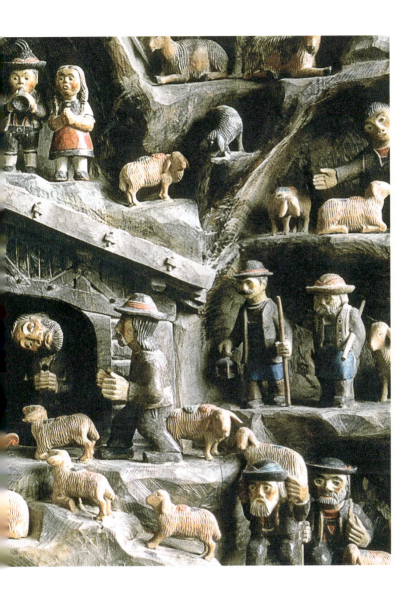

12a: Brauner Widder

12b: Markierung der Archäologie-Wanderwege im Ötztal

13a: Am Jakobsweg. In Triacastela, Spanien

13b: Auf Mallorca

14a: Südtiroler Schafe auf den Sommerweiden im Ötztal

14b: Schafe im Gänsemarsch auf einem Pfad durch steile Schneefelder unterhalb des Niederjochs

15a und 15b: Hirtenstab und Hund als wichtige Begleiter des Schäfers

16a und 16b: Der lange Weg vom Gletscher bis zu den Sommerweiden

Barfuß übers Stoppelfeld
Bräuche, Feste und Schäfer-Aktionen

SCHÄFERKÖNIG UND SCHÄFERKÖNIGIN IN MARKGRÖNINGEN

Es müssen schon abgehärtete Schäfer sein, die zum „Schäferlauf", wie es der „Brauch" quasi vorschreibt, barfuß über das Stoppelfeld laufen. Dies geschieht im Württembergischen Markgröningen im August. Dieses Städtchen leistet sich kurzfristig zwei königliche Hoheiten, den Schäferkönig und die Schäferkönigin. Gekrönt werden die Sieger des Barfußlaufes. Das Fest ist zugleich das jährliche Standestreffen der Schäfer und hat eine lange Tradition. Aus dem Jahr 1622 ist die Nachricht überliefert, die Schäfer und ihre Freunde würden sich „toll und voll saufen, würden schreyen, tanzen und springen." (Vgl. www.markgroeningen.de)

BRÄUCHE IN THÜRINGEN UND IN DER RHÖN

Vereinzelt wird heute noch der Brauch praktiziert, dass bei einer Schäferhochzeit die Berufskollegen in voller Ausrüstung vor der Kirche oder vor dem Standesamt Spalier stehen. Ähnliches ist auch von anderen Berufszweigen bekannt. „Wenigstens sechs Schäfer stehen sich paarweise gegenüber und bilden mit ihren schräg nach oben gehaltenen, sich berührenden oder leicht kreuzenden Schippenstecken ein beschützendes, glückbringendes Dach, unter welchem Brautpaar und Hochzeitsgesellschaft durchziehen" (Oelke 1999). Dies ist in sehr verwandter Form auch von Skilehrer-Hochzeiten bekannt, die in ähnlicher Weise die Skier als beschützendes Spalier bilden.

Wie bei anderen Berufszweigen ist es auch bei den Schäfern üblich, dass beim Begräbnis eines Kollegen die anderen Schäfer in der Original-Berufskleidung antreten. „Der in Thüringen gebräuchliche lederne Ranzen mit seinem schmückenden Messingherzen auf dem Trageriemen und die blanke Herzschippe am meisten geschälten und gebrannten Stiel sind die hier getragenen Ausrüstungsgegenstände."

Die von Oelke geschilderten Bräuche werden weitgehend ident auch in anderen Schäfergebieten ausgeübt. Immer wieder gibt es aber kleine Besonderheiten. In Thüringen ging in der Silvesternacht der Schäfer zur Begrüßung des neuen Jahres in den Stall, schritt an den Schafställen vorbei, sah nach, ob alles in Ordnung war und trug das letztgeborene Lamm auf dem Arm. „Er erhoffte sich daraus für seine Schafe Gesundheit und Schutz vor Krankheit, Dämonen und bösen Geistern". (Oelke 1999)

Besondere und wichtige Tage waren die sogenannten Schütttage. An diesen Tagen bekamen die Hirten den Naturallohn. „Die Bezeichnung kommt vom Kontrollwiegen und dem anschließenden Ausschütten des Getreides beim Schäfer. Die Schütttage waren Lichtmess (2. 2.), Walpurgi (1. 5.), Jakobi (25. 7.) und Martini (11. 11.), manchmal auch Bartolomäus (24. 8.)."

Die Hirten durften an gewissen Tagen des Jahres bei den Heischegängen einen Teil ihres Lohnes erbitten.

„In Borxleben im Kyffhäuserkreis führt noch heute zu Fasnacht ein vollständig ausgerüsteter Schäfer den Erbsbären durch den Ort, um ihn verspotten zu lassen und ihn zu verabschieden." (Oelke 1999, S. 35)

Oftmals befand sich das zumeist eher armselige Häuschen des Schäfers etwas abseits des Dorfes und damit auch der Dorfgemeinschaft. Der Beruf des Schäfers war vielfach mit dem Beruf des Schinders, also des Abdeckers, verbunden. Somit war er in der sozialen Stellung am äußersten Rande.

Viele Bräuche, wie sie in dominant katholischen Gebieten häufig sind, finden wir in den protestantischen Gebieten nicht. Das gilt neben Thüringen und einigen Landschaften Deutschlands auch für die Schweiz. Vor allem um die Osterzeit und andere „heilige" Termine gibt es weltweit viele Bräuche um Schaf und Lamm, um zeremonielle Schlachtung und um kultisches Mahl. Einige besondere Bräuche finden in der Rhön statt. In einigen Dörfern bauten die Verehrer den ledigen Mädchen nachts sogenannte „Osternester" und brachten sie vor die Haustüre. Diese Nester waren mitunter mit Schafmist ausgelegt.

In Teilen der RHÖN ist auch der Brauch gang und gäbe, die am Palmsonntag geweihten Zweige in den Herrgottswinkel der Stube zu stecken. Wichtig ist auch in diesem Fall das Nachfragen nach ältesten Belegen und nach Ursprüngen. Der Brauch der geweihten Zweige, also der Haselruten, der Weidenkätzchen bis zum Rosmarin gilt der Abwehr von Unheil und wurzelt in alten und ältesten Fruchtbarkeitsritualen. Der Schäfer, sehr intensiv und direkt naturverbunden, ist in allen diesen Bereichen wahrscheinlich auch überdurchschnittlich sensibel und ökologisch orientiert.

Aus Nordthüringen wird von den Osterfeuern berichtet: „Der Hirt hält die Pfähle für die Hürde ins Feuer, und bei Dingelstädt nimmt man aus ihm Kohlen und macht damit an Stalltüren ein Kreuzzeichen, um das Vieh vor Krankheiten zu schützen." (Oelke, S. 39)

Zumeist zum Pfingstfest wurde der „Hammelschmaus" als Festbraten verzehrt, nachdem die Dorfjugend einen Hammel mit bunten Bändern geschmückt und durch das Dorf geführt hatte. Es gab auch den Brauch des „Hammelkegelns". Der erste Preis für den Gewinner beim Kegeln war ein Hammel oder ein Lamm.

Ein ganz anderer Brauch stammt aus dem Tiroler Ötztal. Eine der Fasnachts- bzw. Faschingsveranstaltungen war und ist bis auf den heutigen Tag der beliebte MUTTLBALL, der zumeist von einem Schafzuchtverband ausgerichtete „Ball" für den „Muttl", den ungehörnten und zugleich kastrierten Widder.

Rundum gab und gibt es zahlreiche SCHÄFERFESTE. Das folgende Beispiel steht stellvertretend für weitere seiner Art. Einem Bericht von 1733 zufolge gab es den Schäfertanz von Stadtilm in Thüringen mit Hochzeitsverkünder und viel Musik:

> „… und unter fröhlichen Liedern, die lustig aus den Wäldern widertönten … Jene Fichte, die man unter jauchzender Musik oft erst in der Nacht in die Stadt brachte, wurde als der Schmuck des Tages angesehen und mit langen bunten Bändern am Gipfel umhängt, sodass man, wenn sie aufgerichtet war, von fern glauben konnte, es müssten Schiffe mit flatternden Flaggen in irgendeinem Hafen liegen … Auf dem Marktplatze hatte man einen Kreis von ungefähr dreißig Schritten im Durchmesser abgesteckt, die Peripherie mit den jungen Tannen bezeichnet."

Dann kamen alle Schäfer der Gegend, aus allen Dörfern der Umgebung, um sich zu versammeln und zu feiern.

> „Ein grauhaariger Schäfer, den man nur den Ältesten nannte, schritt voran und trug einen entblößten Säbel in der Hand … Nach ihm erschien ein Musikantencorps und blies lustig auf Schalmeien und ließ einen Dudelsack ertönen. Hinter diesen Hirtenflötisten folgten wieder zwei Schäfer mit ihren Stäben,

die sie, wie eine Lanze außer dem Kampf, an der Schulter aufrecht trugen, und nach ihnen bewegte sich, stolz und ernst, der schönste Hammel der Herden, der wie ein Opferthier, mit irdischem Schmucke, mit Bändern und Flittergold behängt war, und an einem, mit messingenen Platten verzierten Riemen, von einem der Schäfer geleitet wurde. (Daran) reihten sich die Glieder des ganzen Schäferzuges, der aus fünfzig Personen bestehen mochte, zwei Mann hoch und den Stab wie der Erste tragend.

Selbst die Hand wurde zum Musikinstrument; man pfiff auf den Fingern die Lieder nach, welche die Musikanten vorbliesen ... Nach kurzer Pause begann der älteste Schäfer einen Tanz aufzuführen." (Oelke, S. 40 f.)

Einen ähnlichen Schäfertanz gab es in Blankenhain. Schon 1705 hatte der Superintendent Acker die Beseitigung des Schäfertanzes gewünscht. Dazu heißt es wörtlich:

„... ob nicht auch der Schaftanz mit ärgerlichem Geschrey und Pfeifen mit Sabel und großen Schäferstecken, so zur Kirche in die Höhe getragen werden, mit vorhergehenden Schalmayen, so den Gottesdienst gar nicht zieret, abgeschafft werden." (Oelke, S. 41)

In einigen Orten von Thüringen gab es besondere Feste am Tag des Heiligen Bartholomäus, der in vielen Regionen als einer der Schafpatrone verehrt wird.

Fast so intensiv wie in vorderasiatischen bzw. muslimischen Gegenden wurde auch in einigen Orten von Thüringen der Kult rund um das Schaf betrieben:

19. Dudelsack spielender Hirte mit Schafherde. Stich

„Neue glaubhafte Nachrichten aus einigen Dörfern des Eichsfeldes bestätigen, dass bis zum heutigen Tag zur Kirmes ein Schaf oder ein Zicklein geschlachtet wird. In diesem Zusammenhang soll ein altes, auch heute noch bekanntes Kirmeslied aus Thüringen, das in verschiedenen Dialekten und nicht von den Kindern gesungen wurde, erwähnt werden:
,wenns Kirmse wird, wenn Kirmse wird,
da schlacht't mei Vat'r en Bock
da tanzt meine Mutter, da tanzt meine Mutter,
da wackelt ihr roter Rock.'"

Drastischer, so Oelke, sang man im Hennebergischen:
„Banns Kärmes es, banns Kärmes es,
do schlacht min Vater en Bock
do tanzt de al Marieche,
do bobbert ihr das Looch" (Oelke, S. 45)

ANTLASSWIDDER UND WIDDEROPFER

Das Handwörterbuch des deutschen Aberglaubens (HDA) listet unter anderem unter den Stichworten „Widder" und „Schaf" eine überaus große Fülle an Bräuchen und Ritualen auf.

Der Widder kann erstes Opfertier sein und ist auch „Antlasswidder" in der Jachenau in Bayern. Der Widder steht im Mittelpunkt des WIDDEROPFERS in Osttirol und im Kärntner Mölltal. Noch immer aktuell ist der Brauch am Wochenende nach Ostern im Virgental. Der geschmückte Widder „darf" beim Gottesdienst in der Kirche stehen, wird um den Altar herum geführt und dann versteigert. Früher war es das „Opfer". Gedeutet wird der Brauch als Gelöbnis anlässlich einer Pestseuche. Die Wurzeln sind weitaus älter. Deutlich erkennbar ist der Bezug zu alten Tierkulten.

Vielleicht ist auch „der lange Marsch der 2000" im Oktober 1997 im Stadtzentrum von Madrid ein „Brauch". Es handelte sich um eine Protestaktion einer Umweltinitiative für die Wiederherstellung der alten Routen der Transhumanz.

SCHAFABTRIEBE

In den „Schafgegenden" Österreichs, der Schweiz, in Süddeutschland usw. sind die Regional- und Lokalzeitungen ab Mitte August bis Mitte September Spiegelbild der Schäferei und ihrer Kultur. Wöchentlich gibt es mehrere Berichte über festliche Schafabtriebe von den Almen. Immer geht ein Hirte vorweg. Sein Hut ist mit bunten Blumen geschmückt. Die Peitsche darf nicht fehlen und auch nicht der Hund. Das Zeremoniell läuft anders ab, als es von Almabtrieben von Kühen bekannt ist; einfacher, urtümlicher und seltener als Touristenattraktion von örtlichen Tourismusverbänden angepriesen und beworben.

Schafhaltung ist überwiegend Sache der Nebenerwerbslandwirte und der Hobby-Bauern. Schafe haben ein geringeres Prestige. Regional und lokal kann sich dies aber auch anders verhalten.

DIE SCHAFTRIEBE IN DEN ÖTZTALER ALPEN

Eine der in Österreich, Süddeutschland und Südtirol am meisten beachteten Attraktionen rund um das Schaf sind die Schaftriebe von Südtirol her über die Jöcher und Gletscher in das Ötztal.

Insgesamt gelangen aus Südtirol derzeit ungefähr 5.000 bis 5.500 Schafe auf die Weiden des hinteren Ötztals. Mitte Juni kommen sie über das Timmelsjoch (2.474 m), das Niederjoch (3.017 m) und das Hochjoch (2.885 m) auf die Weiden des hinteren Ötztals. Mitte September ziehen sie über diese Jöcher zurück nach Südtirol. Dieser Vorgang vollzieht sich beinahe ununterbrochen seit mehr als 6.000 Jahren. Bis 1963 zogen 700 bis 1.000 Schafe über das gefährliche Gurgler Eisjoch (3.154 m). In Zeiten starker Vergletscherung zogen die Herden nicht über das Niederjoch, sondern über das Tisenjoch (ca. 3.200 m). Diese Schaftriebe geschehen grenzüberschreitend. Derzeit handelt es sich um die einzigen in den Alpen, die teilweise auch über Gletscher führen. Bis vor einigen Jahren gab es anlässlich der Rückkehr der Schafe Mitte August nur im Ortsteil Vernagt im Schnalstal das Schaffest. Seit wenigen Jahren gibt es zusätzlich das Schaffest in Kurzras im hintersten Schnalstal. Es sind wirkliche Volksfeste; auch wenn das Fest in Vernagt bis vor wenigen Jahren auf einen Wochentag gefallen ist. Bis zu 3.000 Zuschauer werden gezählt, wenn die ungefähr 1.600 Schafe vom Hochjoch kommend in Kurzras oder die ungefähr 1.800 bis 2.000 Schafe in Vernagt eintreffen. Von Weitem kommen sie den Berg herunter. Wenn sie sichtbar sind, geht ein Aufschrei durch die Menge der wartenden Zuschauer. Vorne gehen die Schäfer und die erfahrenen Hirten. Der Altbauer vom Walmtaler-Hof am Schlanderer Sonnenberg Hans Niedermaier ist 2008 zum 65. Mal mit seiner eigenen Herde über die Ferner, also über die Gletscher, gezogen. Seine 80 bis 120 Schafe haben ihren privilegierten Platz im Hintereis (siehe auch Farbtafel 3–9 und 14–16).

Nach dem Trieb über das Hochjoch hinüber ins Schnalstal geht es von dort aus weiter über das Taschljöchl (2.767 m), hinaus durch das ca. zwölf Kilometer lange Schlandrauntal bis zu den Höfen am Sonnenberg und weiter nach Laas und Kortsch. Der Almabtrieb kann sehr harmonisch und beinahe idyllisch sein; wie aus einer alten, einer archaisch anmutenden Welt. Die Hirten und Treiber kommen in der Schäferhütte zusammen, einer spendiert ein Schaf. Dann wird der Schafbraten, das „Schöpserne", zubereitet und der Südtiroler „Rötel", der Rotwein, wird gereicht. Es herrscht Vorfreude auf den bei Tagesanbruch folgenden Trieb über den Gletscher, doch ist auch jeder voll banger Erwartung. Es kann herrliches Wetter geben und guten, griffigen Schnee auf dem Gletscher, dem Hochjochferner (siehe auch Farbtafel 16). Es kann aber auch alles ganz anders sein, mit Nebel, Schneefall, Schneesturm, Wettersturz. Der Ferner kann ausgeapert sein und spiegelglatt. Schafe können im Nebel zu den gefährlichen Gletscherspalten und dem Eisbruch gelangen. Bei tiefem Neuschnee können sie kaum weiterkommen, brechen bis zum Bauch ein. Der Trieb kann eine überaus mühselige Aktion sein, oftmals ist sie lebensgefährlich. Beinahe rituell wird das Schöpserne verzehrt, von schlimmen Vorkommnissen, von freudigen Ereignissen, vom Tod der Lämmer, vom Verzweifeln und immer wieder vom

Tod wird erzählt. Die Schäfer haben eine Art Totem errichtet. Dem gespendeten und geopferten Schaf wird üblicherweise die Haut abgezogen. Sie wird auf einer hohen Stange in unmittelbarer Nähe der Schäferhütte aufgehängt und baumelt im Wind. Dann fällt sie herunter und verwest oder wird vorher schon von einem der wartenden Vögel heruntergeholt.

Die Lebensweise des Hirten Willi Gurschler veranschaulicht beispielhaft die Atmosphäre der Schäfer. Er hat seine alte Schäferhütte in mehreren Sommern nach seinen Bedürfnissen hergerichtet. Er hört aus dem Radio Nachrichten und Musik und hat sich von einem Schnalser Bildhauer eine Figur des Heiligen Martin schnitzen lassen. Er kann beten, wenn ihm danach zumute ist, seine kleinen Andachten verrichten und vor der Hütte die Zeichen des Glaubens anbringen, auch Jahreszahlen in Erinnerung an glücklich überstandene Sommer, an Schneesturm und Wettersturz. Schon sein Vater, der im Schnalstal legendäre „Vinz", der „Weger Vinz", eigentlich der Vinzenz Gurschler, war im Ötztal zeitweise für mehr als 4.000 Schafe verantwortlich. 1964 drehte das bayerische Fernsehen einen Film mit dem Titel „Das Tal der Schwarzen Schafe", in dem Vinzenz Gurschler eine „Hauptrolle" innehatte. Darin hieß es, der Spottnamen für Vinz wäre „Seine Heiligkeit" gewesen. Jetzt darf sich sein Sohn als Herr der Tiere fühlen.

SCHAFKULT IN ANDEREN KULTURKREISEN

Auch in nahöstlichen Regionen und in der alten etruskischen Kultur werden Schafkulte zelebriert. Im babylonisch-assyrischen Kulturkreis wie auch in anderen Kulturen spielten die Prophetie und Wahrsagerei eine bedeutende Rolle. Bereits aus dem 2. Jahrtausend v. Chr. ist das Ritual der Leberbeschau überliefert. Besonders wichtig war dabei die Leber des Schafes, die schon sehr früh in der Praxis der

IN DER KRIPPE

20. Deckenfresko in der Kirche von Heiligkreuz im Ventertal

Auguren bekannt war. Aus dem babylonisch-assyrischen Kulturkreis kann der Kult der Auguren auch zu den Etruskern gekommen sein. Von dort ist ein etruskisches Schriftstück in einem Bronzemodell überliefert. Dieses Dokument wird auf ca. 150 v. Chr. datiert. Dargestellt ist eine Schafleber, die in Piacenza gefunden wurde. Die Leber ist in 52 verschiedene Zonen unterteilt, in denen Namen von Gottheiten verzeichnet sind.

SCHAFE UND HIRTEN IN DER KRIPPE

In Europa weiden noch immer große Schafherden nahe den Städten und Dörfern der Provence auf beiden Seiten der Pyrenäen. Durch

Städte der Provence ziehen am Heiligen Abend und am Christtag Hunderte von Schafe durch die engen Gassen. Es ist das Fest der Hirten. Als eine besondere biblische Referenz an die Hirten gilt, dass ihnen in der „Heiligen Nacht" die Engel erschienen sind und ihnen die Frohbotschaft von der Geburt im Stall zu Bethlehem verkündet wurde. Hirten sind hier die Privilegierten. Zumeist handelt es sich um Schafhirten.

Das fromme Volk stellt dieses Ereignis mit viel Sorgfalt, Eifer und Kunstfertigkeit in Weihnachtskrippen dar. Es gibt keine volkstümliche, bäuerliche oder orientalische Krippe ohne Hirten und Schafe. Ebenso kommen die Hirten mit ihren Schafen in den Krippenliedern zur Weihnachtszeit vor (siehe auch Farbtafel-Doppelseite 10/11).

BRÄUCHE UND RITEN WELTWEIT

Es wäre spannend und interessant, diese und andere Bräuche und Glaubensvorstellungen weltweit zu vergleichen. Überall dort, wo die Schafhaltung, die Schafzucht und vor allem die Weidewirtschaft mit Schafen seit Jahrtausenden eine wichtige Rolle spielt, haben sich durchaus vergleichbare Handlungsweisen und Glaubensvorstellungen entwickelt: zwischen Island und Nepal, zwischen Zentralafrika und Sibirien. Vor allem überall dort, wo noch immer nomadische Hirtenvölker über weite Weidezonen ziehen, gibt es durchaus vergleichbare Bräuche. Die Schafe bilden ein weltweit umspannendes Netzwerk. Aufgrund ihrer religiösen Symbolik hat das Schaf in dieser Hinsicht seiner bedeutendere Rolle als andere Haustiere inne und wird besser toleriert. Eine ausführliche, weltweit umfassende und vergleichende ethnologische und religionswissenschaftliche Studie über Schafe wäre sinnvoll.

Geduldig gemolken, geschoren, geschlachtet, geschächtet

Die folgenden Abschnitte handeln von rituellen Schlachtungen und ihre Überlieferung in alpinen Sagen in Zusammenhang mit der Heiligkeit des Schafes bzw. Lammes und Schaf-Heiligen und -Patronen.

PROTESTZUG IN MADRID

Ende Oktober 1997 kam es kurzfristig zu einem eintägigen, langen Marsch von 2.000 Schafen durch die Altstadt von Madrid. Im Rahmen einer Umweltinitiative demonstrierten Ende Oktober Menschen für die Wiederherstellung der alten Routen der traditionellen Schafwanderungen. Sie protestierten gegen die Verbauungen der Schafwege durch neue Siedlungen, Straßen und Industrieanlagen. Konkret geht es um den ca. 1.000 km langen Weg von Leon in Nordspanien zu den Winterweiden im Südwesten.

PROTEST MIT SCHAFEN GEGEN KRAFTWERKSPROJEKT

Im September 2005 zogen wieder, wie Jahrhunderte und Jahrtausende zuvor, die Schafe auf ihrer alljährlichen Schafwanderung zwischen Südtirol und dem Tiroler Ötztal über das knapp 3.000 m hohe Niederjoch zwischen dem 3.606 m hohen „Heiligen Berg Similaun" und der Ötzi-Fundstelle auf dem 3.200 m hohen Tisenjoch. In diesem Jahr war der Zug der Schafe zugleich ein inszenierter Protestmarsch. „Das Schreien der Lämmer" hieß es dazu und darüber in einem Bericht in der Zeitschrift „Der Bergsteiger" (Nr. 6/2005):

„Es war eine höchst beeindruckende Massendemonstration auf dem Niederjoch. Mehr als 2.000 Schafe zogen in einem schier endlosen Protestmarsch an der Similaunhütte vorüber und traten auf ihre sanfte Art mit Glockengebimmel und unaufhörlichem Bäääh (das wie Buuuh klang) gegen die drohenden Anschläge auf ihre Sommerweiden auf."

Der Widerstand galt konkret einem fix geplanten, gigantischen Bauwerk der TIWAG, der „landeseigenen" Elektrizitätsgesellschaft des Bundeslandes Tirol. Im hinteren Rofental, zur Gemeinde Sölden gehörig, war der Bau einer 170 m hohen Staumauer geplant. Dahinter hätten bis zu 120 Millionen Kubikmeter Wasser zur Energienutzung gestaut werden sollen.

Es kam zu einem bis dahin nie gekannten Aufstand und Widerstand in den betroffenen Regionen. Die regionalen Aktionsbündnisse haben sich massiv und erfolgreich zur Wehr setzen können. Die Unterstützung, auch vonseiten des Deutschen Alpenvereins, war gesichert. Bauern aus dem Südtiroler Schnalstal als Besitzer großer Weideflächen schlossen sich dem Widerstand an. Konkret betroffen waren auch ca. 450 Hektar im Besitz der Sektion Berlin des Deutschen Alpenvereins und ca. 745 Hektar im Besitz von acht Bauern aus dem Schnalstal. Diese Flächen, zur Gänze als Schafweiden genutzt, wären unter Wasser gesetzt worden. Schlimmer noch als der Verlust der Schafweiden war aber die Angst der Bevölkerung, der Dammbau würde zu nicht abschätzbaren Folgen führen, wie es am Beispiel aus Longarone in der Provinz Belluno/Italien im Jahre 1963 geschah, als eine gewaltige Mure, ein riesiger Fels- und Steinbruch in den Stausee donnerte. Dabei wurden rund vierzig Millionen Kubikmeter Wasser herausgeschleudert. Diese Wassermassen schlugen über den Staudamm hinaus und vernichteten das darunter befindliche Tal buchstäblich. Insgesamt waren mehr als 2.000 Todesopfer zu

21. Schaftrieb am Niederjoch 2008

beklagen. Ähnliches fürchtete die Bevölkerung des hinteren Ötztals. Zusätzlich bedingt der Klimawandel das Aufweichen des Permafrosts mit Steinlawinen in den Stausee. Es wurde errechnet, dass bis zu neun Millionen Kubikmeter Gestein und Geröll locker sind. Und unweigerlich hätte es eine Katastrophe wie in Longarone geben können. Der Staudammbau wurde aus diesen und aus anderen Gründen abgeblasen.

Mehr als 2.000 Schafe haben als „Demonstranten" mitgewirkt. Statt des geduldigen Schweigens der Lämmer und Schafe instrumentalisierten die Menschen die Schafherde als mediales Ereignis und wiesen ihnen die Rolle der Lärm-Schlagenden zu.

GEDULDIG GEMOLKEN

AUSGEWÄHLTE BEISPIELE RITUELLER SCHLACHTUNGEN

RITUELLE TÖTUNG

Woher stammen „Ritualmorde" und „rituelle Schlachtungen"? Weshalb gibt es solche Tötungen von Lebewesen, vom Opferlamm bis hin zur Schlachtung von Abertausenden Menschen? Unermessliches Leid musste die „zivilisierte" moderne Menschheit durch die Ausrottung „Andersgläubiger" beklagen, wie beispielsweise im ehemaligen Jugoslawien in den 1990er-Jahren.

Ein RITUALMORD ist die Tötung eines Menschen als rituelle Handlung. Dabei kennzeichnet der Begriff diese Handlung eindeutig als Mord. Seine Akzeptanz setzt aber Verhältnisse und Glaubensvorstellungen voraus, nach denen diese als religiöse Praxis nicht mehr abgelehnt und verurteilt werden. Anders ist es offensichtlich beim Tier. Und dabei gelten als Inbegriff der rituellen Schlachtung überwiegend das Lamm und das Schaf als „Opfer". In den alten Hirten- und Nomadenkulturen steht der Hirt genauso im Zentrum ritueller Handlungen wie das Tier.

Es ist in der Religionswissenschaft unbestritten, dass die „rituelle Tötung" zumeist als Oberbegriff von „Menschenopfer" verstanden wird. Eine Art „Rechtfertigung" wird dann gegeben, wenn das „Opfer" einem übermenschlichen Wesen, etwa einer Gottheit dargeboten wird. Hier erfolgt die Tötung eines Menschen auf dieselbe Weise und mit derselben Rechtfertigung bzw. rituellen Absicht wie bei der Tötung eines Opfertiers. Ganz krasse „Hinrichtungen" geschehen auch in der Gegenwart, als Vergeltungsakte, als massenweise Tötungen in Kampfhandlungen.

Historisch und völkerkundlich gesehen sind rituelle Tötungen von Menschen in verschiedenen Kulten und Religionen erwiesen, so in Amerika bei den Azteken, so in Indien bei der Verehrung der

Göttin Kali, so auch im Kult des Moloch im vorisraelitischen Kanaan. Ein Beispiel für eine rituelle Tötung ist auch im 1. Buch Samuel der biblischen Geschichte überliefert. Demnach wurde der Ameliker-König Agag gegen den Willen des israelitischen Königs Saul ermordet.

IST ÖTZI DAS OPFER EINES RITUALMORDES?

Nach neueren, durchaus gewagten und spekulativen Deutungen soll auch der berühmte „Ötzi", die 1991 vom Gletscher freigegebene Mumie, Opfer eines Ritualmordes bzw. einer anschließenden rituellen Bestattung gewesen sein. Der „"Ötzi" war, so ergeben neueste Forschungen, mit Schafen verbunden. Teile seiner Kleidung, so wurde erst im Jahre 2008 wissenschaftlich nachgewiesen, bestanden aus Schafprodukten. Wahrscheinlich handelt es sich beim „Ötzi" um einen Schafhirten oder sogar eine dominante Figur in dieser Kultur vor ca. 5.300 Jahren. In neueren Thesen gehen Wissenschafter davon aus, dass die (rituelle) Tötung offensichtlich nicht am Fundort der Leiche geschah:

> „Man vermutet … ein Menschenopfer als Hinrichtung und nachträgliche Ehrung eines Flüchtigen. Könnte man die Ablehnung von Menschenopfern in dieser Gesellschaft nachweisen, wäre dies der älteste bekannte Ritualmord der Geschichte." (Schriftliche Auskunft gegenüber dem Autor, 29. 7. 2008)

Fakten würden diese wagemutigen Thesen vermutlich bestätigen. Es ist immer noch nicht der Nachweis gelungen, warum die Leiche des Ötzi so überaus perfekt am gesamten Körper mumifiziert werden konnte, obwohl er auf einer Höhe von über 3.200 m nicht austrocknen also dehydrieren hätte können und obwohl er am Bauch auf einem Steinblock lag und an dieser Körperstelle auch nicht „auf natürliche Weise" hätte mumifiziert werden können.

Weiter ist relevant, dass es sich bei der Fundstelle des „Ötzi" um einen sehr alten KULTPLATZ handeln muss. Es ist das „Tisenjoch", das richtig „DISEN-Joch" heißen müsste. Es handelt sich um das Joch der uralten europäischen Göttinnen-Gestalt der DISEN. Folgende Deutung ist naheliegend: Der „Mann aus dem Eis" wurde im Tal „rituell" geschlachtet bzw. geopfert, dort auf damals herkömmliche Weise mumifiziert und dann auf dem geheiligten Kultplatz der Disen auf dem Disenjoch bestattet. Es ist zu vermuten, dass es nach dem Ritualmord eine rituelle Bestattung auf diesem heiligen Platz gegeben hat. Weiterhin und immer wieder wird es neue Thesen und Deutungen zum berühmten „Ötzi" geben.

NACHRICHTEN ÜBER TIEROPFER

Konkrete Nachweise ritueller Tieropfer, speziell Schafopfer, finden sich in den Nachrichten und Überlieferungen vieler Völker.

In engagierten Studien der Entwicklungshilfe ist ein Hinweis auf „Tieropfer bei den Hindus Nepals" zu finden.

Bei den zeremoniellen Festen im März und April kommt es zum Zusammentreffen von drei göttlichen Schwestern, zur sorgfältigen und aufwendigen Herstellung von Masken, aber auch zu Prozessionen und Kulten. Dann „erscheinen die zwölf göttlichen Maskenträger" auf einem kleinen Platz. In der Mitte ist ein kleiner Schrein der Muttergottheit aufgestellt.

> „Dorthin werden nacheinander drei junge Büffel, mehrere Ziegen und ein paar Schafe geführt, deren Blut hier der großen Muttergottheit geopfert werden soll."

Die rituelle Zeremonie läuft ab, wie es alte Ordnungen und Überlieferungen vorgeben:

„Der Kopf der Tiere wird nach hinten gebogen und die Halsschlagader angeritzt, bis ein Blutstrahl in die Menge schießt. Einzeln werden die zwölf Gottheiten zu den Opfertieren geleitet, lüften ihre Masken und trinken vom warmen Blut des Opfers. Priester beobachten den Vorgang genau und wachen darüber, dass jeder reichlich Opferblut zu sich nimmt. Wer genug getrunken hat, wird wie ohnmächtig von Helfern weggetragen, macht der nächsten Gottheit Platz. Man wischt ihm das Blut aus dem Gesicht und reinigt seine Hände. Nun kann er die Tieropfer der anderen Gottheiten mitverfolgen, bis er beim nächsten geschächteten Tier wieder an die Reihe kommt. Nur derjenige Maskenträger, der alles Opferblut, das er getrunken hat, bei sich behält, beweist damit, dass der Gott, den er darstellt, auch wirklich in ihm wohnt ..." (Studien der Entwicklungshilfe, zitiert u. a. von www.payer.de/entwicklung 1. 10. 2008; vgl. außerdem Koch 1934, Pitt 1934, Stegmüller 1951, Henning 1951, „Geheimnisvolles Nepal" über buddhistische und hinduistische Feste aus dem Jahre 1983)

DAS RITUAL DER SCHÄCHTUNG

SCHÄCHTUNG ist eine in einigen Religionen gebräuchliche und vorgeschriebene Schlachtung von Opfertieren. Es handelt sich bei den Opfern überwiegend um Schafe und Lämmer. Vor allem im Islam, aber auch im Judentum ist diese Art zumeist ritueller Schlachtung üblich.

Zwar sollen die Tiere nicht leiden. Aber sie werden heutzutage in riesigen LKW-Kolonnen quer durch Europa, von Dänemark nach Süditalien, von Serbien nach Frankreich, hin und retour verschoben, werden tagelang eingesperrt, zusammengepfercht, geschunden und gequält, als „Tieropfer auf den Altären des Profits". Tausendfaches Morden von armen Tieren, von Rindern und Schafen findet statt. Zigtausendfach kommen sie aus Australien und müssen tausendfach zugrunde gehen, verhungern. Mit seinen mehr als Hundert Millionen Schafen produziert Australien dreißig Prozent des gesamten Wollaufkommens weltweit. 6,5 Millionen der in Australien gehaltenen Schafe werden lebendig abtransportiert, zumeist in den Nahen Osten oder nach Nordafrika. Aus Großbritannien werden jährlich ca. 800.000 Schafe zur Schlachtung ins Ausland transportiert. In Australien erleiden die Schafe bei den langen Transporten unsägliche Qualen. Authentische Berichte nennen Horrorzahlen. Bis zu fünfzig Stunden müssen sie ohne Futter und Wasser ausharren. Dann werden sie auf Schiffe getrieben. Tausende Schafe sterben, gestresst, krank, niedergetrampelt. Die Sterblichkeitsrate an Bord der Schiffe liegt bei zehn Prozent. Ein makabres Beispiel: Im Jahr 2002 verendeten auf dem weiten Weg von Australien in den Nahen Osten 14.500 Schafe an Hitzschlag. Ihre Leichen wurden einfach über Bord geworfen. Die Folgen waren massive Proteste von Tierschützern. Die EU erließ daraufhin neue Gesetze, um die Tiertransporte zu regulieren. Die Tiertransporte in den Nahen Osten oder nach Nordafrika und andere Regionen der Erde kommen vielfach in Ländern vor, in denen die rituelle Schlachtung überliefert und nach wie vor üblich ist. Dabei müssen spezifische Vorschriften beachtet werden. Das oberste Prinzip lautet, dass die Tiere nicht leiden dürfen.

DIE SCHÄCHTUNG BEI DEN MUSLIMEN

Das betäubungslose Schlachten der Opfertiere hat mehrfach internationale Proteste und Reaktionen hervorgerufen. Die Sachlage und die gegebenen Voraussetzungen sind klar. Der Koran schreibt vor:

(1) „So bete zu deinem Herrn und schächte (Opfertiere)."
(2) Jedem erwachsenen, mündigen und begüterten Muslim obliegt nach islamischer Lehre die Pflicht, einmal im Jahr ein unversehrtes Tier zu opfern.
(3) „Wegen der Barmherzigkeit Gottes" soll „dem Tier kein unnötiges Leid zugefügt werden". Dieses religiöse Handlungsprinzip ist die Maxime beim Schlachtvorgang. Und noch präziser lautet die Vorschrift:
(4) „Gott hat für alles das Beste vorgeschrieben. Wenn ihr schlachtet, dann schlachtet auf die beste Weise und schärft das Messer ..."
(5) Mit einem scharfen Messer sollen beide Hauptschlagadern sowie Speise- und Luftröhre gleichzeitig mit einem einzigen sauberen Schnitt durchtrennt werden.
(6) Die Person, die am Opferfest schlachtet, muss nach islamischen Vorschriften zwar kein ausgebildeter Metzger sein, muss aber „ein größeres Bewusstsein von der Barmherzigkeit Gottes" haben und sollte die Schlachtung des Opfertieres einem ausgebildeten Fachmann überlassen.
(7) Die betäubungslose Schlachtmethode der Muslime kollidiert in Deutschland mit den tierschutz- und schlachtrechtlichen Bestimmungen. Damit vollziehen die Muslime zumindest in Deutschland ihre seit über 1.400 Jahren geübte Praxis der Schächtung außerhalb der Gesetze. Darüber und dazu ist eine lange und teilweise hitzige Debatte entfacht worden.
(8) Für die Muslime geht es um religiöse Pflichterfüllung. Es gibt für die strenggläubigen Muslime keine Ausnahmen.

Der Artikel „Bete und schächte" im Lexikon der Wochenzeitung „Die Zeit" bringt die Schwierigkeit, die verschiedenen involvierten gesellschaftlichen Interessen unter einen Nenner zu bringen, auf den Punkt:

„Die kollidierenden Verfassungsgüter Religionsfreiheit und Tierschutz können mit rechtlichen Mitteln allein nicht zur Koexistenz gebracht werden, zumindest nicht im Lebensalltag. Multikulturelle Gesellschaften sind gefordert, die Motive aller Beteiligten zu prüfen und in scheinbar unlösbaren Konflikten nach den zugrunde liegenden Werthaltungen zu fragen. Darin liegt für alle Parteien die Möglichkeit, den Sinn ihrer eigenen Handlungen und Forderungen noch einmal zu reflektieren – und neu zu bestimmen." (Baranzke, Ilhan Ilkilic und Hanna Rheinz: „Bete und schächte", in: Lexikon Die Zeit, Band 13, S. 610)

In der Praxis wird bei illegalen und privat vorgenommenen Schächtungen gegen die Vorschriften häufig verstoßen. Beispielsweise beobachtete 2005 am ersten Tag des Schächtungsfestes der Muslime ein nicht genanntes Mitglied der Redaktion der „Tiroler Tageszeitung" „mehrere rituelle Schächtungen in Tirol". Zwei Schlagzeilen sprechen von grausamer Tiertötung: „Die Schafe werden ohne Betäubung und ohne Fixierung geschächtet […] Bei den Schächtungen ist nicht wie vorgeschrieben ein Tierarzt anwesend. Die Tiere werden von ungeübten Laien geschlachtet." (Tiroler Tageszeitung, 21. 1. 2005)

DIE SCHÄCHTUNG BEI DEN JUDEN

Schächten gilt den gläubigen Juden nach wie vor als „schonende Tötungsmethode", unter anderem als „Relikt des biblischen Religionsgesetzes" (Lexikon „Die Zeit", S. 611). Das rituelle Schlachten (schechita) muss so erfolgen, dass
(1) mit einem einzigen Schnitt die Halsschlagader durchtrennt wird.
(2) Die jüdische Norm erlaubt das Schächten erst nach rabbinischer Ausbildung.
(3) Im Mittelpunkt steht das Tötungstabu: „Von keinem Leibe

dürft ihr das Blut (dam) genießen, denn die Seele eines jeden Leibes ist sein Blut; wer es isst, der soll getötet werden."
Damit wäre auch jede Art der Tierquälerei und Verstümmelung einschließlich der Kastration ausgeschlossen.

(4) Das Töten von Tieren zum Fleischverzehr wurde somit zum spirituellen Akt erhoben, der vom Schlächter (dem „chochet") Gesetzestreue ebenso wie Charakterfestigkeit verlangt.

In der langen und mitunter heftig bis hitzig geführten Diskussion zum Schächten speziell bei den Juden wurde diese Vorgangsweise immer wieder zum Symbol „angeblicher jüdischer Grausamkeit".

UND BEI DEN CHRISTEN?

Eine österreichische Tageszeitung berichtete um die Osterzeit vom „Run aufs Lamm". Denn: „Ostern ist die Blütezeit für die heimische Lammzucht." Der Artikel verrät, dass selbstverständlich die Lämmer aus Österreich kommen, zum Beispiel aus dem Waldviertel, von dort sogar als „Bio-Lamm", weiters, dass der heimische Markt den gewaltig gestiegenen Bedarf nur zum geringen Teil stillen kann und nach wie vor insbesondere von den Handelsketten gewaltige Importe unter anderem aus Schottland oder Neuseeland kommen. Nun fragt es sich, wie „tiergerecht" dieses Vorgehen ist. Zwar ist die Schächtung kein Ritus des Christentums, die christlich geprägten Länder gestatten aber Tiertransporte. Und auch der Fleischimport bringt das Problem mit sich, dass die Herkunft und Behandlung der Tiere nicht immer transparent ist.

Andere Arten ritueller Tötung gibt es bei vielen Völkern dieser Erde. Das Lamm steht inmitten festlicher Rituale, selbst wenn geschächtet und brutal transportiert wurde. Ein exemplarisches Szenario eines Rituals: Ein Priester beritt mit einer Fackel den Tempel, den Wohnsitz des höchsten Gottes Marduk. Er besprengt die Mauern mit Wasser aus dem Euphrat und salbt die Türe aus Zedernholz. „Ein Schafbock wird enthauptet, das Blut an die Wände gestrichen ... dann wird das tote Tier zum Strom hinuntergetragen und in die Fluten geworfen. Es soll symbolisch alle Sünden des abgelaufenen Jahres mitnehmen." („Babylonischer Sündenpfuhl oder Hochkultur?", in: National Geographic, Juli 2008, S. 38)

SCHEREN: DIE REINSTE TORTUR

Im Frühjahr und meistens noch einmal im Herbst werden hierzulande die Schafe geschoren. Die in Afrika gehaltenen Schafe haben keine Wolle. Mit ihren Borsten und Haaren sind sie eher mit dem hiesigen Hausschwein vergleichbar, weniger mit den in neuerer Zeit vielfach gehaltenen und gezüchteten Wollschweinen.

Das Scheren der Schafe ist in letzter Zeit in Verruf gekommen. Jede Schur ergibt einen Sack voll mit jeweils einem bis eineinhalb Kilo Wolle, je nach Rasse und Größe. Die Wolle als zwar auch heute noch wertvolles Gut für die Produktion von Kleidung, industriell auch für die Herstellung von Kosmetika, wie bei der Erzeugung von Lanolin, ist in Mitteleuropa ein dennoch eher wertloses Nebenprodukt der Schafzucht. Die Wolle, unverarbeitet und fett, müsste vorher gewaschen und entsprechend bearbeitet werden. Der Preis für Schafwolle ist jedoch sehr niedrig. Früher, so berichten Bauern aus Nordtirol und Südtirol, konnte man mit dem Erlös der Wolle die sommerliche Weide samt Hirtenlohn bezahlen. Die in Schafzuchtgebieten in gewaltigen Mengen angefallene Wolle wird fallweise als Restmüll beseitigt. Da dieser Vorgang Kosten verursacht, sind die Schafhalter oftmals zur Überlegung gezwungen, das zweimal jährliche Schafscheren einzustellen oder zumindest auf eine einzige Schur pro Jahr zu reduzieren. Außerdem verliert die wertvollste Wolle bei den im Sommer auf Gemeinschaftsalmen gehaltenen Schafen dadurch an Wert, dass mit Ölfarbe Patzen auf die Schafleiber geschmiert werden. An diesen Stellen befände sich die wertvollste, weil beste und längste Wolle. Das ist einer der Gründe, warum die Weiterverarbeitung dieser Wolle schwierig ist.

Das fachgerechte Scheren ist ein zweites Problem. Vielfach erreicht die Art und Weise, wie das Scheren erfolgt, wie die Schafe angebunden werden, wie sie als „geduldige" Wesen alles Hineinschneiden und Bluten zu ertragen scheinen, wie sich der Scherer auf widerständige Schafe kniet, wie er sie plagt und peinigt, die Grenze zur Tierquälerei. Mit modernen elektrischen Schafscher-Maschinen geht es schneller und bei Experten sicherlich schonender als bei alten Schafscheren aus Metall. Besser sollte das Scheren jedoch ganz unterbleiben. Dann könnten die Tiere auch im Winter mit ihrer dicken Wolle in kalten Ställen überwintern. Dann würde es auch einen anderen Geruch im Schafstall geben und viele Tierplagereien würden erspart bleiben.

KASTRATION DER JUNGWIDDER

Männliche Jungwidder werden weltweit kastriert. Dazu gibt es eigene Hilfsmittel. Die Kastration ist und bleibt ein brutaler Akt der Tierquälerei. Im Tiroler Ötztal gab es in den 1990er-Jahren einen „Schafkrieg". Weil Rassefanatiker bei der Zucht reinweißer Tiroler Bergschafe nicht dulden konnten, dass einige ihrer Lämmer nicht reinweiß und allen Rassekriterien gemäß geworfen worden waren, wurden solche „unreinen" Junglämmer, die braun oder scheckig waren oder zumindest mit braunen oder schwarzen Flecken behaftet, bewusst zu Tode geschüttelt und geworfen. Zumeist wird zur Kastration ein Gummiring benutzt, der die Blutzufuhr abschneidet. Auch eigene Holzgeräte, „Kluppen", werden benutzt. Im Ötztaler Heimat- und Freilichtmuseum in Längenfeld-Lehn und im Thüringer Freilichtmuseum Hohenfelden gibt es „Kluppen" zu sehen.

Nutztier/Schlacht- und Opfertier. Gefährdete und andere Schafrassen

Der „Verein zum Schutze und zur Bewahrung der Erbanlagen heimischer, gefährdeter landwirtschaftlicher Nutztierrassen" dokumentiert für Österreich eine Reihe von Schafrassen. Die Bestände der Jahre 1997 und 2002:

Kärntner Brillenschaf	1997 mit 435	2002 mit 1.023 Tieren
Braunes Bergschaf	1997 mit 450	2002 mit 1.071 Tieren
Tiroler Steinschaf	1997 mit 843	2002 mit 2.260 Tieren
Krainer Steinschaf	1997 mit 200	2002 mit 302 Tieren
Alpines Steinschaf	1997 mit 70	2002 mit 197 Tieren
Waldschaf	1997 mit 410	2002 mit 1.031 Tieren
Zackelschaf	1997 nicht gezählt	2002 mit 86 Tieren

Gezählt werden generell „nur" reinrassige weibliche Zuchttiere und Zuchtböcke. Für das Jahr 2001 wurde in Österreich eine Gesamtzahl von 320.000 Schafen in 17.700 Betrieben registriert. Es gelten überaus strenge Kriterien. Seitdem es eine gezielte und organisierte Pflege der alten und gefährdeten Bestände gibt, haben die Zahlen zugenommen. Die Zunahme ist auch auf Zucht durch Hobby- und Kleinbauern zurückzuführen. Zuchtziele sind gesteigerte Fruchtbarkeit, optimale Futterverwertung, Wüchsigkeit, Größe und Gewicht usw. Schafzucht ist heute aber Liebhaberei.

DAS KÄRNTNER BRILLENSCHAF

Das Kärntner Brillenschaf gilt als Kostbarkeit. Um 1980 schien diese alte Rasse fast ausgestorben. Zwischen 1900 und 1938 dominierte sie Teile von Kärnten, Slowenien und Nordostitalien. Ab 1938/39 galt eine von den Nazis verordnete „Rassebereinigung". Zugelassen war nur das weiße Bergschaf, das hauptsächlich aus der Einkreuzung verschiedener Landschläge mit dem Bergamasker Schaf gezüchtet worden war.

Charakteristisch ist eine schwarze Umrandung („Pigmentierung") seiner Augen, die wie eine Brille aussieht. Im „Verein der Kärntner Brillenschafzüchter Alpe-Adria" gibt es inzwischen 105 Züchter, aber auch in Salzburg, Deutschland usw. wird das Brillenschaf gezüchtet. In Südtirol wird das Kärntner Brillenschaf unter dem Namen „Villnösser Schaf" gehalten und gezüchtet. In Slowenien heißt die Rasse „Ježersko-Solčava", benannt nach den Orten Ježersko und Solčava. Angeblich ist das Kärntner Brillenschaf ein Relikt aus alter Zeit, das zukünftigen Generationen die jahrhundertealte Kultur und Tradition in lebendiger Weise nahebringe. Die wieder intensiver gewordene Haltung „gefährdeter" Rassen wird auch durch Sonderförderungen der EU beflügelt. Die kleinen Schafhalter kommen dabei aber weniger zum Zug, weil sie sich mit einem Förderantrag verpflichten würden, auf mehrere Jahre eine bestimmte Zahl von Mutterschafen zu halten. In Tirol sind zehn Mutterschafe verpflichtend.

DAS BRAUNE (TIROLER) BERGSCHAF

Erst seit einigen Jahren ist diese Schafrasse als gefährdet anerkannt. Ihre Zucht wird durch die EU gefördert. Inzwischen nimmt die Zahl der Braunen Bergschafe teilweise rapide zu, wie bei den großen Schaftrieben über die Jöcher der Ötztaler Alpen zu beobachten ist.

Unter den etwa 1.800 bis 2.000 Schafen, die über das knapp 3.000 Meter hohe Niederjoch am Similaun vorbeiziehen, steigt der Anteil kontinuierlich von knapp zehn Prozent auf jetzt nahezu dreißig Prozent.

Diese Rasse ist beliebt, weil die naturfarbene Wolle unter anderem für die traditionellen Trachten sehr gefragt war und noch immer ist. Heute bevorzugen Wollverarbeiter die braune Wolle zum Einfärben von Teppichen und Decken. Der Betrieb der Familie Regensburger in Umhausen im Ötztal beispielsweise zahlt auch etwas mehr für diese Wolle. Angeblich gab es vor knapp zwanzig Jahren im Hauptverbreitungsgebiet Tirol nur mehr ca. siebzig mehr oder minder reinrassige Tiere. Außer in Tirol existieren nun auch Bestände in Bayern, in der Schweiz, in Südtirol und in einigen österreichischen Bundesländern.

DAS FUCHSFARBENE ENGADINER SCHAF

Eine schweizerische Variante des braunen (Tiroler) Bergschafes ist das fuchsfarbene Engadiner Schaf, auch „Pater-Schaf" genannt, aufgrund seiner besonderen Eignung für die braunen Kutten der Kapuziner und Franziskaner, romanisch „besch da pader".

Die Organisation „pro specie rara" in St. Gallen in der Schweiz ist ein Förderverein dieser und anderer gefährdeter Tierrassen.

DAS TIROLER STEINSCHAF

Zu den bodenständigsten Lokalrassen, zumindest in Tirol, gehört das Tiroler Steinschaf. Es wird hauptsächlich im hinteren Zillertal, in Teilen des Tiroler Mittelgebirges und im Ötztal gehalten. Dort haben sich zwei und zeitweise drei kleine Steinschaf-Verbände gebildet. Grundlage etwa für den Tuxer Janker war die Wolle des grauen, mitunter ins Bläuliche schimmernden Steinschafes. Der bekannte

Schladminger Loden aus der Steiermark entsteht aus einem Gemisch aus schwarzer und weißer Wolle.

Beinahe wäre das Tiroler Steinschaf ausgerottet worden. Nach wie vor ist es im alten Zuchtgebiet der Tiroler Täler nicht erlaubt, einen Steinschafwidder frei im Gebirge laufen zu lassen. So wurden die Weiden fast im ganzen Ötztal als „Reinzuchtgebiet der weißen Bergschafe" deklariert. Es gab einen regelrechten Schafkrieg, in dem Personen von der Bezirkshauptmannschaft angezeigt wurden und der auch medial ausgefochten wurde.

Den männlichen Schafen werden generell und fast ausnahmslos die Hörner weggezüchtet. Am ehesten existieren noch Widder mit Hörnern bei den Steinschafzüchtern. Was weggezüchtet wurde, ist jetzt heiß begehrte Ware mit Rückbindung an das Brauchtum. Speziell für die Krampusse als Begleiter des Hl. Nikolaus sowie für die neuerdings sehr zahlreichen Krampusläufe werden die Hörner landauf, landab gesucht. Der Mythos beginnt, wo die Reglementierung der Zuchtbehörden endet. Der prächtige Schmuck gilt offenbar nach wie vor als Zeichen und Inbegriff von Männlichkeit. Bei den großen Schaftrieben von Südtirol ins Ötztal über das Timmelsjoch, Niederjoch und Hochjoch befinden sich unter den zusammen etwa 5.000 Schafen maximal zwei oder drei Widder mit Hörnern. Aber beim „Triumphbogen" am Schafhaag in Vernagt im Schnalstal ist selbstverständlich der Widder mit Hörnern ein notwendiges Symbol. Eher ist das Horn ein Überbleibsel (siehe Farbtafel 3).

DAS KRAINER BERGSCHAF UND DAS ALPINE (ODER MONTAFONER) STEINSCHAF

Dem Tiroler Steinschaf verwandt sind das Krainer Bergschaf und das alpine Steinschaf. Wie das Tiroler Steinschaf und die meisten inneralpinen Schafrassen stammen sie vom ehemals weit verbreiteten, inzwischen aber ausgestorbenen Zaupelschaf ab. In den slowenischen Alpen ist das Krainer Bergschaf ein Schaf, das gemolken wird – im Gegensatz zu den meisten anderen alpinen Schafrassen. Noch immer gilt die Milch der Krainer Steinschafe als „echtes Kleinod Sloweniens". Nur mehr wenige Almen dienen heute noch als Schafalmen. (Vgl. auch Križnar 1987)

Das sogenannte „Alpine Steinschaf" ist auch als Montafoner Steinschaf bekannt. Es wird teilweise zur „Offenhaltung" von Flächen gegen Verbuschung eingesetzt. Im Rheindelta am Bodensee wird seit 2007 auf diese Weise der Lebensraum von Vögeln gesichert. Schafe wurden durch das Wasser auf die Insel getragen. (arche Austria, Zeitschrift des Vereins zur Erhaltung gefährdeter Haustierrassen)

DAS WALDSCHAF

Dieses Schaf ist eine alte bodenständige Rasse aus dem Böhmerwald, dem Bayrischen Wald und dem Mühl- und Waldviertel. Auch sie stammt vom Zaupelschaf ab.

DAS ZACKELSCHAF

Schließlich ist für Österreich, soweit diese und andere Rassen im Verzeichnis der „gefährdeten Nutztierrassen Österreichs" aufgelistet sind, noch das Zackelschaf zu nennen. Zur Zeit der k. & k. Monarchie war das Zackelschaf die wohl verbreitetste Schafrasse im pannonischen Raum. Der größte Teil wurde in der ungarischen Tiefebene gehalten, aber auch im Karpatenbogen, in der Ukraine, in Bulgarien und der Türkei kam es vor.

Sambraus (1994) beschreibt 250 Rassen. Darunter befinden sich 55 vom Merinoschaf über das Texelschaf, das Rhönschaf, das Ostfriesische Fleischschaf über das Berricon de Cher zum Suffolk und

Hampshire, zum Karakulschaf und zum Navajo-Churro. Schafe haben im Laufe der Zeit eine so umfassend-weltweite Verbreitung und Anerkennung gefunden, weil sie nicht religiös tabuisiert sind (weder die Tötung noch der Verzehr von Schaffleisch ist verboten), weil ihr Nutzungsspektrum breit ist und weil sie äußerst anpassungsfähig sind. (Sambraus 1994, Einleitung u. S. 103)

Der Anteil der Rassen am Gesamtschafbestand Deutschlands betrug 1992 insgesamt 2,180.174 Schafe gegenüber 1,188.043 im Jahre 1955. Mit 27,5 % stellt das Merinoschaf den größten Anteil mit knapp 600.000 Stück. Das sehr wichtig gewordene „Rhönschaf" hat mit nur 11.800 Stück einen Anteil von 0,5 % am Gesamtbestand.

In Österreich hatte im Jahr 1979 das „Bergschaf" mit 151.200 Stück den überwiegenden Anteil von 77,4 %. Nur 0,2 % betrug jener der Steinschafe und 0,7 % jener der Milchschafe. (Ebd., S. 105, 109)

In Nepal hat neben dem berühmten Yak das Schaf eine wichtige Funktion. Im „Schafjahr" des tibetischen Kalenders bereisen viele Pilger einen heiligen See. Eine der dort gehaltenen Rassen ist das ARGAI-Schaf.

Das größte Schafhaltungsgebiet der Welt ist zweifellos Australien, wo etwa Hundert Millionen Tiere gehalten werden. Ihre Wolle entspricht ungefähr einem Drittel der weltweiten Wollproduktion. Die in Australien am meisten verbreitete Rasse ist das MERINO-Schaf. Die wertvollen Tiere liefern besonders viel Wolle, weil durch spezielle Züchtung eine faltige Haut entsteht, die sehr bedeckt ist. Die Züchtung findet Kritik, etwa vom Vegetarierbund Deutschland:

„Dieses unnatürliche Übermaß an Wolle führt dazu, dass Tiere während der heißen Monate an Überhitzung sterben, und in den Falten sammeln sich außerdem Urin und Feuchtigkeit. Von der Feuchtigkeit angezogen, legen Fliegen ihre Eier in den Hautfalten ab, und die ausgeschlüpften Larven können die Schafe bei lebendigem Leibe auffressen. Um einen solchen ‚Fliegenbefall' zu verhindern, nehmen die australischen Farmer eine barbarische Operation an den Schafen vor. Dabei werden den Lämmern bei vollem Bewusstsein und ohne Betäubung riesige Fleischstreifen hinten an den Beinen und im Bereich des Schwanzes weggeschnitten. Man will so eine glatte, vernarbte Fläche erhalten, auf der sich keine Fliegen ansiedeln und Eier ablegen ..." (Vegetarierbund Deutschland, www.vebu.de/tiere)

Auch in Australien werden wie u. a. in Österreich und Südtirol den Lämmern große Löcher in die Ohren gestanzt und diese mit großen Plastikplatten versehen. In Australien wie hierzulande werden die Schwänze abgeschnitten, in der Regel abgedreht.

Peinliche Tierquälerei grassiert bei den großen Schafzüchtern. Die jungen männlichen Schafe werden vielfach kastriert. Dazu wird je nach „Überlieferung" entweder ein Gummiring benutzt oder ein eigenes Holz.

Um in den „Genuss" feiner und feinster Wollwaren zu kommen, etwa modischer Schals, müssen die Tiere oft schreckliche Misshandlungen und weite Transporte hinnehmen. Das gilt nicht allein für Schafe. Die teure und edle Kaschmir-Wolle stammt von Ziegen, Angora-Wolle von Kaninchen, die zum Scheren auf ein Brett gespannt werden.

SCHAFZUCHT IN ISLAND UND AUF DEN FARÖERN

In Island und auf den Faröern ist die Schafzucht bis heute ein wichtiger Zweig der Landwirtschaft, der eine lange Tradition hat, und, so berichtet Alexander Baumgartner Ende des 18. Jahrhunderts, „verhältnismäßig wenig Sorge erfordert und dabei viel einbringt ... Man

SCHAFZUCHT IN ISLAND

21. Färinger mit Schafen

rechnete 1876 etwa 415.000 Schafe, darunter 178.000 Milch- und Mutterschafe ... Im Jahre 1881 wurden ... 925.000 kg rohe Wolle, 9.300 kg gesalzenes Schaffleisch und 220.000 kg Talg ausgeführt." (Alexander Baumgartner 1889, S. 341)

Auch J. C. Poestion, gebürtig aus Bad Aussee im steirischen Salzkammergut und als der bedeutendste Islandforscher bekannt geworden, hat über die Schafzucht in Island berichtet. 1884 veröffentlicht er in Wien sein Islandbuch. Dort nennt er die heimische Rasse „ovis brachyra borealis" und bezeugt eine Zahl von 800.000 Schafen auf Island. (Poestion 1985, S. VIII)

Die Einschätzungen gegen Ende des vorletzten Jahrhunderts schwanken extrem.

NUTZTIER/SCHLACHT- UND OPFERTIER

23. Im Valle Stura (Italien)

DAS SAMBUCCA-SCHAF

Das Sambucca-Schaf, eine alpine Regional-Rasse, die vor allem in südlichen Tälern der Provinz Cuneo/Piemont vorkommt, ist in den vergangenen Jahren stärker in das Bewusstsein geraten. Gourmet-Köche schätzen es wegen seines Fleisches. Ein Zentrum der Zucht und Pflege ist das Stura-Tal. Es führt zum Grenzübergang nach Frankreich am Col de Maddalena bzw. am Col du Larche. Im Ort Pontebernardo besteht sogar ein eigenes Schaf-Museum mit den Schwerpunkten Transhumanz und Sambucca-Schaf. Jährlich findet dort auch ein großes Schaffest statt. Sambucca ist ein kleiner Ort im Valle Stura. Wie in anderen Gegenden auch, wurde hier durch Einkreuzungen mit anderen Rassen versucht, die Fleischerträge zu optimieren. Beinahe wäre die Rasse ausgestorben. Seit etwa 1980 werden die Vorteile der alten, bergtauglichen Rasse besser erkannt. Heute nehmen die Bestände zu. Das Fleisch ist qualitativ wertvoll und gilt als eines der wichtigsten Regionalprodukte. (Vgl. Bätzing 2008, S. 110)

EINE VIELFALT AN RASSEN

Ein Blick über Europa hinaus zeigt eine überaus große Vielfalt an Rassen und Besonderheiten.

Nach dem Aussehen, nach Gewicht und Größe lassen sich sieben große Gruppen unterscheiden:

- DALL-Schaf (ovis dalli) u. a. in Alaska und British Columbia vorkommend, mit der Untergruppe DICKHORN-Schaf (ovis canadensis)
- SIBIRISCHES Schneeschaf (ovis nivicola) im Norden und Osten Sibiriens
- ARGALI (Riesenwildschaf, Altai-Wildschaf, ovis ammon) vor allem in den Hochgebirgen Zentralasiens und im Hochland von Pamir das Marco-Polo-Schaf (ovis ammon palli)
- URIAL-Steppenschaf (ovis vignei) in Zentralasien vom Iran über Afghanistan bis Kasachstan sowie die Unterart ARKAL-Schaf (ovis vignei arkal)
- HAUSSCHAF (ovis aries), das seit der Jungsteinzeit wahrscheinlich

zweimal domestiziert wurde. Es soll vom ehemals in Südwestasien verbreiteten
- ORIENTALISCHEN MUFFLON (ovis orientalis) abstammen.

Eine weitere Einteilung kann innerhalb der HAUSSCHAFRASSEN vorgenommen werden, und zwar vorerst in die beiden Hauptgruppen HAARSCHAFE und WOLLSCHAFE, mit einigen Varianten, wie zum Beispiel den „mischwolligen Schafen". Zu diesen gehören die Heidschnucke, das Fettsteißschaf, das Zaupelschaf.
Weiters gibt es die Gruppe der „schlichtwolligen Schafe". Dazu gehören in Europa die Rassen

- DEUTSCHES SCHWARZKÖPFIGES FLEISCHSCHAF
- HORNLOSES LEINESCHAF
- RHÖNSCHAF
- BERGAMASKERSCHAF
- OSTFRIESISCHE MILCHSCHAF

Das MERINO-Schaf zählt, wie auch das französische RAMBOUILETTE-Schaf, zur Gruppe der REINWOLLIGEN SCHAFE.
In Asien und Afrika leben Rassen und Untergruppen wie
- FESSANSCHAF
- SENEGALSCHAF
- GUINEASCHAF
- ABESSINISCHES KURZOHRSCHAF
- PERSERSCHAF
- MASSAISCHAF
- SOMALISCHAF

In fast allen Schafgebieten der Welt sind die Schafe nicht nur Lieferanten von Fleisch, Wolle und Milch, sondern auch beliebte Haustiere, Partner der Kinder, Opfertiere.

24. Böcke und Jährlinge, Merinofleischschaf. Aufgenommen bei einer Schafauktion in den 1940er-Jahren in Thüringen

DAS BERÜHMTESTE SCHAF DER GESCHICHTE: DOLLY

Das neben dem Osterlamm wohl berühmteste Schaf der Geschichte ist das SCHOTTISCHE KLON-SCHAF DOLLY. Es war im Jahre 1997, als Dr. Jan Wilmut vom Roslin-Institut in Edinburgh bekannt gab, ihm sei es gelungen, ein erwachsenes Säugetier zu klonen. Einem Schaf waren Stammzellen aus dem Euter entnommen und dann in eine Eizelle implantiert worden, deren genetischen Code man vorher entfernt hatte. Die manipulierte Zelle entwickelte sich in einer Nährlösung zum Embryo und wurde einem Leihmutterschaf eingepflanzt. Dieses weltweit erste geklonte Tier wurde nach sechs Jahren Lebensdauer Mitte Februar 2003 infolge einer Lungenkrankheit eingeschläfert.

Das erste australische Klonschaf MATILDA wurde im April 2000 geboren und starb knapp drei Jahre nach seiner Geburt. (Spiegel online, 16. 9. 2003; „Die Zeit" Lexikon, Bd. 13, S. 619 ff.)

NUTZTIER/SCHLACHT- UND OPFERTIER

DAS SCHAF IN DER LITERATUR

Ein weiteres, literarisch bekannt gewordenes Schaf ist Hauptakteur des erfolgreichen Romans mit dem Titel „GLENNKILL. Ein Schafskrimi" von Leonie Swann. Anführer einer überaus klugen Herde von Schafen ist „Miss Marple, das klügste Schaf" mit einem geradezu kriminalistischen Spürsinn. Der Schäfer George Glenn wohnt mit seinen klugen und einigen dummen Schafen auf den irischen Weiden und muss immer wieder den Schafen Geschichten vorlesen. Swann hat den Schafen „in der Reihenfolge ihres Auftretens" folgende Namen gegeben und sie mit verschiedenen Charakteren gezeichnet:

> „Maude kann gut riechen und ist stolz darauf.
> Sir Ritchfield der Leitwidder ...
> Miss Marple ist das klügste Schaf der Herde ...
> Heide ist ein lebhaftes Jungschaf, das nicht immer nachdenkt, bevor es redet.
> Cloud ist das wolligste Schaf der Herde.
> Mopple the Whale ist das Gedächtnisschaf ...
> Othello ein schwarzer Hebridean-Vierhornwidder mit geheimnisvoller Vergangenheit.
> Zora ist ein abgründiges, schwarzköpfiges Schaf ...
> Ramses ein junger Widder mit noch ziemlich kurzen Hörnern
> Sara ein Mutterschaf
> Ein Lamm hat etwas gesehen
> Melmoth Ritchfields Zwillingsbruder, ein legendärer verschwundener Widder
> Cordelia mag merkwürdige Wörter.
> Das Winterlamm ein schwieriger Unruhestifter
> Willow ist ein sehr seltsames Schaf.
> Fosko hält sich für klug, und das mit Recht."

Man könnte meinen, Schafe gehörten zu den am meisten die Fantasie anregenden Haustieren.

Von ganz weit her kommt eine andere Schafgeschichte. Der Japaner Haruki Murakami schrieb den Roman WILDE SCHAFSJAGD. Auch dort steht ein Schaf im Mittelpunkt einer merkwürdig spannenden Geschichte. Es hat übernatürliche Kräfte.

Nicht zu vergessen sind die überaus zahlreichen, reich illustrierten Kinderbücher. Es fällt auf, dass im Gegensatz zu den „dummen" Sprüchen vom „dummen" Schaf, das sprichwörtlich und geduldig zur Schlachtbank geführt wird, in diesen Büchern das Schaf sehr positiv dargestellt ist. Das gilt auch für das Buch DAS SCHAF CHARLOTTE, verfasst und illustriert von Anu Stohner und Henrike Wilson. Diese „Charlotte" ist laut Klappentext „eine kleine Wilde. Sie steigt auf Bäume, springt in den Wildbach und eines Tages klettert sie sogar auf den Zackenfelsen – alles Sachen, die sich für kleine Schafe nicht gehören ..."

Schafrufe, Schafnamen, Schafmarch

„HÖÖRLA LECK LECK LECK"

SCHAFMARCH

In allen Gemeinschaftsalmen wird das Schaf gekennzeichnet. Damit die Schafe von außen und aus größerer Entfernung erkennbar sind, werden sie auf dem Rücken mit Lackfarbe markiert. Damit aber wird auch die beste Wolle für die weitere Verwertung untauglich. Viele Bauern meinen, sie sei sowieso nichts wert, während früher mit dem Verkauf der Wolle zumindest die Weide für den Sommer bezahlt werden konnte. Inzwischen hat die EU verordnet, dass Schafen ein Plastikblatt in das Ohr gestochen wird. Bei den Rindern ist das längst verbreitet und üblich. Dieses Einschneiden bzw. das Einzwicken oder Stanzen von Kennzeichen und Merkmalen in das Ohr des Schafes nennt man SCHAFMARCH. Auf diese Weise kann das Schaf aus nächster Nähe dem jeweiligen Bauern zugeordnet werden. Der geübte und erfahrene Schäfer hat zu diesem Zeitpunkt das Schaf aber schon am Kopf, an den Gesichtszügen und der Gesamt-Physiognomie erkannt. Das March wird traditionell den Höfen zugeteilt, auf einer Alm in Matrei/Osttirol sind das, um ein Beispiel zu nennen, der „Hauptmer", der „Innerganzer", der „Jaggler", der „Köll", der „Künzer" bzw. der „Klaunz", der „Lienharter", der „Lukasser", der „Niggler" und der „Sagmeister".

Der Vielfalt und damit Unterscheidbarkeit sind kaum Grenzen gesetzt. Zu diesem Zweck hatten die Bauern des jeweiligen Hofes zumeist eine eigene Zange, die „Hof-Zange".

Eine weitere Art der Schaf-Kennzeichnung ist das Stehenlassen von Wollbüscheln bei der Schafschur. Auch dabei sind den Möglichkeiten kaum Grenzen gesetzt: ein Büschel vorne am Rücken, eines hinten, zwei vorne und eines hinten, eines vorne und zwei hinten, jeweils zwei vorne und hinten, manchmal leicht seitlich noch ein weiteres, also drei, und wieder vorne eines und hinten drei, zumeist hinten, weil es dort breiter ist, sowie, wenn auch seltener, in der Mitte des Rückens. Weitere Varianten sind möglich: eines vorne, eines in der Mitte, eines hinten, zwei vorne, eines in der Mitte, zwei hinten, eines vorne, zwei in der Mitte, zwei hinten usw.

DAS SCHAF HAT VIELE NAMEN

„Lamm" ist im Englischen das „lamb", und das ist es auch in einigen Dialekten, zum Beispiel im Ötztalerischen das „Lomp". Auch bei den Ostgermanen hieß das Schaf noch „lamp". Im Englischen heißt das Mutterschaf „ewe". Und genauso heißt das Mutterschaf auch in einigen Dialekten Österreichs, zum Beispiel auch im Ötztal.

Im Lateinischen heißt Schaf „ovis", und das gilt in Varianten für die romanischen Sprachen.

Überaus reichhaltig und vielfältig sind die Bezeichnungen für Gattungen, für Geschlecht und Altersangabe. Am Beispiel des Ötztals und der Ötztaler Alpen, die ausgeprägte Schafzuchtregionen sind, wird dies deutlich: Das ganz junge Lamm ist das „Lample". Wenn es ein paar Tage und Wochen alt ist und vor allem, wenn es von Menschen mit Milch aufgezogen wird, dann ist es das „Suugele" und das „Pamperle". Ist es bereits größer, dann ist es der „Suugl". Dieser Begriff wird auch verwendet, wenn ein Kind besonders stark verwöhnt und nicht von Mutters Schürze wegzubringen ist. Das weibliche Jungschaf, das noch nicht geschlechtsreif ist, wird zur „Kilbra". Das männliche Schaf wird, wenn es hornlos ist, zum „Muttl". Der Begriff „Muttl" wird auch für besonders sture, unfreundliche und unzugängliche Menschen verwendet. Und wenn das männliche und erwachsene Schaf Hörner hat, dann ist es der Widder bzw. der „Wiidr". Wird das geschlechtsreife männliche Schaf kastriert, ist es der „Gschtraun". Und davon ist der in dieser Gegend häufige Familienname „Gstrein" abzuleiten. In den angrenzenden Tälern, im Schnalstal und im Passeiertal sowie in anderen Tälern der Alpen gibt es überaus viele unterschiedliche Bezeichnungen. Sehr häufig ist „Göre" und „Elb" bzw. „Elbe" für das Mutterschaf. Im Ultental in Südtirol heißt das Schaf „Hap" und im Tiroler Oberinntal wird es „Hodla" und im Tannheimer Tal (Tirol) „Huder" genannt. Ein einjähriges Schaf heißt in Axams und anderswo auch „Igl". „Kunter" ist ein gebräuchlicher Sammelbegriff für Schafe.

Analog zum „Lamp" und „Lomp" heißt das Abwerfen der Lämmer „lompm" (= lämmern). Ein kleines Schaf, das mit Milch aus der Flasche aufgezogen wird und besonders lange Zeit am Mutterschaf saugt, heißt in manchen Gegenden „Tidl" oder auch – wie in Osttirol – „Töttl".

SCHAFRUFE

Markante Lockrufe, um die Schafe zu dirigieren, werden regional unterschiedlich bezeichnet. „Ho dixlen" und „hodelen" wird in Axams gerufen, „hodla, hodla" im Stanzental und Kaunertal, „ho òoo, oò" im Außerfern, „hois hois" rufen die Zillertaler. In Thiersee wird „hótsche, hóotsche" gerufen. Im Zillertal, aber auch im Wattental und in Weerberg sind „ois ois" gängig, „poisch poisch" wird in Alpbach gerufen, „potsch, pootsch pootsch" in der Wildschönau. Die Villgrater rufen „wootscha wootscha". Die Dorfertaler bei Matrei rufen kurz und bündig „ze ze". Die Rufe können kurz, knapp und wie im Befehlston lauten. Es kann auch langatmig und anhaltend und hinausgezogen klingen wie „pootsch poootsch".

Beim großen Schaftrieb der Südtiroler aus dem Vinschgau, aus dem Schnalstal und aus dem Passeiertal ins Ötztal klingen die Rufe anders als bei den Ötztalern, der Ruf „hooo-hoi, leck leck" ist zu vernehmen (Lechner 2002, S. 157). Er kommt in verschiedenen Varianten vor, immer wieder abgewandelt und auch je nach Situation. Der dreifache Ruf „höörla leck leck leck" ist ebenso üblich (persönliche Erfahrung des Autors). Der Ruf gibt den Schafen auch zu erkennen, dass es „Leck" bzw. das „Gleck" gibt, irgendeine Mischung aus Kleie und Korn mit Salz. Der Lockruf „suugele" soll weithin tragend sein. Und dem kann das „höörla leck leck leck" angefügt werden. Aus allen Schafzuchtgebieten der ganzen Welt sind die unterschiedlichsten Lockrufe zu vernehmen.

Und je nach Aussehen der Schafe wird in den Mundarten auch das Aussehen der Tiere unterschieden. Es gibt die „Tschegg", die „Blasse", die „Schlagge" (nach den langen Ohren). Bunte Schafe sind für die Ötztaler „gscheggat". Die Vertreter der alten braunen Schafrasse sind die „Paterschafe", weil sie an das Braun der Kutten von Franziskanern und Kapuziner erinnern. Das hängt damit zusammen, dass früher die Kutten der Patres ebenso wie die braunen Trachtenjanker aus dem Loden brauner Bergschafe hergestellt wurden. (Lechner 2002, S. 157)

„BESCH", „GARANETSCH", „FEDA": BEZEICHNUNGEN IN GRAUBÜNDEN

Graubünden ist ein altes traditionelles Schafzuchtgebiet. Entsprechend vielfältig sind Namen und Bezeichnungen. Bekannter Sammler und Forscher „rätischer" Namen und Bezeichnungen ist Andrea Schorta. Aus seinem 1.052 Seiten dicken Monumentalwerk „Rätisches Namenbuch" von 1964 entstand 1988 unter dem Titel „Wie der Berg zu seinem Namen kam" eine leicht lesbare Kurzausgabe. In diesem Namenbuch mit zweieinhalbtausend geografischen Namen Graubündens finden sich für Schafe verschiedene Benennungen. Das Schaf heißt „Besch", abgeleitet aus dem lateinischen „bestia" für das Tier schlechthin. In ganz Graubünden waren „Gnex" und „Gregis" Bezeichnungen für Herde in der Bedeutung der Schafherde. Daraus entwickelte sich der Typus „gregaricium", noch überliefert in den Flurbezeichnungen „garanetsch", „garglialetsch", „guraletsch", „gürgaletsch" und „grialetsch". Im Bergell, einer italienisch sprechenden Region, heißt das Schaf „Feda", ableitbar aus dem lateinischen „feta" für das Tier. Das Mutterschaf heißt in romanisch sprechenden Teilen „Nuorsa", abgeleitet aus dem lateinischen „nutrix" für Amme. Schorta zählt eine Reihe von Orts- und Flurnamen auf, die einen Bezug zum Schaf aufweisen: *„Neben der Fülle von Alpnamen, die aus den Bezeichnungen für Schaf hervorgegangen sind, nehmen sich jene, die aus Namen für Rind und Ziege entstanden sind, recht bescheiden aus."* (Schorta 1988, S. 29–31). Das deutet darauf hin, dass die Schafhaltung als wichtiger und vor allem alter und geradezu archaischer Teil der alpinen Kultur gelten kann und älter als die Rinderhaltung ist.

TRÖLL UND ANDERE SAGENGESTALTEN IN ISLAND

Für die kulturell-mythische Beziehung Mensch–Tier ist ein Beispiel aus Island überliefert: „Draußen" befinden sich in der Einöde, in der Nähe der großen Gletscher die „Draußenlieger", die „Waldgänger" und generell auch die „Geächteten". Das sind ähnliche Sagen- und Kultgestalten wie die „tröll" als das „bedrohliche Andere der sozialen Ordnung". Die „tröll" und die „útilegumenn" leben in den Bergen und den unwirtlichen Lavawüstengegenden Islands. Sie sind weit entfernt von der sogenannten Zivilisation. Vor allem die Bauern mit Schafen haben Kontakte zu ihnen:

„Nur einmal im Jahr haben einige isländische Bauern Kontakt mit diesen Gegenden, wenn sie ihre Schafe von den Weiden zurücktreiben. Die Schafe selbst sind Mittler zwischen Zivilisation und Wildnis; die von ihnen vorgegebenen Wege sind nicht nur sozial-ökonomische, sondern auch rituell bedeutende Wege, wenn bei der ad rétta (dem Abtrieb der Schafe) diese Pfade beschritten werden." (Frömming, S. 128)

Von Schafen, die leiden, zugrunde gehen und blöken ...

DIE SPRACHE DES SCHAFES

Das BLÖKEN ist Teil der „Schafsprache". Ausgerechnet das Schaf hat eine eigene „Sprache" zugeteilt bekommen. Sinnbild ist das blökende Schaf, das auf der Weide steht und zu uns schaut. Oder es frisst weiter. Es ist anzunehmen, dass es ihm halbwegs gut geht. Das „schwarze" Schaf und das weiße und das braune blöken. Wer nicht schlafen kann und stundenlang Schäfchenwolken zählt, kann weder blöken noch muhen. Wenn dem Lamm und dem Schaf Unheil geschehen, sie krank sind, blöken sie nicht, sondern röcheln eher wie ein kranker Mensch und wie ein wundgeschossenes Wild. Natürlich blökt es auch nicht, wenn es zur Schlachtbank geführt wird. Es widerstrebt körperlich, es zieht und reißt, will weg von der Fessel und dem bevorstehenden Stich mit dem scharfen Messer oder dem Todesschuss aus der Pistole.

SCHAFKRANKHEITEN

In „Neues Handbuch Alp" (2005) heißt es:

> *„... Der Schäfer hat das Anrecht auf eine gesunde Herde. Er soll kranke und schwache Schafe vor der Alpauffahrt zurückweisen. ... Die Schafe haben das Anrecht auf einen fähigen Hirten, der sie vor Gefahren und Krankheiten bewahren kann."* (Neues Handbuch Alp 2005, S. 168)

SCHAFKRANKHEITEN

25. Ein Schäfer behandelt ein an der Klauenseuche erkranktes Schaf. Zeichnung aus dem 19. Jh.

Folgende Schafkrankheiten und schaftypische Beschwernisse werden beschrieben: Lippengrind, Räude, Gamsblindheit, Durchfall, Husten, Aufblähen, Euterentzündung, Scheidenvorfall, Mastdarmvorfall, Panaritium, Moderhinke (Klauenfäule), Brüche, Wunden und Bisse.

Überaus beschwerlich ist die Moderhinke oder Klauenseuche. Die Klauen schmerzen. Das Schaf frisst kniend. Die Krankheit beginnt mit einem Entzündungsherd zwischen den Klauen.

Viele im Flachland vorkommende Schafkrankheiten sind im Gebirge beinahe unbekannt. Der erfahrene und geschulte Schafhirt hat alles bei sich: ein Fieberthermometer, den Eingabestab für Pillen, das Klauenmesser, einige Stricke, Spritzen und Nadeln, einen Gipsverband, den Fettstift zum Markieren, etliche Medikamente, das Klauenspray, die Eutertuben, das Breitband-Antibiotikum mit Langzeitwirkung, eine Augensalbe und homöopathische Medikamente. (Vgl. Rolf Beutler: „Schafkrankheiten und Geburten", in: Neues Handbuch Alp 2005)

Eine der häufigsten Krankheiten wird durch Schafläuse und Schafzecken verursacht. Die populäre Volksheilkunde kennt die Schafläuse und Schafzecken als Medizin bei Menschen gegen Epilepsie. In Braunschweig, so steht es im Handwörterbuch des deutschen Aberglaubens, wurden Zecken in gekochte Zwetschgen gegeben. Dieses Mittel wurde auch gegen Gelbsucht angewendet und ebenso gegen Leberkrankheiten.

„Wenn sich die Schafzecke in den Nacken einbeißt, wächst der Hanf hoch; je tiefer desto niedriger wächst er" soll es geheißen haben. (HDA, Stichwort „Schafläuse")

SCHAFE ALS LUFTVERSCHMUTZER

Was „liefert" das Schaf? Neuere Untersuchungen, vor allem an den riesigen Schafherden in Australien, haben ergeben, dass Schafe große Mengen an Methan freisetzen. Ein Schaf, so heißt es in einer Analyse, produziert hochgerechnet etwa 7 kg Methangas pro Jahr – ein Rind 114 kg. Wenn aber Millionen Schafe zusammenkommen, gemästet, geweidet, dann geschlachtet werden, kommen beachtliche Mengen an Methangas zusammen. Methangas soll sich als „Impfstoff gegen Blähungen" eignen. (Vgl. „Bild der Wissenschaft", 12/2004)

GEQUÄLTE SCHAFE

Im September und Oktober 2003 ging durch weite Teile der Weltpresse, was sich bei den gigantischen Schaftransporten aus Australien ereignete. Eine Schlagzeile lautete: „50.000 Schafe aus Australien verrecken langsam auf hoher See". Am 6. August war der Frachter „Corno Express" mit 57.000 Schafen an Bord von Freemantle, Australien, nach Jeddah, Saudi-Arabien, gestartet. Doch die Veterinärbehörde verweigerte die Annahme der Tiere, weil angeblich sechs Prozent von ihnen erkrankt waren. Unter anderem rief der Schweizer Verein gegen Tierfabriken zum Protest und zur Tötung der gequälten und sterbenden Schafe auf. Zum Zeitpunkt der Protestaktion im Oktober 2003 hieß es:

> „Zur Zeit sind bereits über 6.000 Schafe verendet. Ein Schiff vollgestopft mit 56.000 toten, halbtoten und sterbenden Schafen ... und die Welt schaut zu." (Vgl. www.vgt.ch/news, Abfrage 1. 10. 2008)

Die mehr als 50.000 Schafe waren überwiegend für Saudi-Arabien bestimmt. „Die Hälfte der Tiere wird für die religiösen Feste rituell umgebracht, d. h. es wird ihnen bei vollem Bewusstsein die Kehle durchschnitten", heißt es in derselben Meldung der Schweizer Tierschützer. Tausende Schafe werden also vorher gepeinigt, gequält und geschunden und dann zum rituellen Gebrauch geschächtet, geschlachtet und gegessen. Das Ritual ist offenbar stärker als der Tierschutz.

SCHAFTOD IN DEN BERGEN: ERFROREN, VERHUNGERT

Schneefall, Schneesturm und Lawinen bedrohen immer wieder und oftmals sehr dramatisch das Leben der Schafe, aber auch der Treiber und der Hirten. So war es auch Anfang September 2008. „Schnee: Alarm auf den Almen", hieß es in einer kleinen Schlagzeile der „Tiroler Tageszeitung" vom 12. September 2008. Bis auf 1.500 Meter herab war Schnee gefallen. „Hunderte Tiere verendeten in den Bergen". Tausende von Schafen waren in den Bergen eingeschneit und eingesperrt. „Hunderte Schafe verhungerten oder starben unter Lawinen", hieß es weiter. Jahre vorher und immer wieder, durch Jahrzehnte und Jahrhunderte hindurch, werden solche Vorfälle gemeldet, sterben Hunderte und fallweise Tausende von Schafen.

Der Schäfer Alfons Gufler verlor 1979 insgesamt hundert Tiere durch Lawinen und Absturz. Gufler aus Pfelders im Passeiertal ist als Hirte seit mehr als dreißig Jahren für mehr als Tausend Schafe im Ötztal auf Höhen zwischen 2.300 Metern und gut 3.000 Metern verantwortlich. (Autorisierte Tonbandaufnahmen des Autors mit den Schäfern, vgl. auch Haid 2008)

In ganz Tirol sind 1979 mehrere Hundert Schafe erfroren, verhungert oder in Lawinen umgekommen. Die erfahrenen Schäfer rechnen damit, dass pro Weide-Sommer und Jahr etwa ein bis zwei Prozent der Schafe zugrunde gehen. Auf den Weiden allein in der Gemeinde Sölden mit ungefähr 10.000 Schafen wären das pro Sommer hundert bis zweihundert Stück. Sie sind wiederum die ideale Nahrung für Bartgeier.

In den Bergen der Ötztaler Alpen, wo zusammen mit Sölden, dem hinteren Passeiertal, den Seitentälern des Südtiroler Vinschgau, also dem Schnalstal, dem Langtauferer Tal und dem Planeiltal zusammen bis zu 15.000 Schafe weiden, werden die Verluste als Naturgegebenheiten hingenommen.

SALIGE FRAUEN UND ANDERE GEHEIMNISVOLLE SAGENGESTALTEN

In Sagen und mündlicher Überlieferung wird berichtet, dass es sehr dramatische Ereignisse gegeben habe, mit Verlusten von bis zu Tausend Schafen und dem Tod von mehreren Treibern und Hirten.

Das genaue Datum und das Jahr für die folgende Geschichte sind nicht feststellbar. Der Kern der Sage fußt auf einem tatsächlichen Ereignis. Die dramatische Geschichte wird von einem Schafübertrieb über das mehr als 3.100 Meter hohe Gurgler Eisjoch überliefert. Nach der Sage gab es ein altes Weiblein, das die Männer gewarnt haben soll. Doch die zunächst hilfreiche und mahnende Frau wird zur Hexe. Es handelt sich um eine der uralten weiblichen Sagengestalten der SALIGEN FRAUEN oder FRÄULEIN, die in dieser wilden Eis- und Gletscherwelt leben. Sie haben ihre Wohnstätten im Kristallpalast der Gletscher.

Sie kommen heraus und helfen den Menschen. Sie helfen den Frauen beim Entbinden und zeigen ihnen heilsame Kräuter. Sie warnen als überaus kundige Bewohnerinnen der Berge die Bewohner unten im Tal, geben ihnen Tipps und wissen auch über die Schafe Bescheid. In mehreren Sagen stehen sie helfend zur Seite, wenn die Schafherde bei Nebel und Schneesturm nicht mehr zu finden ist, wenn der Schäfer vergeblich nach den versprengten Schafen sucht.

Diese SALIGEN sind aber auch die Rächerinnen und die Unheilbringerinnen, wenn gegen die „Gesetze der Natur" verstoßen wird: Dann schicken sie Lawinen, Unwetter, Muren und anderes Unheil.

In der Sage „O Mander husch husch" gibt es den eindrucksvollen Bericht über die Katastrophe mit den vielen toten Tieren, toten Hirten und Treibern:

> „Jährlich zieht von Schnals herüber Mitte Juni eine Herde von über 1.000 Schafen auf die große Alm zu Gurgl auf die Weide und kehrt im September wieder dahin zurück. Einmal sind Schnalser in Hemdärmeln nach Gurgl gekommen, um ihre Schafe wieder heimzuholen. In der Nähe von Obergurgl beggenete ihnen eine alte Hexe, die war in warmem Sonnenschein mit dickwollenem Gewand angetan und zitterte vor Kälte, dass ihr Mund nur so papperte. Als sie die Schnalser sah, hauchte sie in die dürren Hände und rief: ‚O Mander husch husch.' Die Schnalser lachten. Am anderen Tage ging

der Schaftrieb richtig über den Ferner, wurde aber von einem Schneesturm überfallen, und 1.300 Schafe gingen zugrunde nebst den Schnalsern, die dabei waren, bis auf zwei der letzten."

In einer Variante der Sage sollen neben den 1.300 Schafen auch zehn oder elf Treiber umgekommen sein.

Die älteren Hirten erinnern sich, dass bei einem der schlimmsten Ereignisse in den Ötztaler Bergen im Jahr 1979 bei den Schafübertrieben über das Niederjoch auf 3.017 Metern mehr als 400 Schafe zugrunde gegangen sind. Aus diesem Jahr und von diesen Ereignissen gibt es zahlreiche Presseberichte, zum Beispiel in der „Tiroler Tageszeitung" vom 18. 6. 1979 mit der Meldung „3.000 Schafe im Schneesturm im Ötztal".

Eine schreckliche Katastrophe ereignete sich im Ort Plurs in der Nähe der Stadt Chiavenna/Italien an der Schweizer Grenze. Am 4. September 1618, einem schönen Spätsommertag, brach über den Ort eine der alpenweit größten Naturkatastrophen herein. Ein Bergsturz brach los und verschüttete den ehemals blühenden Ort. 900 bis 2.500 Personen kamen dabei ums Leben. Der Ort wurde komplett zerstört und nicht mehr aufgebaut. Bemerkenswert ist in diesem Kontext eine mündliche Überlieferung, eigentlich eine Sage. Meinrad Lienert hat in seiner Sammlung der „Sagen und Legenden der Schweiz" über den Untergang von Plurs die hier auszugsweise wiedergegebene Sage veröffentlicht. An jenem 4. September fand eine große Hochzeit statt. Eine noble und reiche Hochzeitsgesellschaft hatte sich versammelt.

„Nach dem Essen begab sich die ganze Gesellschaft lachend und scherzend ans Ufer der Mera, um Atem zu schöpfen für die Lustbarkeiten des Abends. Dort weidete ein Mutterschaf und etwas entfernt davon ihr schneeweißes Lämmchen, das ununterbrochen kläglich nach seiner Mutter blökte. Die Braut störte sich daran, und einer der Gäste schlug vor, dem Lärm ein Ende zu bereiten, indem dem Lamm bei lebendigem Leib das Fell abgezogen werde. Wenige Augenblicke später stand das arme Tier nackt und blutig da, zuckte und zappelte wimmernd und verendete. Erheitert ging die Hochzeitgesellschaft in die Stadt zurück, wo zur Feier des Tages roter und weißer Wein aus den Brunnenröhren floss und auf den Plätzen zum Tanz aufgespielt wurde.

Während die Gesellschaft ausgelassen tanzte, begann die Erde zu beben, ein gewaltiges Getöse übertönte plötzlich die festliche Musik. Krachend donnerte der Hang des Monte Conto auf das Städtchen, vernichtete Plurs und begrub die Hochzeitsgesellschaft und Hunderte von weiteren Bewohnern und Gästen der Stadt unter den Gesteinsmassen."

Die Sage schildert die Strafe für ein Sakrileg. Dieses Sakrileg ist die Häutung des Lammes bei lebendigem Leibe. Sie erinnert an die Legende der Häutung des Heiligen Bartholomäus und an weitere mythologische Berichte. Das Ereignis des Berg- und Felssturzes konnte Anfang des 17. Jahrhunderts noch nicht auf „natürliche" Weise erklärt und gedeutet werden.

Schafprodukte: Fleisch, Wolle, Milch und Horn

FLEISCH

Keine der großen Religionen lehnt das Verzehren von Schaffleisch ab. Schweinefleisch darf von zig Millionen nicht konsumiert werden. Das Rind ist ein heiliges Tier, unter anderem in Indien, und scheidet als Lieferant von Nahrung aus. Huhn und Fisch sind wie das Schaf und die Ziege in fast allen Weltteilen und fast allen Religionsgemeinschaften bekannt, jedoch nicht so präsent wie das Schaf.

Traditionell war das Huhn in Mitteleuropa kaum ein wichtiges Nahrungsmittel. Fisch ist traditionell wichtig in den Küstenregionen an Meeren und Seen. Schaffleisch deckt in vielen Ländern und Regionen überwiegend den Fleischbedarf. Es spielt in vielen Regionen auch deswegen eine große Rolle, weil es zumeist leicht verfügbar ist. Die Herden werden in nächster Nähe der Siedlungen und in Gemeinschaft der Nomaden gehalten. Außerdem ist es für die Eiweißversorgung von großer Bedeutung. In der Mongolei werden pro Jahr und Person ca. 70 kg Schaffleisch verzehrt. In Deutschland ist es dagegen 1 kg, in Irland sind es 13 kg. (www.payer.de/entwicklung)

Folgende Kategorien sieht die Handelsklassenbewertung vor:
- Milchlammfleisch
- Mastlammfleisch
- Hammelfleisch
- Schaffleisch und
- Fleisch von Böcken

Gemäß dieser Einteilung beträgt der Schlachttierkörper beim Milchlamm höchstens 22 kg. Das Fleisch von Mastlämmern darf

26. Enthäutung eines geschlachteten Schafes. Längenfeld

nur von Tieren stammen, die maximal zwölf Monate alt sind. Das sogenannte „Hammelfleisch" stammt von „weiblichen Tieren, die nicht zur Zucht benutzt werden sowie von kastrierten männlichen Tieren, die nicht älter als zwei Jahre sein dürfen." Das Schaffleisch nach der obigen Einteilung stammt von kastrierten männlichen Tieren über zwei Jahre und von weiblichen Tieren über zwei Jahre. Das Fleisch von „Böcken" stammt von männlichen unkastrierten Tieren, die mehr als zwölf Monate alt sind.

Bei den österreichischen Schaffleisch-Verwertern gelten leicht differierende Einteilungen. Beim „Tauernlamm", beim „Lesachtaler Lamm" und beim „Villgrater Lamm" ist bis zum Lebendgewicht von ca. 40–45 kg der Begriff „Lamm" üblich.

Problematisch ist der hohe Schmelzpunkt des Fettes. Mit dem Alter und dem Rohfaseranteil der Nahrung steigt er an. Schon bei 30–40 Grad gerinnt das Schaffett auf dem Teller. Deswegen sollen Schafgerichte möglichst heiß auf den Tisch kommen. Schaffleisch ist das tierische Hauptnahrungsmittel in vielen Regionen der Welt, ganz besonders im Vorderen Orient. Das ganze Lamm wird aufgespießt und im Freien über dem offenen Feuer in einen saftigen Braten verwandelt. Typischer und gebräuchlicher ist das Zerteilen in kleine Würfel und Rösten auf Spießen. Diese Zubereitungsart hat einen beinahe weltweiten Boom oder Kult ausgelöst: das Grillen und das Verzehren des Kebab. Das Wort „kebab" bedeutet im Türkischen Lamm oder Hammel. Kebab ist also eines der wenigen Gerichte aus dem Vorderen Orient, das sich in der westlichen Welt sehr stark ausbreiten konnte. Die „Grill-Kultur" in allen Kontinenten der Erde geht auch mit neuen Rollenverteilungen einher: Der Mann grillt, die Frau bereitet die Zutaten. Die neuen männlichen Zeremonienmeister hantieren mit Schürze und Spezialbesteck. Die weiblichen Grillteilnehmerinnen dürfen weder kommentieren noch eingreifen. Beinahe „priesterlich" gebärden sich die Herren von Lamm und Grill – möglicherweise ein neues Kapitel eines alten Mythos?

Ein Kochritual mit einer ganz speziellen Lamm-Zubereitungsart kommt aus dem vorwiegend mohammedanischen Kaschmir-Tal (www.payer.de/entwicklung). MISHANI ist eines der traditionellen „sieben Gerichte". Bei allen handelt es sich um Lammfleischzubereitungen, die bei glücklichen Anlässen aufgetischt werden, etwa bei einer „Kaschmirenhochzeit". Das erste Mishani-Festmahl findet im Haus der Braut statt. Der Bräutigam darf nicht anwesend sein. Das erste und alle weiteren Mishani-Gerichte sind nach genauen und strengen Arten zubereitet. Das letzte der sieben Gerichte gilt bei den Kaschmiren als Meisterstück ihrer Kochkunst. Es heißt „Goshtaba":

Für Goshtaba braucht man ganz zartes, fettes Fleisch, am besten

Lammbrust. Das Fleisch wird einen ganzen Tag lang zusammen mit einer ziemlich starken Mischung aus Kardamom, Kreuzkümmel, Nelken, schwarzem Pfeffer und einer kleinen, dunkelbraunen, getrockneten Blüte, Badiani genannt, geklopft und durchgedreht. Wenn eine völlig glatte Paste entstanden ist, in der es keine unerwünschten Fasern mehr gibt, wird das Fleisch mit gut geschlagenem Quark gemischt und zu großen Ballen geformt – etwas größer als Tennisbälle –, die in Ghee (Schmelzbutter) gebraten werden. (Alois Payer: „Einführung in Entwicklungsländerstudien", www.payer.de/entwicklung)

Das dritte Mishani gilt als größte Feierlichkeit und als das verschwenderischste Festmahl überhaupt. Es findet im Haus des Bräutigams statt.

Aber erst wenn das abschließende „Wathal Mishani" stattfindet, wird Hochzeit gefeiert. Mishani gilt als bedeutendste Lammfleischzubereitung in Nordindien. (Vgl. auch Rama Rau, Santha: Die Küche in Indien, S. 168–171)

Die typischen Lamm- und Schafrezepte aus dem Alpenraum nehmen sich gegen die überaus differenzierten Zubereitungsarten aus Kaschmir eher bescheiden aus.

BEISPIELHAFTE LAMMVEREDELUNG IM VILLGRATENTAL

Bekanntermaßen vorzügliche Zubereitungen von Schaffleisch-Gerichten bietet im fernen und abgelegenen Villgratental in Osttirol in Innervillgraten das Gasthaus der Familie Mühlmann, der GANNERHOF. In Gourmet-Führern wird er seit Jahren als österreichische Besonderheit für eine beispielhafte Verwertung und Veredelung von Schaffleisch genannt.

Begonnen wurde mit dem „VILLGRATER LAMM", das vom Schafbauern Josef Schett aus Innervillgraten kommt. Der Hausherr

hatte einen eigenen Kräutergarten. Im Hause wurden neue Lamm-Rezepte von beispielhaft erstklassiger Qualität entwickelt. In Touristenprospekten ist von Genussregionen Österreichs die Rede. Von über 117 Regionen weisen immerhin vier Lammspezialitäten vor:
GENUSSREGION WEIZER BERGLAMM (S. 11)
OSTTIROLER BERGLAMM (S. 12)
TENNENGAUER BERGLAMM (S. 12)
MÖLLTAL-GLOCKNER LAMM (S. 12)
Alle Bemühungen, auch im intensivsten Schafgebiet Österreichs, im Ötztal mit seinen ca. 14.000 Schafen und dem überaus intensiven Tourismus, eine weitere Genussregion mit regionaltypischen Lamm- und Schafprodukten zu entwickeln, sind ergebnislos verlaufen. Die Veredelung von Schaf- und Lammfleisch spielt in der österreichischen Küche nur eine geringe Rolle.

LESACHTALER LAMM

Umso erfreulicher und interessanter sind neben den oben genannten Genussregionen die folgenden beispielhaften Initiativen für Schaf- und Lammprojekte.

Eines davon ist das LESACHTALER LAMM der Familie Knotz in Birnbaum im Lesachtal. Mehrere Hundert Lämmer pro Jahr finden sowohl für die Lammfleischzubereitung als auch in der Textilindustrie für Bettdecken Verwendung. Der „Bio-Boom" bringt eine gesteigerte Nutzung und entsprechend auch Verarbeitung von Schafprodukten mit sich. Die Familie Knotz betreibt einen mustergültigen Herzeigebetrieb und beliefert auch den Bio-Markt in Villach. Toni Knotz ist versierter Kenner von Schaf und Lamm. Im Angebot findet sich unter anderem Lammschlögel, Schulter, Kotelett, gefüllter Lammrollbraten, die Lesachtaler Bauernwurst, die Schafkesselwurst, das Kaminbigele, verschiedene weitere Lammwürste, auch ein Schafkochschinken und das Rauchsenkel. Der Verkauf der Produkte erfolgt im Lesachtaler Bauernladen, der sich gegenüber der Wallfahrtskirche in Maria Luggau befindet: Es ist ein kleines, feines und überaus sorgfältig gestaltetes Geschäft, auch mit Produkten örtlicher Handwerker. (Vgl. Haid „Bio-Gourmet in den Alpen" u. a., S. 57–59, und Haid „Neues Leben in den Alpen", S. 60)

TAUERNLAMM

Eine weitere Spezialität und Initiative für die Zubereitung von Lamm- und Schaf-Speisen besteht seit 1979. Es handelt sich um das TAUERNLAMM als Genossenschaft mit Sitz in Eschenau/Land Salzburg (vgl. Haid, „Neues Leben in den Alpen", S. 72–77). Ähnlich wie beim Lesachtaler Lamm wird auch hier großen Wert auf „Bio"-Qualität gelegt. Der Initiative unter der Leitung von Robert Zehetner ist es gelungen, eine Qualitätsmarke zu etablieren. Der Verkauf der Produkte erfolgt auf Märkten und in der Gastronomie. Prominente Haubenköche decken sich mit dem streng kontrollierten Qualitätsfleisch vom Tauernlamm ein. Mit diesem Schaf wird Landwirtschaft mit Leidenschaft und Überzeugung betrieben. Es ist auch gelungen, für den Bedarf der in Österreich wohnhaften Moslems Wurstwaren ohne den Zusatz von Schweinefleisch, Speck und Pökelsalz herzustellen. Üblicherweise werden nämlich Lamm- und Schafprodukte mit Speck und Schweinefleisch durchmischt.

Die Schafe werden im Frühjahr auf die Almen getrieben, wo sie in größtmöglicher Bewegungsfreiheit leben und nur die besten Gräser und Kräuter fressen. Das TAUERNLAMM wächst genauso wie das LESACHTALER LAMM langsam. Die Farbe des Fleisches ist saftig rosa, das Fett perlweiß. Beim Schlachten ist das Lamm etwa acht bis zehn Monate alt und somit ergiebig und reich an Geschmack und Inhaltsstoffen.

SCHAFPRODUKTE

VILLGRATER LAMM

Weiters ist das VILLGRATER LAMM vorbildlich. Im Osttiroler Villgratental im hinteren Innervillgraten auf dem Hof der Familie Schett und im Ort bei der Initiative „Villgrater Natur" wird es gezogen. Das Villgrater Lamm ist das erfolgreichste und insgesamt spannendste Schaf- und Lammprojekt Österreichs. Es hält auch alpenweiten und internationalen Kriterien stand. Über die Fleischproduktion hinausgehend werden bzw. wurden aus dem Villgrater Lamm Schafkäse zubereitet, Dämmstoffe und Trittschall-Dämpfung sowie Bettwaren u. a. hergestellt. (Vgl. auch Haid „Neues Leben" S. 89 f.)

SCHAFWOLL-WASCHANLAGE IN UMHAUSEN

Im Tiroler Ötztal befindet sich der Betrieb der Familie Johann Regensburger in Umhausen. Als anerkannter und weitestgehend ökologischer Betrieb betreibt sie eine SCHAFWOLL-WASCHANLAGE. Mit dem nahezu einzigartigen Wasser, das zur Verfügung steht und das den Härtegrad 0 aufweist, erfüllt sie fast alle Voraussetzungen, die einzige ÖKOLOGISCHE WOLLWASCHANLAGE Europas zu sein. Es ist mühsam, einen solchen Betrieb nach neuen Kriterien aufzubauen und dann auch rentabel zu führen. Josef Schett schickt die Wolle teilweise nach Umhausen zum Waschen. Er und auch Robert Zehetner kaufen ihre Lämmer für ihre Verwertung auch im Tiroler Oberinntal und im Ötztal.

WOLLE

Neben dem Fleisch ist die WOLLE eines der wichtigsten Produkte des ausgewachsenen Schafes. Das Lamm gibt noch zu wenig Wolle her.

27./28. Maschine in der Wollwaschanlage
der Firma Regensburger in Umhausen

Bei der Sesshaftwerdung des Menschen spielte das Schaf eine wichtige Rolle als Nahrungslieferant. Erst im Laufe der Jahrhunderte und Jahrtausende wurde die Wolle nutzbar gemacht. Die ersten Nachrichten über Wolle und Wollhandel tauchen in Mitteleuropa ab der Bronzezeit auf, also seit etwa 2500 bis 2000 vor Christus. Seit dieser Zeit existieren auch Geräte zur Wollverarbeitung. Es gibt zahlreiche Nachweise von Spindel und Webstuhl sowie deren Produkten Strickwaren, Loden, Filz usw.

Schafwolle war durch Jahrhunderte für den Menschen lebens-, ja überlebensnotwendig. Und sie war ein starker Faktor in der Gesamtkultur und wichtig für Handel und Technik. Erst mit der Erfindung und Entwicklung neuer Produkte aus Baumwolle und später Kunststoffen kam es zum dramatischen Niedergang der Wollproduktion, ausgenommen spezielle Produkte wie die weltweit aus Australien, Neuseeland und Großbritannien importiere Wolle des Merino-Schafes.

ICEBREAKER gilt als der prominenteste und international erfolgreichste Konfektionär der neuseeländischen Outdoor-Branche. Die „Funktionskleidung" wird zu hundert Prozent aus neuseeländischer Merinowolle hergestellt. Die Tiere werden nur einmal pro Jahr geschoren.

Weil es trotz einzelner Erfolge spezieller Wolle besonders geeigneter Schafe zugleich auch eine internationale Krise der Schafwollproduktion gab bzw. gibt, wurde im Oktober 1999 in Spanien die „Erste europäische Konferenz über Wolle" mit Vertretern aus 17 Ländern abgehalten. Auch die EU thematisierte im alpenweiten Interreg-Projekt die Wolle, das von der „Europäische Wollgruppe" durchgeführt wurde. Veranstaltungsort war die Stadt Merida als einer der Orte, in denen die Zucht der weltweit berühmten Merino-Schafe erfolgt. Weltweit führend ist heute Australien. Ein wichtiges Land für die Schafwolle-Produktion ist auch Italien. Dort werden ca. elf Millionen Schafe gehalten. Sie liefern ca. 12 Mio. kg Rohware pro Jahr.

Insgesamt werden weltweit jährlich ca. 157 Mio. kg Wolle gewaschen, die fast zur Gänze aus der südlichen Hemisphäre stammt. Das europäische Land mit den meisten Schafen ist Großbritannien. Von den ca. 28 Millionen Schafen stammen ca. 70 Mio. kg Wolle pro Jahr. Eine besondere Rolle kommt den Schafscherern zu. Von Jahr zu Jahr mehren sich Geschichten über professionelle Scherer und ihre Rekordzeiten beim Scheren:

> „Die Scherer hatten ein sehr hartes Leben und wurden von den Farmern gedrückt, wo es ging. Dabei hatten sie nicht die ge-

ringste soziale oder Altersabsicherung, sodass manche bei Feierabend ‚auf allen Vieren' vom Scherboden krochen, weil sie bis ins hohe Alter nicht aufgeben konnten und arbeiten mussten, wenn sie nicht verhungern wollten ..." (Jacobeit 1961)

Im europäischen Raum haben seit dem 12. Jahrhundert vor allem England und Spanien die Produktion, die Verarbeitung und den Handel von Wolle betrieben. Ausgangsorte dieser besonderen Nutzung der Schafwolle waren die Klöster, an erster Stelle der Zisterzienser-Orden. Einzelne Klöster in Burgund, in Clairvauc, hielten selbst 1.000 bis 3.000 Schafe. Das Scheren war Sache der Bauern. Ist die erste „Ernte"-Zeit gekommen, folgen das Scheren der Schafe und das anschließende Waschen:

> „Das Schafwaschen gehört wie so vieles, was mit der Schafhaltung zusammenhängt, zum Repertoire volkstümlicher Heimatschilderungen. Da ist vom lustigen Blöken der Schafe, der kreisenden Schnapsflasche bei den fröhlich singenden Wäschern und dem deftigen Essen nach getaner Arbeit die Rede." (Jacobeit 1961, S. 41 f.)

DIE MÜHSAME ARBEIT DES WASCHENS UND SCHERENS

Seltener, wenn überhaupt, wurde von der schweren und mühsamen Arbeit gesprochen. Es war so, dass im Gegensatz etwa zum Alpenraum nicht die geschorene Wolle gewaschen, aufgebreitet und getrocknet wurde, sondern dass die Schafe samt der Wolle ins Wasser getrieben wurden.

> „[Dann gehen die Wäscher] mit einer alten Hose und Joppe bekleidet, bis zum Bauchnabel ins Wasser und stellen sich in

29. Spinnende Frauen in einem Stall im Valle Stura (Italien)

zwei Meter Abstand am Ufer entlang auf, mit dem Rücken zu den Schafen. Nun nimmt der Schäfer ein Schaf mit der linken Hand am Hals und mit der rechten an der Keule und wirft es dem ersten Mann im Wasser zu. Der nimmt das Schaf am Hals und zieht es vor sich hin, dann legt er die rechte Hand über Nase und Maul, mit der linken Hand drückt er die beiden Ohren zu und taucht das Schaf unter. Nachdem er es aufwärts gezogen hat, beginnt er mit beiden Händen die Wolle auszudrücken vom Hals angefangen bis zum Schwanz; dann gibt er das Schaf an seinen Nachbarn ab, der nimmt den Kopf von dem Tier unter den rechten Arm und drückt die Seiten aus. Auch der gibt das Tier mit einem kleinen Schubs seinem Nachbarn, bis das Schaf beim letzten Mann gelandet ist. Der spült das Schaf, indem er es hinter den Ohren am Halse faßt und immer hin und her zieht. Nun gibt er das Tier, das wegen der nassen Wolle fast nicht mehr stehen kann, dem am Ufer zurückgebliebenen fünften Mann zurück, der es in eine Hürde bringt. Dort läuft das Wasser aus. Solch eine Schafwäsche von 200 bis 500 Stück dauert drei bis vier Stunden, und diese Zeit müssen die Männer im Wasser zubringen. Wenn nicht immerzu die Flasche umging, könnte das kein Mensch aushalten, und jeder würde sich zu Tode erkälten ..." (Jacobeit 1961, S. 42)

Diese Art von Schafwäsche, schreibt Jacobeit, geht in letzter Zeit – das wäre vor 1980 – stark zurück.

DIE ROLLE DER WOLLE IM VOLKSGLAUBEN

Die Wolle spielt, wie auch das „Handwörterbuch des deutschen Aberglaubens" mit dem Stichwort „Wolle" auflistet, im Volksglauben eine große Rolle. Der Wolle wurden apotropäische und heilende Wirkungen zugeschrieben. Es gab unter anderem in Attika den Brauch, bei der Geburt eines Mädchens Wolle an der Haustüre aufzuhängen. Heiligtümer und heilige Bezirke wurden mit dem Wollfaden umspannt, um Unreine, Geister und Gespenster fernzuhalten. Das ist neben der bindenden Kraft auch auf den apotropäischen Charakter der Wolle zurückzuführen. Heilend sollte das Aufhängen von Wollbinden an heiligen Hainen, Bäumen und Quellen wirken. Aus Indien wird das Ritual überliefert, dass bei der Hochzeit der Braut zwei Haarlocken abgeschnitten und dafür zwei Wollflocken angeheftet werden. In Griechenland heftete die Braut beim Eintreten in das neue Haus eine Wollflocke an die Haustür.

Auch im deutschen Aberglauben galt oder gilt Wolle als wichtiges Mittel zum Aufsaugen des Krankheitsstoffes. Bei Fieber band man einen blauen Wollfaden neunmal um eine Zehe des linken Fußes, trug ihn einige Tage, ging dann vor Sonnenuntergang stillschweigend an einen Holunderbusch, band diesem den Faden um und sprach:

„Goden Abend, Herr Fleder,
Hier bring ich min Feber
Ich bind em di an
Und gah davon."

Auch bei Gelbsucht wurde der Wollfaden verwendet. Er wurde um Teile des Körpers gewickelt und ein Zauberspruch wurde gesprochen. Weiters wird berichtet, dass man sich bei einer Krankheit stillschweigend von einer Frau, die vorher Zwillinge geboren hatte, einen Wollfaden spinnen ließ, der vor Sonnenaufgang an die Hand gebunden werden soll. Frisch geschorene Wolle, mit Olivenöl vom Ölberg getränkt, soll Wunden heilen.

Mehrfach wird die Wolle bei Schlangenbiss verwendet. Eine Schlangenbissbeschwörung aus Estland lautet:

„Woll in den Mund dir!
Woll aufs Haupt dir!
Wollenhaar das Zünglein dir!
Wolle ganz und gar du selber"
Fliehe von hinnen, du Feind und Gegner."

Volksetymologisch wird auch der Name der Frau Holle in Frau Wolle oder Wulle umgewandelt, was sich aus dem Glauben, sie erscheine in den Zwölften, also während der Zwölf Weihnachtstage, und prüfe die Spindel und Rocken der Mädchen, erklärt.

LODEN UND FILZ

Produkte aus der Weiterverarbeitung der Wolle nach dem Scheren, Waschen und Trocknen sind die gesponnene Wolle und in weiterer Verarbeitung LODEN UND FILZ. Rund ums Spinnen, immer wieder romantisiert in „Spinnstuben" und auch verklärt in „Spinnstubenliedern", gibt es eine überaus reiche Fülle an unterschiedlichen Arbeitsabläufen und regional unterschiedlichen Methoden.

„SPINN SPINN SPINNERIN ..." heißt es in einem bekannten Lied. Schon vorher gab es die langwierige Handarbeit des Kartatschens. Mit den in fast jedem traditionellen Heimatmuseum gezeigten Geräten wurde die Wolle mehrfach und immer wieder über das Nagelbrett gezogen.

Weiters oblag die Wollverarbeitung den Webern. Das Handwerk der Weber zählte zu den angesehenen Berufen. In manchen Tälern wie dem Schnalstal in Südtirol stand in mindestens jedem zweiten Bauernhaus ein Webstuhl, manchmal gab es auch mehrere. Wenn die gesponnene Wolle nicht zur Weiterverarbeitung zum Weber kam, strickten „fleißige Frauenhände" Wollsocken, Wollhandschuhe usw., oftmals in stundenlanger Nachtarbeit, bei oft miserablen Lichtverhältnissen. Dafür zeigen viele Heimatmuseen nach Möglichkeit geschnitzte Spinnräder in der Auslage, hängen kunstvoll hergestellte, mit typischen „Modeln", traditionellen Strickmustern, verzierte Socken und Handschuhe verklärend über ein altes Bett. Die Arbeit rund um die Wolle gehörte bis in die unmittelbare Gegenwart zu den kennzeichnendsten und wichtigsten Winterarbeiten.

Mag sein, dass Wollarbeit teils sogar „idyllisch" gewesen ist. Aber Wolle hat Grundbedürfnisse decken können, auch in Kriegszeiten. Rund um diese meist winterlichen „Stubenarbeiten" entwickelte sich ein vielfältiges Brauchtum und wurden notwendige Rituale durchgeführt. Bei den Gelegenheiten der Wollverarbeitung herrschte an langen Abenden Geselligkeit. Männer rauchten stinkende Pfeifen. Für Burschen und Mädchen waren die Stuben willkommene Orte der Begegnung, des Zusammenrückens, der Liebschaften, der Eifersüchteleien, der Heiratsvorbereitungen. Die Stuben waren auch die Stationen des Singens und des Geschichtenerzählens.

Nahezu bis zur Perfektion wurde die weitere Wollverarbeitung vorangetrieben. Jetzt wechselte sie oftmals vom privaten und häuslichen Bereich in Werkstätten in größeren Orten, an denen der LODENWALKER seine Spezialarbeiten durchführte. Der Loden ist eine österreichische Spezialität. Zwei wichtige Betriebe sind die LODENWALKE in der Ramsau am Dachstein und der PISCHL-Loden in Tirol. Eine der prominentesten Verkaufsstellen für den heimischen Loden ist – neben einigen anderen Betrieben – die Firma Loden-Plankl in Wien.

LODEN-STEINER UND PISCHL-LODEN

Die Lodenwalke STEINER existiert in ununterbrochener Folge seit mehr als 500 Jahren. Es handelt sich um die „Heimstätte des Schladminger Lodens". Sie ist auch die Produktionsstätte für die grauen „Schladminger Röcke". Der Betrieb ist einer der ältesten Gewerbebetriebe der Steiermark. Grundlage für die Existenz der Lodenwalke waren die Bauern der Umgebung. Die erste geschichtliche Erwähnung des Betriebs reicht bis zum Jahr 1434 zurück, wie eine Nennung im Admonter Urbar belegt. Ab 1860 erfolgte die Umstellung von ausschließlich händischer Verarbeitung zur ersten Krempelmaschine, dann auf mechanische Webstühle und Handstrickmaschinen der Sippe WALCHER. Heute ist der Betrieb nicht nur der Hersteller von Lodenstoffen, sondern auch für Anzüge, Kostüme und Mäntel. An die Stelle der ehemals heimischen Schafwolle ist als Rohstoff für diese feinen Waren die feinhaarige Wolle australischer Schafe getreten. Die Arbeitsschritte sind sehr vielfältig und müssen gut aufeinander abgestimmt sein. Es geht (um hier einige Fachausdrücke der Fachsprache zu strapazieren) um das „Wolfen", um „Krempel" und „Ringspinnerei", um „Zwirnerei" und „Spulerei", um „Weberei" und anschließend um die „Walke". Schließlich erfolgen die „Appretur" und auch noch das Färben und Trocknen, das Rauen und das Bügeln. Durch eine Dekatiermaschine wird der Glanz, den der Loden beim „Blattln" erhalten hat, verfeinert. Für die weniger feinen Endprodukte genügt die heimische Schafwolle. Der Loden wird noch gewalkt. Das geschieht mit heißem Wasser und ist wegen der Verdichtung notwendig. Das Wasser muss sehr sauber sein. In einem Prospekt heißt es:

> „Heute mähen, blöken und spucken unsere Lieferanten aus aller Welt: Feine Wolle liefern Merinoschafe aus Australien, Alpaka kommt von Lamas aus Südamerika, Ziegen aus Zentralasien steuern Mohair, Angora und Kaschmir bei. Immer aber verarbeiten wir ausschließlich 100 % natürliche Materialien."

Der berühmte, heiß begehrte (und nicht gerade billige) „Schladminger" wird zumeist aus der Wolle heimischer Bergschafe hergestellt.

An vielen Orten Österreichs und der Nachbarländer sowie in vielen Regionen der Welt wird Loden hergestellt, wird nach alter Weise GEFILZT und mit Gefilztem der Kopf gegen die Kälte geschützt. Die Füße werden in den bewährten Filzpatschen gewärmt. Filz und Loden als Naturprodukte haben längst auch die noblen Bekleidungshäuser erobert und Eingang in Künstlerateliers und Kunsthandwerksbetriebe gefunden.

Der Sitz des Betriebes des PISCHL-Loden ist Telfs in Tirol. Rupert Pischl und sein Bruder sind jetzt nicht mehr, wie einst, Produzenten von Loden, sondern haben sich voll und ganz dem internationalen Lodenhandel verschrieben. Der beinahe weltweit gehandelte Loden wird überwiegend aus dem italienischen Lodenzentrum in der Stadt Prato bezogen. Für Loden mit 1,50 m Breite und 1 m Länge wird ca. 1 kg Wolle verarbeitet. Der Pischl-Loden wird in mehr als 400.000 bis 450.000 Metern pro Jahr weiterverarbeitet. (Auskunft von Rupert Pischl gegenüber dem Autor, 10. 11. 2008.) Wie bei Loden-Steiner in der Ramsau und in Mandling wurden auch beim Pischl neue Produkte entwickelt. Es gibt inzwischen den „LODENRUCKSACK LAUTLOS" für die Jägerschaft. Er wird imprägniert, mit lautlosen Verschlüssen, mit Trageriemen aus Leder, mit einer extra Schweißeinlage zum Schnüren versehen, bestehend aus verschweißtem Polyester-Gemisch.

Die Wolle des „typisch österreichischen" Produkts stammt also aus dem fernen Australien und landet dann in Prato/Italien. In Prato ist der Loden fast gänzlich in der Hand einiger Hundert chinesischer Betriebe. Das zeigt auch: Loden ist wahrlich international und weltweit bekannt.

DER AUSSEER HUT

30. Der berühmte Hutmacher in Bad Aussee

Wer einen echten AUSSEER HUT, hauptsächlich hergestellt aus besonders qualitätsvollem Filz, erwerben will, geht am besten zum ältesten Hutmacher Österreichs nach BAD AUSSEE. Seit ungefähr 1570 werden dort und bis heute die berühmten Hüte hergestellt. Sie gehören zum Trachtenkult im Salzkammergut.

KREATIVE WOLLPRODUKTE AUS INNERVILLGRATEN

Einen ganz anderen Weg hat der kreative Josef Schett aus Innervillgraten mit einem Experiment beschritten. Zuerst kamen das Schaf, das Lamm und das Villgrater Lamm als Spezialität in feine Restaurants und in die Küchen qualitätsbewusster Hausfrauen und Hausmänner. Später kam es zur Weiterentwicklung der Wolle. Schett brachte es zu Muster- und Schaustücken bäuerlichen Erfindungsgeistes und zum Erfolg – mit ungezähmtem Einsatz in der festen Überzeugung, etwas Einzigartiges produzieren zu können.

„SCHAFE ZÄHLEN", schreibt Josef Schett in einem neuen Katalog über die „SCHLAFWOLLE" mit den Villgrater Natur-Bettwaren „gehört hier bei uns im Osttiroler Villgratental nicht zur Einschlafübung, sondern zur täglichen Morgenroutine der Schafbauern".

„Eine Handvoll Schafwolle ist schon die halbe Hausapotheke" wird ein altes Hausrezept zitiert. Die Wolle wirkt isolierend gegen Kälte wie gegen Hitze. Bestätigt wird die „heilende Wirkung von Schafwolle bei Leiden wie Ischias, Hexenschuss, Hals- und Nackenschmerzen, Rheuma, Verstauchungen, Zerrungen, Gelenksentzündungen, Muskel- und Nervenschmerzen.

Hergestellt wird in einer neuen Anlage eine Vielzahl an Wollprodukten, das „Original Villgrater Natur-Bett mit Einlegerahmen Vollholz", die „Villgrater Natur Betten", die „Schafwollüberbetten", die Kissen, Nackenkissen, Nackenkipferln, Nackenrollen, Sesselpolster, Kuschelkissen, Tagesdecken, Wanderkissen, Natur-Bettwäsche, Lammfelle, Schmuseschäfchen, Sitz- und Meditationskissen.

Alles und noch viel mehr stammt aus heimischer Qualitätsarbeit, wie original Villgrater Bürsten, Honig, Schafkäse in Öl, Basteleien etc. im Villgrater Natur-Haus in Innervillgraten. Schurwolle ist besser als andere Materialien, weil sie eine einfache und kostengünstige Alternative darstellt, um schädliche Substanzen wie Formaldehyd und Ozon aus der Luft zu filtern. „Nur Schafschurwolle kann bis zu 33 % ihres Eigengewichtes an Feuchtigkeit aufnehmen und bei Bedarf wieder an die Umgebung abgeben ..." (Aus einem Prospekt der Villgrater Natur)

Im Werbeprospekt heißt es weiter: „Die Villgrater schaffen es seit jeher, mit Findigkeit und Genügsamkeit, mit Fleiß und Zähigkeit ein Zweckbündnis mit der Natur zu beiderseitigem Wohl einzugehen. So entstand und besteht eine der ursprünglichsten Natur- und Kulturlandschaften der Alpen. Die Schafe der ‚Villgrater Natur' passen in dieses Tal. Sie sind genügsam und zäh ..."

Das Produkt Wolle ist hier buchstäblich in eine überaus aktive und lebendige Kulturlandschaft eingebettet. Die Wolle ist zum Villgrater Animations-Produkt geworden. Schaf, Lamm, Wolle und Milch in der Verarbeitung zu Käse und der landschaftliche wie kulturelle Kontext vermitteln Wohlbehagen, Wärme und Geborgenheit – jene Idylle, die man verklärenden Bildern der zweiten Hälfte des 18. Jahrhunderts entnehmen kann.

SCHAFMILCH, SCHAFKÄSE UND SCHAFKOSMETIKA

In den letzten zwanzig bis dreißig Jahren ist an vielen Orten, in vielen Betrieben direkt bei den Bio-Bauern und in kleinen Genossenschaften eine stetige und intensive Produktentwicklung zu beobachten.

Auch die Familie Schett hat einige Milchschafe und verkauft den weichen Rohkäse, eingelegt in Öl.

Ein EU-INTERREG-Projekt ALPINET – GHEEP fördert die aktuelle Nutzung und Neubewertung von Schafprodukten.

Eine alpine Besonderheit der Gewinnung von Schafmilch und der Herstellung von Schafkäse findet sich in Slowenien, vor allem in dem nach Süden ausgerichteten Trentatal des Nationalpark Triglav. Im Führer durch den Triglav-Nationalpark hat der slowenische Volkskundler Naško KRIŽNAR einen informativen Beitrag über die Käserei auf den Schafalmen verfasst. Noch immer gibt es eigene Schafalmen mit der Besonderheit, dass es sich um Gemeinschaftsalmen handelt, dass nach genauen Regeln die Milch der Schafe gemeinschaftlich verarbeitet wird. Hervorzuheben sind auch eine ganze Reihe spezieller Fachausdrücke. Zu Beginn der Saison wird am „Milchtag" das Messen und das Festlegen der Menge vereinbart. Im Nationalpark-Führer sind die Vorgänge der Schafzählung, des gemeinsamen Melkens in Fotos festgehalten. Eine Gruppe von 14 Männern ist als „Kompanija" dargestellt, als Gruppe der „Milchmessungsteilnehmer" auf der Alm Za skalo im Jahre 1973.

31. Die Alm Za skalo im Jahre 1973: Der Herdenhirt schneidet die Zahl der gemolkenen Schafe ins Kerbholz ein.

Über eine ganz alte, archaisch anmutende Käseherstellung im Bereich des Trentatales berichtet Janez Bizjak, langjähriger, ehemaliger Direktor des Nationalparks (persönliche Auskunft gegenüber dem Autor). Der Milch wurde das selber hergestellte Lab beigegeben. Steine wurden sehr stark erhitzt und über die Milch in den Holzfässern geschüttet. Das sei im Oberen Trentatal noch zu Beginn des 20. Jahrhunderts Brauch gewesen. Beispiele für die Weiterverarbeitung der Schafmilch und auch der Ziegenmilch zu Schaf- und Ziegenkäse gab

SCHAFPRODUKTE

32. Hirten beim Melken am Milchmesstag auf der Alm Za skalo im Jahre 1973

33. Kompanija – die Milchmessungsteilnehmer auf der Alm Za skalo im Jahre 1973

und gibt es in vielen Ländern und Regionen. In heimischen Supermärkten ist ausreichend und in bunter Vielfalt Schafkäse aus Griechenland, der Türkei und anderen Ländern erhältlich. Relativ neu ist in Österreich, in der Schweiz und in Süddeutschland die Herstellung von Schafkäse vor allem in bäuerlichen Betrieben. Der Vielfalt und der Kreativität sind kaum Grenzen gesetzt. Damit sind aber auch neue Chancen für neue Lebenskulturen gegeben.

LANOLIN UND SCHAFFETT

Ein wertvolles, aber nur industriell und schwer herstellbares Endprodukt des Schafes ist das aus dem WOLLFETT hergestellte LANOLIN. Es handelt sich um eine häufig verwendete Grundlage für die Herstellung von Salben für medizinische und kosmetische Zwecke. Lanolin wird aus dem gereinigten, wasserfreien Fett der Schafwolle gewonnen.

Aus dem SCHAFFETT, auch als Unschlitt bekannt (im Dialekt auch „Inslat" genannt), wurden unter anderem Kerzen hergestellt, wenn auch solche von minderer Qualität. Unschlitt bzw. Talg ist eine körnig-feste weiße Fettmasse, die aus dem Fettgewebe von Rindern, Schafen usw. ausgeschmolzen und dann als Brat- und Backfett, aber besonders als Mittel zur Herstellung von Seifen, Kerzen, Lederfettungsmitteln etc. eingesetzt wird.

ZUCHT UND HANDEL

Zuchtwidder und weibliche Zuchtschafe können insbesondere bei Versteigerungen hohe Preise erzielen.

34. Anzeige für eine Versteigerung von Jährlingsböcken aus dem Jahr 1922 in Weimar

SCHAFMIST

Auch der Schafmist findet Verwendung, vor allem in getrockneter Form als Heizmaterial an einigen wenigen Orten in den Alpen. Eine solche Gegend ist das Queyras in Frankreich und das höchstgelegene besiedelte Bergtal der Alpen mit den Orten Juf und Avers im Kanton Graubünden. Auf baumlosen Zonen in über 2.000 m Seehöhe wird bis in die Gegenwart der Schafmist gesammelt, auf eigenen Trockenmist-Gestellen getrocknet und dann verheizt. Der Mist wird nicht auf der freien Weide eingesammelt, sondern im Stall gewonnen. Die Schafe treten den Mist fest. Dann wird Wasser dazugeschüttet und nach einigen Wochen der Mist ausgestochen. Dazu verwenden die Bauern das Schroteisen, Schroter genannt. Die mehr oder weniger rechteckigen Würfel von etwa 23 x 28 x 25 cm werden vor den Stall hinausgetragen und gespalten. Die Scheiben werden anschließend aufgeschichtet und für mindestens ein halbes Jahr gelagert. Dann werden sie wie Briketts verwendet.

SCHAFHÖRNER

35. Schafmist als Heizmaterial in Juf (Schweiz)

Auch in Ungarn haben die Schäfer den Mist gesammelt, getrocknet und als Heizmaterial verwendet, ebenso wie die Kirgisen, Mongolen, die Grönland-Eskimos, wie in Tibet und in Unterägypten. Aus dem Böhmerwald stammt die Nachricht, dass beim Neubezug der Öfen zum ersten Mal mit Mist und sonstigem stinkenden Material geheizt wurde. Durch den penetranten Gestank sollten die Hexen ausgetrieben werden.

SCHAFHÖRNER

Die HÖRNER verschiedener Tiere wurden und werden als Abwehr-Köpfe an Wirtschaftsgebäuden befestigt.

Vor allem jene von Ziegenböcken und von gehörnten Widdern werden als MUSIKINSTRUMENTE verwendet. Auch die Hörner von Steinböcken und Gämsen finden hier Verwendung.

SCHAFPRODUKTE

36. Schäfer beim Melken. Stich aus dem 16. Jh.

Die bisher älteste Darstellung eines solchen Horns ist auf dem Heidelberger Totentanz von 1484 überliefert.

Da echte Gemshörner kaum aufzutreiben sind, wurde für den bäuerlichen Gebrauch und von Hirten, Schäfern und Jägern vielfach das Horn von Ziege oder Widder verwendet. Tiere, die mit einem solchen Horn gerufen werden, reagieren überaus schnell und intensiv. Diese Töne müssen eine tiefgehende emotionale Wirkung haben.

SCHAFE IN DER ENTWICKLUNGSHILFE

Eine besondere Rolle spielt das SCHAF als günstiges und überaus widerstandsfähiges Geschöpf auch in der ENTWICKLUNGSHILFE.

Eine Dokumentation stammt von Alois Payer (www.payer.de/entwicklung, abgefragt am 4. 7. 2008). Aufgezählt und beschrieben sind auch die Schafprodukte: Schafmilch, Schafskäse (Feta/Griechenland, Serat/Iran und Afghanistan), Schaffleisch und als besonderes Beispiel MISHANI, das Lammfleisch zur Hochzeits-Zeremonie in Kaschmir. Mehrere Seiten beschreiben das Produkt Schafwolle mit den Verarbeitungstechniken und der Nutzung. Schließlich gibt es noch die Beispiele über den Filz bei den Jurtenbewohnern Zentralasiens, über die Knüpfteppiche in den Teppichkulturen des Orients, über die Wollweberei bei den Mapuche in Chile.

Schafhäute, Schaffelle, Schafhörner und der Schafdung sind weitere Schafprodukte.

Hirtengeräte
Fangeisen, Hackenstock, Schäferschippe, Stützstab, Rucksack, Pfeife, Schäferkarren und Handy

Hirtengeräte und Hirtenhilfsmittel sind: der Hund und das Handy, der Rucksack und die Pfeife, der Schäferkarren und das Fangeisen. Dazu kommen noch Schlafsack, Taschenlampe, Hirtenmantel, fallweise ein Gewehr, fallweise ein Pferd oder ein Muli, neuerdings ein Geländefahrzeug, ein zweites Paar Schuhe, der Filzhut, die Plastikhülle, die Zange zum Klauenschneiden, das scharfe Messer, zumeist die Grundausstattung einfacher Tiermedizin, weiters irgendein einfaches Musikinstrument, ein Tierhorn, eine Pfeife, mitunter eine Gitarre oder eine Geige.

WICHTIGES UTENSIL: DER STAB

Sam Apple beschreibt in seiner liebevollen und romanhaften Schilderung den angeblich letzten österreichischen Wanderschäfer Hans Breuer. Nebenbei und zusätzlich ist Hans Breuer auch politischer Aktivist, Liedersänger sowie Liedermacher. Außer seinen 700 oder noch mehr Schafen, mit denen er quer durch den östlichen Teil Österreichs wandert, seinem Auto, Lebensmitteln und der Gitarre trägt er seinen auffällig langen Stab aus Holz bei sich, um die Schafe zu treiben. Beim Rasten und Lagern legt er den Stab quer über den Schoß. Er ist gut zwei Meter lang und hat den Durchmesser eines Zwei-Euro-Stücks. Das dunkelbraune Holz hat überall Verdichtungen von den weggeschnitzten Zweigen. An der Spitze befindet sich ein weiteres kleines Stück Holz in L-Form. Hans erklärt, dass der Haken dazu da sei, die Schafe am Bein zu packen. Anders als tradi-

37. Hirte mit Stab beim Schaftrieb im Schnalstal Richtung Ötztal

tionelle Hirtenstäbe mit einer krummen Spitze ist dieser Stock an der Spitze flach, um dem Schäfer bei längeren Wartezeiten als Stütze dienen zu können. (Apple 1907, S. 61)

DER KRUMMSTAB ODER BISCHOFSSTAB

Der Stab ist zumeist an der Spitze gekrümmt und erinnert an Spazierstöcke, hat aber eine völlig andere Funktion. In der Literatur wird er auch Wurfschaufel-Stab genannt bzw. „Stab des Heiligen Wendelin". Der alte und seit Jahrtausenden gebräuchliche Hirtenstab ist zugleich der „Krummstab" des Bischofs; sein vielleicht wichtigstes äußerliches Insignium und Macht-Instrument (siehe auch Farbtafel 15). Der Hirtenstab des Schäfers ist auch der Pastoralstab, der Abtstab, der Bischofsstab, je nachdem als „baculus pastoralis"

HIRTENGERÄTE

38. Schäfer mit beidseitig benutzbarem Stab. Titelseite des Traktats „Jean de Brie. Le bon berger" (Paris um 1542)

und „pedum" oder „virga". Immer besteht der typische Stab aus einem langen Schaft und der an seinem oberen Ende anschließenden „Krümme", wie es in der Fachsprache heißt. Diese Krümme besteht beim noblen und elitären Bischofsstab gemäß der Würde des Nutzers aus vergoldetem Silber oder Kupfer und ist zumeist künstlerisch gestaltet. Der Stab, etwa 1,5 m lang, besteht meist aus Holz. Was die katholischen Bischöfe als Zeichen und Symbol ihrer Macht und Wirksamkeit bei entsprechenden Anlässen mit sich herumtragen und auch demonstrativ herzeigen, stammt aus älteren vorchristlichen Kulturen – nicht nur aus der Hirten-Kultur. Schon die Pharaonen und die römischen Auguren trugen ähnliche Stäbe bzw. Stöcke. Es gibt eine Darstellung, die den ägyptischen Gott Osiris zeigt, der als Hirte der Seelenherden mit dem Hirtenstab abgebildet ist. Eine der Varianten lässt sich aus dem italisch-etruskischen Hirtenstab ab-

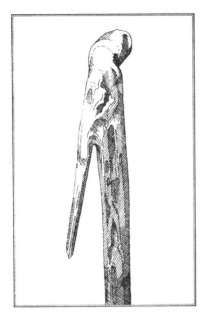

39. Mecklenburgischer Schäferstab mit engem Haken. Länge 88 cm (Müritz-Museum Waren)

leiten. Kaiser Konstantin erteilte im 4. Jahrhundert den Bischöfen durch das „privilegium fori" die Erlaubnis, als Zeichen geistlicher und weltlicher Rechtssprechung einen dem Augurenstab ähnlichen Stab zu tragen.

Zu den vermutlich ersten Trägern des heute gebräuchlichen Bischofsstabes gehörte der Abt Theodor von Canterbury. Die Verleihung und Übergabe erfolgten durch den Erzbischof. Die Nachrichten sind nicht immer verlässlich, weil durch mündliche Überlieferung und Legendenbildung Verzerrungen mitbedacht werden müssen. Um das Jahr 600 soll der Amtsstab bei der Weihe des Heiligen Kolumban verwendet worden sein. RING und STAB waren Insignien der Macht, der geistlichen und später auch der weltlichen Macht. Hingegen gebrauchen heute Ring und Stab nur Bischöfe und Äbte sowie der Papst. In den Diözesen Paderborn

HIRTENGERÄTE

und Eichstätt beispielsweise findet der Stab Verwendung. Der Papst trägt allerdings keinen „Krummstab", sondern einen „Kreuzstab" – auch er ist vom alten Hirtenstab abgeleitet. Außer den katholischen Bischöfen steht das Benützen des Stabes auch einigen lutherischen Kirchen zu.

Es gibt die Redensart „Unterm Krummstab ist gut leben". Sie spielt darauf an, dass in den geistlichen Territorien die zumeist bäuerlichen Untertanen in der Regel mehr Rechtssicherheit unter der Obhut der Bischöfe hatten als unter weltlichen Großgrundbesitzern. Auch hier gab es Ausnahmen. Vielfach sind Bischöfe, Prälaten und Äbte gerade daran zu erkennen, dass sie einen Bischofsstab bzw. Hirtenstab tragen. Und je nach Aussehen, Region und Sprache heißen sie Schäferstab, Krummstab, Kreuzstab, Ferula, Zezel, Posoch, Paterissa, Bakteria, „baculus pastoralis", Abtstab, Pastoralstab, Pedum, Virga, Pilgerstab usw.

Aktuelle Darstellungen aus dem Jahr 2008 zeigen Papst Benedikt XVI. mit seiner Ferula, die er demonstrativ trägt. Mit diesem Machtzeichen in der Hand segnet er, mahnt, verkündet wichtige Botschaften, klagt auch an und verurteilt.

Wolfgang Jacobeit erinnert daran, dass dem Stab rechtliche und zugleich kultische Bedeutung zukommt. In Verbindung mit der Martini-Gerte, die dem Schäferstab gleichzusetzen ist, gibt es mehrere Hinweise darauf, dass der Stab, in den fallweise magische Zeichen, zum Beispiel Kreuze, eingeritzt oder eingeschnitten sind, zusätzlich auch magisch geweiht ist. Oder es sind sogar kleine Reliquien eingesetzt. Das erinnert auch an den sogenannten „Skapulierstock" (in der Ötztaler Mundart als „Skapulierschteckn"), den der Hirt in der Hütte neben der Türe stehen hat und mit dem er bei Gefahr auch die Hexe oder den Hexer abwehren kann. Eine alte Sagensammlung von ca. 1840 aus dem Ötztal enthält auch die Sage von der unbekannten Frau von Luibis.

„Der Hirt auf der Leck hatte ein gewaltiges Feuer in seiner Hütte und einen gewaltigen Stock an seiner Seite. Ganz aufgeregt empfing er den Hirten vom Innerberg.

,Heute triffst du mich, Nachbar, in einem kuriosen Zustand an. Ich bin heute allein. Diese Einsamkeit wünsche ich aber nicht mehr.' Auf die Frage des Innerberger Hirten, was denn los sei, erzählte er: ,Vor kurzer Zeit kam eine Weibsperson hierher, welche sich sehr frech und zudringlich gegen mich benahm. All mein Lärmen, Schreien, Abweisen, Fluchen und andere Grobheiten halfen nichts. Endlich ergriff ich diesen massiven Stock allda und abwehrend flüchtete ich in die Hütte und machte Feuer. Hierher folgte sie nicht.'" (Sagen und Geschichten aus den Ötztaler Alpen, S. 60 f.)

Diese unbekannte Frau galt als Hexe. Sie wurde durch den Stock abgehalten. Von Hirten in dieser Gegend ist bekannt, dass sie ihn als „Skapulierstock" bezeichneten, einen „Bann-Stock".

DER HUND – WICHTIGSTER BEGLEITER DES SCHÄFERS

Zu den wichtigsten Attributen des Schäfers gehört sein treuer Begleiter, der Hund. Bei größeren Herden sind es drei Hunde, die aufeinander abgestimmt und entsprechend dressiert sind und durchaus eine Herde von tausend und mehr Schafen zusammenhalten können – mitunter so perfekt, dass die Schafherde auf halbwegs ebenem Gelände zu einem großen Kreis zusammengehalten wird. Im Wesen des Hundes liegt seine Fähigkeit, einerseits wie ein lebender Zaun zu funktionieren und zugleich Wächter und Beschützer zu sein. In einigen Gegenden der Welt schützt er sogar vor Bär und Wolf. In Gegenden des intensiveren Tourismus, wenn die Wanderer die Schafherden auseinandertreiben, wenn sie mitten hineingeraten und die Schafe verschrecken, dann muss der Hund eingreifen, zumindest bellend. Zu den schlimmsten Begebenheiten eines Schäfers gehört es, wenn Touristen und Wanderer mit nicht an der Leine geführten Hunden unterwegs sind. Der fremde Touristenhund rast bellend und gierig zu den Schafen, rennt ihnen nach, vertreibt sie, verscheucht sie. Im schlimmsten Fall jagt er die Schafe. Ein erfahrener Schäfer vom Rofenberg erzählt, wie solche Hunde mehrere Schafe in die Schlucht getrieben haben und sie in den Tode fielen. (Persönliche Auskunft gegenüber dem Autor.) Im positiven Sinn kann der gut abgerichtete Hirtenhund, wie auch von Sam Apple berichtet wird, eine Herde so zusammenhalten, dass sie zum Beispiel ein daneben befindliches Rübenfeld nicht antastet. Sie würde sich andernfalls auf das frische Grün und vor allem auf die Rüben stürzen. Die Schäfer auf den großen Weiden in den Ötztaler Alpen haben regulär ihre Schnalser Hündchen bei sich. Diese Hunde stammen zum Großteil von Bergamaskischen Hunden ab. Auch wie die Schafe gerufen werden, gehört zu den sehr unterschiedlichen Feinheiten. Mitunter muss der erfahrene Hirt dem Hund keinerlei Weisung im Befehlston erteilen, sondern es kann ausreichen, mit ihm zu reden, indem ihm z. B. gesagt wird: „Geh, treib die Schafe zusammen", „Schau, dass sie nicht zum Bach gehen ..." usw. (Siehe auch Farbtafel 15)

Den Schäfern und ihren Umgang mit den Schafen, auch mit Krankheiten, mit Gefahr, beim Überschreiten eines gefährlich angeschwollenen Wildbaches oder beim Betreten des Gletschers, ist Respekt zu zollen. In der Regel geht der Hirt voraus, eines der besonderen Leitschafe, zumeist ein älteres Mutterschaf, folgt und dann folgen in der Regel alle. Wie bei der Beschreibung von Hirtinnen nachzulesen ist, setzten die beiden mutigen Frauen bei der Abwehr von Bär und Wolf im Bereich des Schweizer Flüelapasses jeweils drei Hunde aus der besonders geeigneten Rasse der Maremmano aus den Abruzzen ein.

DIE SCHLEUDER

In außeralpinen und außereuropäischen Hirtenkulturen ist auch die SCHLEUDER als spezielles Hirten-Hilfsmittel bekannt. Schon aus der Jungsteinzeit, vor allem aus Vorderasien, aus dem Zweistromland existieren Nachweise über die Nutzung von Stock, Keule und Schleuder. Das gilt auch für Ägypten und Assyrien.

Auch die Bibel berichtet vom Gebrauch der Schleuder. So heißt es im ersten Buch Sam. 17, 40:

> „David ... suchte sich fünf glatte Steine aus dem Bach und legte sie in die Hirtentasche, die ihm als Steinbeutel diente, dann nahm er seine Schleuder in die Hand."

Es ist davon auszugehen, dass vielen wohlbekannt ist, wie der kleine Hirt namens David in seine Schleuder einen Kieselstein gibt und damit den Riesen Goliath niederstreckt. Sicher ist es auch so, dass auch heute noch die arabischen Schafhirten im Süden Israels eine Schleuder benützen:

> „Sie besteht aus einem geflochtenen Wollband, das in der Mitte zu einer fünf bis sechs Zentimeter breiten Schleuderpfanne ausgebuchtet ist. Eine etwa 60 cm lange Bandhälfte hat am Ende eine vier Zentimeter breite Schlinge, durch die der Schütze den Mittelfinger der rechten Hand steckt; die andere, etwas längere Hälfte fasst er mit der gleichen Hand und legt dann einen glatten Stein in die Pfanne. Nachdem der Hirte die Schleuder mehrmals um seinen Kopf wirbelte, lässt er das Band los: der Stein saust in Richtung auf das Ziel ...
>
> Mit solcher Schleuder und Steinen dirigierte der Hirte seine Herde, holte durch einen sanften Schuss entlaufene Schafe

HIRTENGERÄTE

und Ziegen zurück und vertrieb bzw. tötete mit harten Schüssen zwei- bis vierbeinige Feinde. Mit denselben Steinen zählte er auch den Bestand der Herde." (Vardinam 1990, S. 32)

WEITERE ARBEITSGERÄTE DER SCHÄFER

Die Arbeitsgeräte des Schäfers sind Hakenstock, Schäferschippe, Stützstab, Rucksack, Pfeife und Schäferkarren (Jacobeit 1961, S. 319–332).

Die Schäferschippe, in regionalen norddeutschen bzw. plattdeutschen Dialekten auch „Schapschüffel", „Klutenschüpp", „Schafferschaufel" oder „Schäferschöpfe" genannt, deutet auf das Aussehen hin. „Es ist ein schaufel- oder löffelförmiges Gerät aus Eisen, das am Ende eines meist brusthohen Stabes steckt, mit dem der Schäfer

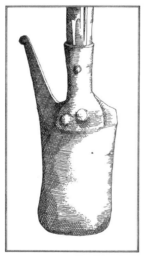

40. „Schäufelchen". Gesamtlänge 123 cm, Länge des Schäufelchens mit Tülle 16,5 cm

41. „Herzschippe"

WEITERE ARBEITSGERÄTE

Sand oder Erde heraussticht, um sie nach einem Schaf zu schleudern, das beim Marsch hinter der Herde zurückbleibt, vom Wege abweicht usw." Es gab eigene „Schippenschmiede", die in speziellen „Schäferausrüstungsgeschäften Südwestdeutschlands vertrieben" wurden. Die vielleicht älteste Darstellung einer „Schippe" befindet sich lt. Jacobeit auf dem Barbara-Altar des Hamburger Meisters Franke und ist mit 1410 datiert. (Jacobeit 1987, S. 324)

Ein weiteres Gerät des Schäfers ist der STÜTZSTAB. Das ist ein Stab, der am oberen Ende mit einem waagrechten Querholz versehen ist. Auf dieses Gerät stützt sich der Schäfer zum Rasten. Das Gerät kann auch wie eine Krücke gestaltet sein. Der Hirte kann den „Stützstab" auch bei Gefahr einsetzen.

42. Hundepfeife, aus Horn gefertigt

Er benutzt auch eine aus Horn gefertigte „HUNDEPFEIFE", (Abb. 42), weiters den Ranzen und als Besonderheit „eine Troddel, die aus Röhrenknochen mit abwechselnd dazwischenliegenden Querscheiben geziert ist". Es gibt auch die hölzerne Füllkelle, den speziellen Melk-Bottich und den SCHÄFERKARREN.

Dieses Gefährt des Schäfers ist bis heute anzutreffen. War es früher der Karren, ist es heute das Auto, das universelle Geländefahrzeug.

In einer Schrift aus dem Thüringischen Freilichtmuseum Hohenfelden sind verschiedene Schäferschippen und auch selbst gefertigte Holzschuhe dargestellt sowie „Maulsperre", „Troka" und „Spreizhölzchen" gegen das Blähen der Schafe sowie „Wurfketten" und „Klubben zum Hammeln".

Mehrsprachiges und Politisches zum Schaf
Idiomatik, Schäfersprache, Redensarten, Sprüche

BEGRIFFE UND AUSDRÜCKE RUND
UM SCHAF UND LAMM

In Wörterbüchern finden sich zahlreiche Begriffe und idiomatische Wendungen rund um das Schaf und das Lamm. Einige Beispiele aus dem Deutschen, Französischen, Italienischen, Englischen und Spanischen:

Dummes Schaf?
Schwarzes Schaf = black sheep = oveja negra
Das schwarze Schaf sein = essere la pecora nera = être la brebis galeuse = ser el garbanzo negro *oder* ser la oveja negra
Schäfchen zählen = count sheep = compter les moutons = contare le pecore
Seine Schäfchen ins Trockene bringen = feather one's nest = faire son beurre = mettersi al riparo, metter da parte un bel gruzzolo
Seine Schäfchen (Schutzbefohlenen)
Schäfchenwolke = mouton = pecorella (cielo a pecorelle) = fleecy (*oder* cotton-wool) clouds
Schäferstündchen
Schafskälte
Schafspelz: Wolf im Schafspelz (*oder* Schafskleid: Wolf im Schafskleid)
Schafskopf
Ein verirrtes Schaf
Wer sich zum Schaf macht, den fressen die Wölfe = chi pecora si fa il lupo se la mangia

Un mouton à cinq pattes = etwas ganz Seltenes (*Sache*); ein weißer Rabe (*Person*)

Lammfromm; sanft, geduldig wie ein Lamm = doux comme un mouton

Revenons à nos moutons! = Kommen wir wieder zur Sache/zum Thema!

C'est un mouton = a) Er/sie ist ein Herdenmensch, Herdentier; b) er/sie ist ein gutmütiges Schaf

Separate the sheep and the goats = (*biblisch*) die Schafe von den Böcken trennen (= gute und schlechte trennen)

Sich wie ein Lamm zur Schlachtbank führen lassen = accepter son sort avec résignation = like a lamb to the slaughter = sopportare docilmente, senza reagire

Sanft wie ein Lamm sein = essere docile come un agnello

Sanft, geduldig wie ein Lamm = doux, douce comme un agneau

Unschuldig, wehrlos wie ein Lamm = innocente, indifeso come un agnellino

Lammfromm = (as) meek as a lamb = doux, douce comme un agneau = docile come un agnello

Lammsgeduld = patience of Job (*oder* of a saint) = pazienza da (*oder* di un) santo

Unterschiedliche Benennungen für „Widder", „Lamm" und „Schaf":
Französisch – Provenzalisch – Okzitanisch – *Deutsch*

<u>Recherche „bélier" = Widder</u>

bélier = aret = *Widder*

bélier = esparradou = *Widder*

bélier = mòti = *Widder* (im Okzitanischen gibt es also drei verschiedene Begriffe)

belier (**zodiaque**) = arret = *Widder (Sternzeichen)*

bélier jeune = anouge = *junger Widder*

bélier qui fonce = bussa = *Widder, der saust/losstürzt (Bedeutung?)*

bouc ou bélier qui mène un troupeau = menoun = *Leithammel*
bélier castré à trois an (moins gouteux) = chastre = *kastrierter dreijähriger Widder*

Recherche „brebis"= (weibliches) Schaf
brebis = fea>feda>fedo = *(weibliches) Schaf*
brebis = fedo bedigo = *(weibliches) Schaf*
brebis = bedigo = *(weibliches) Schaf*
brebis galeuse = fedo gamado = *räudiges Schaf*
brebis vieille = ravasso = *altes Schaf*
brebis vieille = ranglasso = *altes Schaf*
mouton, brebis = móutoun = *Schaf (männlich und weiblich)*
viande de brebis = mechouso = *Schaffleisch*

Recherche „agneau" = Lamm
agneau = agnèu = *Lamm*
agneau nouveau-né = gnagno = *neugeborenes Lamm*
agneau qui tète = tetàni = *saugendes Lamm*
toison d'agneau = agnin = *Lammwolle/-vlies*
agneau d'un an = bourrec (bourréc) att le féminin fait „bourrego" = *einjähriges Lamm (männlich bzw. weiblich)*
agneau favori orphelin qui mange dans la main … futur meneur = berounet = *verwaistes, handaufgezogenes Lieblingslamm, zukünftiger Leithammel*
agneau favori orphelin qui mange dans la main … futur meneur = belot (en forez) = *verwaistes, handaufgezogenes Lieblingslamm, zukünftiger Leithammel*

(Quellen: diverse Wörterbücher, insbesondere das Französisch–Provenzalisch–Okzitanisch-Wörterbuch www.lexiqueprovencal.com/index.php5?page=lexique; Auswahl und Übersetzungen durch Barbara Haid)

MEHRSPRACHIGES UND POLITISCHES

SCHÄFERSPRACHE IN DEN BERGAMASKISCHEN ALPEN

Insgesamt mehr als 500 Fachausdrücke zählt die Schäfersprache in den Bergamaskischen Alpen. Einige Beispiele:
Lamm ist italienisch *agnello*, aber bergamaskisch BESLÁNT oder BEHLÀNT. Schaf ist italienisch *pecora*, aber bergamaskisch TÀCOLA. Leitschaf ist italienisch *pecora che guida il gregge*, aber bergamaskisch BATIDÙRA. Ein junges Schaf ist italienisch *pecora giovane*, aber bergamaskisch STÉRPATA. Karren ist italienisch *carro*, aber bergamaskisch RÖDELÉR (möglicherweise verwandt unserer „Rodel"?). Schaffleisch ist italienisch *carne di pecora*, bergamaskisch aber BERGNA. Wolle ist italienisch *lana*, bergamaskisch aber PELÖCA. Hirt ist italienisch *pastore*, bergamaskisch aber FEDÉR und TACOLÉR. Käse ist italienisch *formaggio*, aber bergamaskisch STAÈL. Hund ist italienisch *cane*, bergamaskisch GARÒLF und GRÉP. Futterkrippe für Schafe ist italienisch *mangiatoia per pecore*, aber bergamaskisch RÖPPIA. (Anna Carissoni: „PASTORI. La pastorizia bergamasca e il vocabolario Gai", S. 193–217)

LAMMFROMM, DUMMES SCHAF, SCHWARZES SCHAF, SCHAFSKÄLTE ...

Neben dem Begriff „dummes Schaf" sind „lammfromm" und ein „Musterschaf" gebräuchliche Redewendungen. Dazu gesellt sich das „schwarze" Schaf, aussortiert, am Rande und zugleich Symbol und Ausdruck für das Widerständige und Nicht-Angepasste. Nicht nur als „aus der Art geschlagen" gilt es, sondern der Begriff dient der Abstempelung und wird nahezu abergläubisch verwendet, ist negativ belegt, assoziiert Nacht und Dunkel. Umso himmlischer und kitschiger grüßt das in Backteig und gezuckerte „OSTERLAMM". Das hat es bereits um 1650 in Innsbruck gegeben. Als stoßend, unwiderstehlich und auch stinkend empfindet man den „Sündenbock"; nicht allein als Ziegenbock, sondern auch als Widder. Alle Sünden sollen pauschal und sofort getilgt werden – der „Sündenbock" ist die Projektionsfläche. Er erinnert auch an das jüdische Jom-Kippur-Fest als Versöhnungstag und zur Erinnerung an eine Versöhnungszeremonie, bei der ein Schaf rituell mit den Sünden der Gemeinschaft beladen und dann getötet, geschlachtet und verzehrt wird. Auch beim ägyptischen Versöhnungsfest spielt der Widder die Rolle des Sündenbocks. Aus diesem Sinnbild ist er auch als Tierkreiszeichen abgeleitet. Zuerst fungierte der Widder als Sündenbock. Später wurde er vom Ziegenbock abgelöst; dieser wurde zum gebräuchlichen Opfertier.

Kommt es um den 10. Juni herum zu einem kleinen Kälteeinbruch, der sogar zu Frost führen kann, dann fürchten wir uns vor der berüchtigten „Schafskälte". Nach gängiger Meinung lautet der Begriff „Schafskälte", weil die Schafe zu dieser Zeit glatt und kurz geschoren auf die Weide kommen. Auch ist die Rede vom „Lämmerschnee" am „Lämmerstag", wenn es zugleich regnet und schneit. In Hessen etwa bedeutet „Lämmerstag" so viel wie „Sankt Nimmerleinstag" (Röhrich, S. 923). Und Schäfchen hat auch der Mond:

„Wer hat die schönsten Schäfchen,
die hat der goldne Mond ..." (Röhrich, S. 1297)

Beim Einkehren in die selten gewordenen traditionellen Land- oder Stadtgasthöfe ist hin und wieder ein Wirtshausschild „zum Goldenen Lamm" zu lesen. Zu assoziieren ist Positives, Behagliches, der „Hammelbraten" oder, wie es heißt, der „Lammbraten". Im Gasthaus ist vielleicht in einer gemütlichen Ecke das Dorforiginal anzutreffen, und vielleicht ist es das sprichwörtliche „Unschuldslamm", das so tut, als ob alles fromm und gut und keusch wäre auf der Welt. Schaut man am nächsten Tag zum Himmel hinauf, mag dieser ganz voller „Schäfchenwolken" hängen – ein Zeichen für sicheres Schönwetter. Im Gasthaus ZUM LAMM spielen einige Dorfbewohner unterdessen das inzwischen eher seltener gewordene Kartenspiel „Schafskopf". Und wer verliert, ist auch dem Spott ausgesetzt und gilt dann als „Schafskopf". Und wenn einem ein anderer ganz und gar nicht geheuer ist und man ihm nicht trauen will, dann ist er der „Wolf im Schafspelz"; man weiß nicht, was in ihm steckt. Dieser sprichwörtliche „Wolf im Schafspelz" – und jeder andere – kann sein wirkliches und auch sein geheimes Vermögen sprichwörtlich als „Schäfchen ins Trockene bringen". Diese Redensart könnte laut Röhrich mit den zum Teil sehr sumpfigen Weidegebieten zusammenhängen. Aus dem Jahre 1772 ist überliefert:

„‚Die sumpfigen Wiesen und Teichtriften sind den Schafen über die Maßen schädlich, aber die Weide auf hohen Feldern, Gehölzen und Bergen ist ihnen zuträglich.' Und bereits 1576 wird der Spruch genannt: ‚Ihre Schäflein ins trocken (wie man pfleget zu sagen) zu treiben.' Schafe auf allzu nassen Weiden neigen dazu, von der sogenannten Egelseuche (Distomatosis) befallen zu werden." (Röhrich, S. 1295–1296)

Zur Unterscheidung zwischen Brauchbarkeit und Nicht-Brauchbarkeit dient dieser Vergleich: „Die Schafe von den Böcken scheiden." Die Vorlage stammt aus der Bibel:

„Und werden vor ihm alle Völker versammelt werden. Und er wird sie voneinander scheiden, gleichwie ein Hirt die Schafe von den Böcken scheidet. Und wird die Schafe zur Rechten stellen und die Böcke zur Linken." (Matthäus. 25, S. 32 f.)

Auch der Spott darf nicht fehlen. Im Schwabenland soll es scherzhaft geheißen haben, wenn einem Mann das Hemd aus der Hose hängt: „Das Lämmle hängt raus." Das damit wohl auch zusammenhängende „Lämmerschwänzle" wird in satirischen Gedichten und Reimen mit Angst und leichtem Zittern gleichgesetzt: „Zittern wie ein Lämpleschweif." Im Grimmschen Märchen „Das tapfere Schneiderlein" findet sich die Zeile: *„Und sein Herz wackelte ihm vor Freude wie ein Lämmerschwänzchen."*

Das hat nicht unbedingt mit dem Zittern vor Angst zu tun, sondern mit dem heftigen Bewegen des Schwänzchens vom jungen Schäflein, wenn es zur Mutter kommt und seine wertvolle Nahrung aus den Zitzen saugen kann. Es heißt dementsprechend in einer sprichwörtlichen Redensart: „Dem guten Menschen wackelte das Herz vor Freuden wie ein Lämmerschwänzchen."

SCHÄFERSTÜNDCHEN UNTER SCHÄFCHENWOLKEN

Wenn die Schäfchenwolken gezählt sind, im Gasthaus zum Lamm die Lammkeule oder der Schafbraten verzehrt wurde, während in der Ecke das Unschuldslamm saß und jetzt vielleicht das österliche Lamm mit Zucker und Glöcklein wartet, kann zwischendurch miteinander in Frieden und Eintracht ein „Schäferstündchen" verbracht werden, egal ob im Freien unter einem Baum oder zu Hause oder sonstwo. Es steht stellvertretend für die Zeit trauten, zärtlichen und liebevollen Zusammenseins von Verliebten. Der Begriff mitsamt der einschlägigen Verwendung erfolgte bereits im Barock und Rokoko als bewusste Hinwendung der höfischen und bürgerlichen Gesellschaft zur Natur und zum angeblich naiven-sündlosen Landleben. Das Gedicht „Die Alpen" von Haller gilt allgemein als einer der Auslöser für diesen Trend.

MEHRSPRACHIGES UND POLITISCHES

43. Rast auf einer Schafweide. Holzstich aus 1880

VERLOGENE IDYLLE

Unzählige romantische und auch verlogen-idyllische SCHÄFER-SPIELE wurden aufgeführt, in historischen und in Schäferkostümen und unter antiken Schäfernamen der Bukolik, der Hirtendichtung, die in Heimatfilmen und Fernsehserien ihre Nachahmer finden.

Dem Schäferstündchen können wir also hold sein. Wir haben hoffentlich unsere Schäfchen im Trockenen, haben die Guten von den Bösen geschieden (Böcke von den weiblichen Schafen), haben in der großen Sippe, Verwandtschaft und Region endlich das „Schwarze Schaf" gefunden und lassen den Schafskopf hoch leben, bevor wir ihn, ebenso wie das Osterlamm, wieder verzehren.

SCHÄFCHEN ZÄHLEN

Mit vollem Magen oder rundum angefüllt mit schlimmen Gedanken und Problemen ist schwer einzuschlafen. Dann beginnt eines der wichtigsten Rituale in der geheimnisvollen Welt und im Mythos der Schafe. Es geht ans SCHÄFCHENZÄHLEN.

In einer Werbekampagne einer Firma, die pflanzliche Hilfe bei Schlafstörungen anbietet, werden Passionsblume und Melisse empfohlen. Sonst geht es, stundenlang in wachem Zustand im Bett liegend, ums Zählen und wieder ums Zählen, bis tausend und wieder bis tausend. Der „Schlafräuber" muss überwunden werden. Dabei sollen allerlei Arzneien und Volksheilmittel helfen. Wem nicht mehr zu helfen ist, der wird am nächsten Tag müde und frustriert erzählen, wie er eine ungeheure Zahl an Schäfchen gezählt hat, wieder und immer wieder. Eine Zeitungsüberschrift lautete: „Schäfchen zählen muss nicht sein." Immerhin scheint es ein Erfolg versprechender Weg gewesen zu sein, das sprichwörtliche und überaus weit verbreitete Problem des Nicht-Einschlafen-Könnens erstens mithilfe der Schafe zu benennen und zweitens die Volksmedizin heranzuziehen.

POLITISCHES

GLOBALES SCHAFE-SCHEREN

In einer bereits aus dem Jahre 2006 stammenden Einladung zu einer Buchpräsentation in Niederösterreich hieß es als Überschrift: „GLOBALES SCHAFE SCHEREN". Gemeint war damit eine darauffolgende Diskussion zum Thema „Gegen die Politik des Niederganges". Es wurden an diesem Abend aktuelle Themen, wie die neuesten ökonomischen, gesellschaftlichen und ökologischen Fehlentwicklungen angesprochen und wie aus diesem Kreis und Geflecht wieder herauszukommen ist. Wieder musste das SCHEREN der Schafe stellvertretend herhalten für das Ausbeuten von Mensch und Natur.

SCHWEIZER WAHLKAMPF MIT DEM SCHWARZEN SCHAF

In der Schweiz versucht ein Politiker namens Christoph Blocher das Land zu spalten. Der bekannte Rechtspopulist illustriert seinen Wahlkampf mit Schafen. Eines der Plakate zeigt drei weiße Schäfchen, die auf einem Schweizerkreuz stehen und die ein viertes, schwarzes Schaf wegkicken. Es regnete Vorwürfe wegen vermeintlichem Rassismus. Ein Auszug aus einem Interview im „Spiegel online" aus dem Jahr 2007:

WAHLKAMPF IN DER SCHWEIZ
„Ein schwarzes Schaf ist nun einmal schwarz!"
Christoph Blocher spaltet die Schweiz. Im Interview mit SPIEGEL ONLINE wehrt sich der rechtskonservative Justizminister gegen den Vorwurf des Rassismus – seine Politik sei das Ergebnis direkter Demokratie. (...)

SPIEGEL ONLINE: Ihre Gegner kritisieren die Plakate der SVP

POLITISCHES

44. Zwei schwarze Schafe. Zeichnung von Ingrid Schreyer

als fremdenfeindlich. Eines zeigt drei weiße Schäfchen, die auf einem Schweizerkreuz stehen und die ein viertes, schwarzes Schaf wegkicken – „für mehr Sicherheit". Sogar die UNO hat dagegen protestiert. Hat Sie diese Aufregung etwa verwundert?

Blocher: Am meisten hat mich verwundert, dass das Plakat vier Wochen hing, ohne dass es irgendjemand anstößig fand.

SPIEGEL ONLINE: Was sagen Sie zum Vorwurf des Rassismus?

Blocher: Den Ausdruck „Schwarzes Schaf" gibt es in jeder Sprache. Wie soll da jemand ernsthaft auf die Idee kommen, dass damit Afrikaner gemeint sein könnten? Alle wissen: Das „schwarze Schaf" sind die kriminellen Ausländer, die man ausschaffen muss.

SPIEGEL ONLINE: War denn die Anspielung schwarzes Schaf – dunkle Haut bei der Auswahl des Motivs nicht beabsichtigt?

Blocher: Nein, man hat damals überlegt, ob es diesen Anschein erwecken könnte. Jemand schlug vor, man könne ja das eine Schaf weiß machen und die anderen schwarz. Aber ein schwarzes Schaf ist nun einmal schwarz. Wissen Sie, das macht ja auch nichts, wenn das diskutiert wird. Das Plakat zeigt das Anliegen. Die politischen Gegner sprechen lieber über den Stil, als über den Inhalt." (Der Spiegel, 17. 10. 2007, www.spiegel.de/politik/ausland/0,1518,511743,00.html)

„DIE PKK SITZT IN DEN BERGEN"

Am Fuß der Kandil-Berge im Nordirak leben die kurdischen Bewohner als weitgehende Selbstversorger. Ihre wichtige Lebens- und Existenzgrundlage sind nach wie vor Schafherden. „Die Presse" berichtete in der Ausgabe vom 17. November 2007 zusammen mit einem Bild des Schafhirten und seiner Schafherde. Wo die Kurden ihren Heimatboden verteidigen, in den Bergen und auf den Weiden, treffen sich Schafe mit den ausgerüsteten PKK-Kämpfern und man kann Kampflieder hören, wenn sie mit den Schafen weiterwandern. Dieses Bild vermittelt alles andere als eine romantische Bergidylle.

WANDERSCHÄFER: IDYLLE ODER ZWIELICHT?

In Österreich ist seit Jahren der Wanderschäfer Hans unterwegs; mit 700 bis 900 Schafen, von Wien bis in die Steiermark. Inzwischen wurde er wegen vermeintlicher Verletzungen des Tierschutzgesetzes angezeigt – er ließ ein zu schwaches Lamm im Schnee liegen. Eine seit Jahrhunderten und Jahrtausenden in vielen Teilen der Erde geübte Praxis der Wanderschäferei gerät somit in Verruf und in ein merkwürdig scheinendes Zwielicht. Die „KRONE" schrieb am 8. Dezember 2008:

„Das Symbolbild von einem Wanderschäfer zeigt Idylle pur; aber diese Vorstellung bekommt Kratzer.
Heftige Vorwürfe, auch eine Anzeige soll eingebracht werden."

POLITISCHES

Die Schlagzeile lautet:
„MIT SCHAFEN AUF WANDERSCHAFT:
KALTER GEGENWIND VON TIERSCHUTZ"
Hans, der erfahrene Wanderschäfer, habe, so lautet einer der Vorwürfe, ein frisch geborenes Lamm, das offensichtlich kaum überlebensfähig war, einfach im Schnee liegen lassen. Zwei Lämmer aus der Herde mit 900 Tieren hätten gefehlt. Die „ordnungsgemäße Entsorgung" sei nicht gewährleistet gewesen.

„DIE VERGESSENEN DES PAMIR"

In der Ausgabe von „GEO", Jänner 2009, gibt es einen ethnologischen Bericht über die VERGESSENEN DES PAMIR:
Es ist kaum vorstellbar, wie in einem entlegenen Hochtal, im fernsten Winkel Afghanistans ein paar Hundert Nomaden unter härtesten Bedingungen, die Menschen aushalten können, überleben. Das Titelbild stellt eine große Schafherde dar, die über die vertrocknete und teilweise verschneite Landschaft an hohen Bergen vorbeizieht. Im Sommer leben sie in ihren Jurten in Höhen um 4.000 Metern. In der Schilderung der Lebensweise wird darauf hingewiesen:

„'... Morgens backen sie Fladen aus Weizenmehl, das eine Hilfsorganisation gespendet hat. Dann versorgen sie die Lämmer, die im Winter bei den Menschen am Feuer schlafen.' Lämmer und Menschen beisammen. In einer Form von Lebens- und Überlebensgemeinschaft. Die kleinen Lämmer in der Jurte und die Kinder und das Feuer und die Fladenbrote und draußen unerbittlich der grausame Schneesturm und der Staub und die Trockenheit. Und einige oder viele rauchen Opium, betäuben sich, vegetieren dahin. Es ist ein ungefähr 270 km langer, aber teilweise nur 15 Kilometer breiter Landsteifen. Wenn im Winter die Temperatur auf manchmal unter 50 Grad Minus sinkt, dann treiben die Pamir-Kirgisen ihre Schafherden in die tiefer gelegenen Täler auf das Gebiet des heutigen Tadschikistan."

45. Neugeborene Lämmer

„EIN NEUER KAMPF UM DEN BALKAN"

Das ist eine Überschrift eines kritischen Artikels in der Zeitung „Der Standard" vom 23. Dezember 2008 über neue Wintersportplanungen im Balkangebirge zwischen Serbien und Bulgarien. Es werden durch den Bau neuer Anlagen wie Seilbahnen, Hotels, Zubringerstraßen usw. schwerwiegende Folgen für diesen bisher unberührten Landstrich befürchtet. Illustriert wird der Beitrag mit einer großen Schafherde und einem Schäfer. Dazu der Kommentar:

POLITISCHES

„Das Balkangebirge nährt mit seiner Kräutervielfalt nicht nur Schafherden. Es liefert vor allem reines Wasser für zwei Millionen Serben.' Die Einheimischen sagen auch, der volle Genuss dieser Kräuter würde erst richtig durch den Genuss der Schafmilch und des harten Kackaval-Käses spürbar. Es droht auch der Verlust einer alten Hirtenkultur mit den Schafen."

Schafe auf Wanderschaft.
Die Transhumanz/Transhumance

WAS IST TRANSHUMANZ?

Der international und in der einschlägigen Fachliteratur gebräuchliche Begriff für die Wandertierhaltung und Wanderweidewirtschaft ist die TRANSHUMANZ. Er bezieht sich zwar generell auf alle Formen der Wanderbewegung der Tiere, zumeist aber auf die Schafwanderung und die Wanderschafhaltung. Das Wort setzt sich aus den lateinischen Begriffen „trans" und „humus" zusammen.

Jacobeit (1987) definiert Transhumanz als Wanderung,

> „die die (Schaf-)Herden einer sesshaften, ackerbautreibenden Bevölkerung unter der Führung von einzelnen Hirten regelmäßig ausführt, um von einer hoch gelegenen Sommerweide ... zur Winterweide in einer Ebene außerhalb des Gebirges zu kommen ... Das Wesentliche ist, dass diese Wanderung in die Ebene zurückgelegt wird, um dort eine wirkliche Weide zu finden, und dass auch im Winter keine Einstellung erfolgt." (Ebd., S. 51)

Zur wichtigen wirtschaftsgeschichtlichen Bedeutung schreibt Jacobeit, dass es sich

> „um eine frühe Lösungsform des Futterproblems für gesteigerte Schafzucht in Gegenden handelt, wo nur die zusammenfassend viehzüchterische Ausnützung des in Klima und Vegetation verschiedenen Gebirgsvorlandes und Hochlandes eine

unterbrechungslose Herdenernährung durch entsprechende Herdenpendelungen erreicht." (Ebd., S. 52)

Eines der europäischen Beispiele für eine

„sehr interessante, aber fast verschwundene Form der Transhumanz finden wir noch in der Lombardischen Ebene. Die Winterweiden der Schafe liegen bei Bergamo und im Mailändischen, während im Sommer die Tiere Adda aufwärts am Comer See entlang über die Schweizer Grenze ins Engadin getrieben werden. ... Um 1870 sollen jährlich zwischen 25.000 und 40.000 Bergamasker Schafe über den Bernina-Pass und das Bergell ins Engadin gezogen sein, und im Kanton Graubünden weideten 1881 auf 66 Almen an die 30.000 Schafe aus Bergamo." (Ebd., S. 61)

Inzwischen ist das alles Vergangenheit. Die Schweizer haben ihre Grenzen für die Schaftriebe rigoros gesperrt. Aber immer noch gelten im mitteleuropäisch-alpinen Raum die Bergamaskischen Alpen als größte zusammenhängende Schafweide- und Schafhaltungsgebiete. Und immer noch werden vereinzelt Schafherden in den Wintermonaten in der Poebene gehalten, rücken dann im Frühjahr ins Gebirge vor und kommen im Herbst zurück.

Eine Variante zur strengen Definition durch Jacobeit, soweit es die wirkliche Winterweide der Schafe im Freien betrifft, gibt es nach wie vor in einzelnen Teilen der Alpen. Das gilt beispielsweise für die Bauern am Sonnenberg im Südtiroler Vinschgau. Weil dort im Winter kaum Schnee liegt und die dortigen Bauern nach wie vor über relativ große Schafherden verfügen, verbleiben die Tiere im Freien, bekommen dort (teilweise auch in den Wäldern) einigermaßen ihr Futter und kommen selten in den Stall. Diese Schafe befinden sich beinahe ganzjährig auf „Wanderung". Mitte Juni werden sie auf die

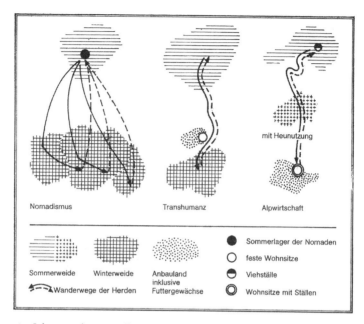

46. Schematische Darstellung von Nomadismus, Transhumanz und Alpwirtschaft (nach Boesch 1951, S. 205, Abb. 1)

Hochweiden getrieben. Jetzt geschieht das zumeist organisiert, bewacht von einem Hirten, begleitet von zahlreichen Treibern. Der Rücktrieb erfolgt dann Mitte September. Die Wanderung der Schafe, vor allem bei den Bergbauern, geschieht auch ohne Organisation. Wenn die „Zeit gekommen ist", machen sich ältere Mutterschafe selbständig auf, dahinter ein Zug von weiteren Schafen, und sie wandern auch über die vergletscherten Jöcher allein und selbständig hinüber ins Ötztal. Ab Ende August beginnen sie wieder ihren instinktiven Rückzug auf die heimatlichen Weiden. Die Schäfer im Niedertal und am Rofenberg im hintersten Ötztal müssen sorgfältig darüber wachen, dass sich erfahrene ältere Tiere nicht aufmachen, über den Gletscher wandern und dann ihre Wanderung auf Südtiroler Seite fortsetzen.

TRANSHUMANZ im engeren Sinn gilt als die organisierte, die von Menschen inszenierte und organisierte Schafwanderung. Der bekannte Alpenforscher Werner BÄTZING erklärt die TRANSHUMANZ, französisch Transhumance, auch als Wanderschafhaltung, als

„Wirtschaftsform, bei der die Bereiche Ackerbau und Viehwirtschaft räumlich weit voneinander getrennt betrieben werden: Bei der normalen oder aufsteigenden Transhumanz leben die Vieheigentümer in einem Dorf am Alpenrand und schicken ihre Tiere (meist Schafe) unter Aufsicht von bezahlten Hirten im Sommer auf die Almen, im Winter auf Winterweiden in tiefen Lagen. Bei der inversen oder absteigenden Transhumanz leben die Eigentümer der Tiere in einem Bergdorf, und einige Familien bringen sie gegen Bezahlung/Tausch im Winter auf Winterweiden im Alpenvorland, während sie den Sommer auf der Alm verbringen. Dieses System ist bereits sehr früh, wahrscheinlich schon um 5000 v. Chr., in den Südwest- und Südalpen entstanden." (Bätzing 2008, S. 244)

Durch neuere Funde und Forschungen der alpinen Ur- und Frühgeschichte ist es gelungen, eine bis zu 6.500 Jahre während Transhumanz, wenn auch zeitweise in eingeschränkter Form, beispielsweise auch für den Raum der Ötztaler Alpen nachzuweisen – tausend Jahre vor dem berühmt gewordenen „Ötzi", der am 19. 9. 1991 vom bisher vermeintlich „ewigen" Eis freigegeben wurde. Und dieser „Ötzi" hatte höchstwahrscheinlich mit Schafen zu tun, war möglicherweise ein Hirt. Er trug, wie erst im Jahre 2008 festgestellt wurde, Kleidungsstücke, die teilweise aus Schaffellen und Schafwolle hergestellt worden waren.

Die in den französischen Alpen lebende Christiane Morello schreibt:

„In Savoyen spricht man übrigens von REMUE oder EMMONTAGNÉE anstelle von Transhumance ...
Beim Almauftrieb sprechen die Leute hier von INALPE und beim Abtrieb von der DÉSALPE (wird benutzt im gesamten französischsprachigen Alpenraum, auch in der französischsprachigen Schweiz). In der Freiburger Mundart (francoprovencal' LA POJA für den Auftrieb und LA RINYÁ für den Abtrieb."

Der Terminus „Transhumance" gilt im Französischen vielfach auch für Rinder, speziell aber für Schafe und auch für Bienen, berichtet Morello. (Brief an den Autor)

TRANSHUMANZ ist Teil und Restbestand des sehr alten NOMADISMUS bei Hirtenvölkern. Im Unterschied zur Transhumanz begleiten die Nomaden das Vieh in geschlossenem Familien- bzw. im Sippenverband mitsamt dem mobilen Hausrat auf ständiger Wanderung. Je nach Jahreszeit wechseln die Sippen buchstäblich mit Kind und Kegel, mit dem gesamten Mobiliar und allen ihren Tieren ihre Plätze. Dieser Nomadismus ist im gesamten Alpenraum nicht mehr anzutreffen, wohl aber in mehreren Teilen unserer Erde, vor allem in Asien und Afrika. Ganze Sippen sind unterwegs, sind überaus mobil, bauen sich kurzfristig ihre Zelte und Jurten. Entwicklungsgeschichtlich und anthropologisch-volkskundlich stellt der Hirten-Nomadismus keine „primitive Vorstufe", sondern einen parallelen Seiten- oder Nebenzweig der menschlichen Kultur dar; sicherlich einen der ältesten und somit auch eine Restform der archaischen Kultur. Eine Sonderform stellen vielleicht die WILDBEUTERNOMADEN dar, die beispielsweise als Prärie-Indianer, als Inuit usw. vielleicht einer noch älteren Schicht menschlicher Kulturgeschichte entstammen. Die nomadisch lebenden und überaus mobilen Sippen tauschen und kaufen notwendige Nahrungsmittel, die sie in den weiten Tundren und Steppen nicht finden, mit ebenfalls nomadischen Händlern. Die Wildbeuternomaden hingegen beschaffen sich ihren gesamten Bedarf an Lebensmitteln direkt „aus der Natur", jagend, sammelnd und schießend.

Bescheidene Reste nicht des NOMADISMUS, wohl aber der TRANSHUMANZ finden wir in aktuellen, durchaus lebendigen Formen, zum Beispiel bei den traditionellen „Schaftrieben" in den Ötztaler Alpen, wenn die Schafe aus verschiedenen Teilen Südtirols über den Alpenhauptkamm in das Ötztal, also nach Nordtirol, getrieben werden.

Die alte Hirten-Mentalität ist geblieben, die altmodische Weise, sich zu kleiden, zu gebärden, zu essen, zu reden, zu träumen. Speziell die Schaf-Hirten-Kultur bewahrt vieles, was die Rinderbauern schon längst abgestreift haben.

MYTHOS SCHAF

Zum MYTHOS SCHAF zählen auch die Fakten, die in der Geschichte des abendländisch-christlichen Kulturkreises zu finden sind, die eindrucksvollen und zugleich geheimnisvollen Zitate zum Begriff „Lamm" in der „Geheimen Offenbarung" des Heiligen Johannes genauso wie die vielfach verkitschten Lämmchen-Geschichten und Lämmchen-Darstellungen in den alpenländischen Krippen und den volkstümlichen Krippenliedern zur Weihnachtszeit. Nicht anders ist es beim Lesen der bukolischen Literatur am Beispiel der romantischen und romantisierenden „Schäfer-Dichtung".

Aus dem Alten Testament sind die Figuren des Abraham, Isaak und Jakob bekannt, der „Erzväter des Judentums" als Vertreter des Nomadismus. Auch Mohammed, der Stifter des Islam, war ein Nomade der Wüste. Die arabischen Nomaden entwickelten vermutlich auch zuerst ein Verständnis von Astronomie und Astrologie.

Der weitaus überwiegende Teil des Nomadismus entwickelte sich gemeinsam mit den Trieben von Schafherden. Immer wieder waren auch Ziegen dabei, wenn auch zu einem geringeren Anteil. Auch einige der großen Wallfahrtsstätten der Christenheit stehen mit dem Schaf in enger Beziehung. Das gilt für Santiago de Compostela genauso wie für Lourdes, für Maria Luschari oder auch für den Sonntagsberg in Niederösterreich.

Immer wieder erscheint die geheimnisvolle Frau, eine „Madonna", eine „Maria" dem Hirten oder der Hirtin. Zumeist sind es Schafhirten und Schafhirtinnen, denen dieses Geschenk zuteil wird, die direkt die „himmlischen Botschaften" beziehen dürfen. (Vgl. Haid, „Mythen der Alpen, S. 33 u. 287)

Hirtinnen und Hirten halten sich viel in der Natur auf, haben eine besonders sensible Beziehung zu allen Lebewesen, zu Pflanzen und Wetter. Eigentlich sind sie Privilegierte in unserer Gesellschaft. Neuere Forschungen belegen, dass die Schafe neben dem Hund die ältesten den Menschen begleitenden Tiere sind – seit mehr als Zehntausend Jahren. Vor allem im Vorderen Orient sind die schafhaltenden Nomaden die „Schöpfer einer neuen Kultur", wie auch E. Vardinam in mehreren Büchern dokumentiert hat.

In einigen Teilen Europas ist die TRANSHUMANZ nach wie vor, wenn auch in reduzierter Form, immer noch üblich und aktuell, so beispielsweise in einigen Regionen Frankreichs, in Italien, Spanien, Deutschland, Bulgarien und weiteren Staaten im Osten und Südosten Europas. Durchaus als Transhumanz gelten die Züge der Nomaden in weiten Teilen Asiens, in den Savannen Afrikas. Diese Form der Weidewirtschaft existiert weltweit, besonders aber in Gebirgsregionen, in Steppen-, Tundren- und Wüstenlandschaften.

TRANSHUMANZ IN EUROPA

EINIGE NACHRICHTEN ZUR TRANSHUMANZ IN LÄNDERN EUROPAS

FRANKREICH

In Frankreich befinden sich wichtige Gebiete der Wanderschäferei in den Alpen und den Pyrenäen. Im Bereich der Westalpen sind es Ziele um Verdon, in Ubaye, in den Bergen um Digne, im nördlichen Var, am Mittel- und Oberlauf der Durance. Die Herden kommen (und kamen) hauptsächlich aus der Camargue, aus der Crau, aus der Provence und aus den Seealpen. Heute überschreiten die französischen Herden vereinzelt noch die Grenzen zu Italien. Sie kommen ins Stura-Tal, ins Val Varaita usw. In den französischen Seealpen befinden sich zwei aktuelle Museen, beispielsweise das „La Maison de la Transhumance" in Saint-Martin de Crau, die ausschließlich die dortige Transhumanz zeigen und dokumentieren. Diese Museen haben auch an der Herausgabe einiger Bücher über die Transhumance mitgewirkt. Eines der beliebtesten Feste dort findet bis in die Gegenwart in Die statt. Aber auch in vielen anderen Orten Frankreichs gibt es Transhumanz-Feste, bei denen alte Bräuche und kulinarische und handwerkliche Traditionen aufleben, so beispielsweise in Saint-Rémy de Provence, im Vallée d'Aspe, Aubrac (Languedoc-Roussillon) und vor allem in Die (Ardèche-Drôme). Im Rahmen einiger dieser Feste finden sogenannte „combats de reines", also Kuhkämpfe, statt. Auf dem Weg nach Spanien deckt sich der Verlauf des Jakobswegs mit dem Verlauf alter, sehr alter Schafwege. Es gibt verlässliche Zahlen und Daten über große Schafwanderungen. Eine der letzten dieser Art – und angeblich die größte – gab es noch 1951 mit fast 40.000 Schafen. Einige Schätzungen nennen bis 30.000 Schafe. In der neueren Literatur aus den Transhumanz-Museen und verschiedenen populärwissenschaftlichen Publikationen gibt es aber kaum Hinweise und genauere Zahlen auf den Zustand in den Jahren 2007 und 2008. Da sich der Bestand an Schafen stetig vermindert, auch durch nicht gerade großzügige Anerkennung und Förderung durch die EU, findet ein sehr auffälliger und geradezu dramatischer Wandel in der gesamten Schafhaltung und damit auch in der Transhumanz statt. Viel an Wissen und Information wandert in neue Spezialmuseen und in teilweise prachtvolle und aufwendige Bildbände.

SPANIEN

In Spanien haben Teilstrecken der alten Transhumanz-Wege eine neue, höchst aktuelle Aufwertung durch die massive Flut an Wanderern auf den Jakobswegen erfahren. Beispielsweise führt ein solcher Weg über die Berge der baskischen Provinz Gipuzkoa bis an den Fuß des Aitzgorri-Massivs. Unter dem Begriff TRANSHUMANZ können gerade am Beispiel Spaniens viele Hinweise gefunden werden, auch in Zusammenhang mit Naturschutz-Projekten. „Weißstorch, Kranich, Großtrappe, Fischotter und Pardelluchs gehören zu den gefährdeten Tierarten, die im Biotopverbund der Transhumanz Platz und Nahrung finden." (Siehe Farbtafel 13)

Im RONCAL-TAL in den Pyrenäen, dem östlichen Tal in Navarra, das an die französischen Regionen Béarn und Niedernavarra stößt, 90 Kilometer von der Hauptstadt Pamplona entfernt, trifft man wieder auf Schafe, Schäfer und eine alte Schafkultur mit besonderen Privilegien.

Im Jahr 882 wurde den Talbewohnern von Sancho Garcia, dem König von Navarra, als Gegenleistung für ihren Einsatz gegen den Mauren-Krieg das Recht zugesprochen, im Winter die Schafherden in den entfernten Baredenas weiden zu lassen. Und auch heute noch wird das Vieh von September bis Mai über die dafür vorgesehenen privilegierten Viehtriebwege, den Canadas Realee, getrieben. Im Tal wird neben der Amtssprache Spanisch auch die heimische baskische Sprache mit eigenem Dialekt gesprochen.

ITALIEN

In Italien sind, wie auch in Frankreich und Spanien, viele der ehemals bedeutenden Schafwanderungen nahezu verschwunden. Aber sie werden in Museen und Büchern dokumentiert. Das gilt auch für die südlichen Teile der Provinz Cuneo und für Ligurien. Rund um den für die dort lebenden Brigascer „heiligen Berg" Monte Saccarello weiden Tausende von Schafen, die unentwegt auf der Wanderung sind. Überregional bekannt, ja berühmt ist das Sambucca-Schaf, das hauptsächlich im Stura Demonte in der Provinz Cuneo anzutreffen ist und offensichtlich als besondere Schafrasse neuerdings wieder sehr gefragt und begehrt ist. In diesem Tal, nämlich im kleinen Bergdorf Pontebernardo, befindet sich ein eigenes Museum der Schafe, insbesondere auch der Transhumanz. In die südlichen Täler der Provinz Cuneo kommen bzw. kamen große Schafherden aus den angrenzenden Bergtälern Frankreichs, z. B. dem Ubaye. Aus den Landwirtschaftsgebieten um Turin ziehen die Herden täleraufwärts durch das Val Po und durch andere Täler Richtung Monte Viso, in das Pelica-Tal sowie in das Chisone-Tal. In dieser Region Südpiemont-Ligurien scheint sich ein wesentlicher Teil der Schafhaltung und der damit verbundenen Schafwanderung erhalten zu haben. Die Museen und Publikationen geben zwar genaue Berichte und nennen Zahlen, verbleiben aber zumeist mehr oder weniger historisch. Zumindest bis etwa 1950 gab es große, ja geradezu riesige Schafwanderungen im gesamten Raum bis hinüber nach Frankreich sowie aus Frankreich.

Als Beispiel für andere Regionen Italiens ist auch die Region Puglia zu nennen. Dort gibt es nach wie vor die „tratturi", also die „Pfade der Transhumanz". Die Website www.pugliaimperiale.com (abgerufen am 20. 10. 2007) informiert über ein touristisch genutztes und von der EU unterstütztes Projekt der TRATTURI. Ein spezielles Wegenetz „überzieht die ganze Region beinahe lückenlos wie das herkömmliche Straßennetz". Dort finden sich auch die sogenannten „Jazzi", das sind „riesige, in Trockenbauweise errichtete Kalksteinmauern" als geschützte Schafweiden. Unter den Kunst- und Geschichtsschätzen sind die mehr als sechzig sogenannten „Posti" als alte Rastplätze der Hirten der Transhumanz genannt und als weitere Besonderheit die in der Fachliteratur über altartige Bauweisen berühmten „Trulli". Das sind in Trockenbauweise errichtete Unterkünfte, vor allem für die Schäfer. Und es sind Vorratsgebäude.

In Umbrien werden nach wie vor die Herden, zumeist die Schafherden, von Hirten zu mindestens zwei jahreszeitlich wechselnden Weidegebieten getrieben, einem in der Ebene, einem anderen in den Bergen. Die komplementäre Weidezone zu den südost-umbrischen Bergen und dem Poggiodomo war das Land um Rom. (Vgl. www.umbriatravel.com)

Im Gebiet der Abruzzen befindet sich die Region Molise. Auch von dort werden die Wanderwege der Schafherden erwähnt, vor allem im Zuge der Tourismuswerbung, so wie in anderen Regionen in Bezug auf ökologisch-nachhaltige Nutzung. Noch im 17. Jahrhundert sollen es etwa drei Millionen Tiere gewesen sein, die zwischen der Winterweide in der Ebene und der Sommerweide auf den Bergen unterwegs gewesen sind. Touristisch wird heute ein alter Weg der Transhumanz ausdrücklich beworben. Es ist eine lange Trift, die von Pescasseroli in den Abruzzen nach Candela in Apulien führte. Diese Strecke mit ca. 210 Kilometern Länge verbindet heute noch den Nationalpark der Abruzzen mit der Provinz Foggia. Als Besonderheit der Region gilt der Ort San Paolo mit einer angeblich antiken Tradition, nämlich den Künsten des Dudelsackspielens. Jewuils zu Weihnachten füllen sich die Straßen des Ortes mit Dudelsackspielern. „Sie tragen", wie die regionale Werbung informiert, „die für Hirten typischen Trachten". (Vgl. www.turismomatese.com)

An dieser Stelle soll auch über die Transhumanz im nördlichsten Teil Italiens, in der Region Trentino-Südtirol mit ihren beinahe schon berühmten Schafwanderungen über die Gletscher in das Ötztal in Nordtirol berichtet werden (vgl. dazu ausführlich Haid 2008). Dieser Schafwanderweg in den Ötztaler Alpen führt knapp an der Fundstelle des „Ötzi" am Tisenjoch (knapp über 3.200 m) vorbei. Dieses Joch wurde in früheren Jahrzehnten und Jahrhunderten mehrfach beim Übertrieb der Schafe benutzt, vor allem in Zeiten starker Vergletscherung. Da war der Weg über das Niederjoch nicht begehbar und die Schäfer bzw. Hirten benutzten das 200 Meter höher gelegene, aber weniger vergletscherte Tisenjoch. Viele Filme sind darüber gedreht worden. Kaum mehr überschaubar sind die teilweise umfangreichen Berichte in großen Zeitungen und Medien nicht nur in Europa, sondern auch in Japan.

DEUTSCHLAND, ÖSTERREICH, SCHWEIZ

Eine ganze Reihe kleinerer Schafwanderwege im Alpengebiet befindet sich beispielsweise zwischen Osttirol und Salzburg über den Tauern oder vom Defreggental hinüber nach Südtirol. Es handelt sich aber um keine typischen Wege der Transhumanz im engeren Sinn. Auch die in Teilen DEUTSCHLANDS, ÖSTERREICHS und der SCHWEIZ noch immer übliche SCHAFWANDERUNG ist streng genommen nicht immer der Transhumanz zuzuordnen. Diese Form unter dem Begriff der WANDERSCHAFHALTUNG ist im mitteleuropäischen Raum durchaus noch aktuell. Die immer stärkere „Behinderung" durch große Verkehrswege, durch Autobahnen, neue Schneestraßen, neue Bahntrassen und besonders durch die Zersiedelung führt zu teilweise dramatischen Rückgängen der Transhumanz bzw. der Wanderschafhaltung. In Österreich bekannt sind unter anderem die von „Longo Mai" begonnenen und durch Hans Breuer fortgesetzten Schafwanderungen vor allem durch Niederös-

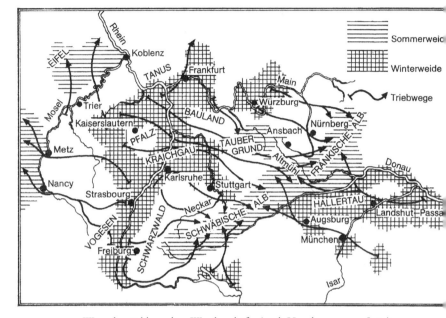

47. Wege der süddeutschen Wanderschäfer (nach Hornberger 1955, S. 84)

terreich bis in die Steiermark und sogar bis in den Bereich der Stadt Wien.

Eine in Deutschland neuerdings sehr gepflegte Dokumentation über vergangene und vergehende Formen der Wanderschafhaltung können jetzt interessierte Forscher, Wanderer und Touristen in einschlägigen Museen vorfinden. Eine davon befindet sich im Thüringer Freilichtmuseum Hohenfelden – als stellvertretendes Beispiel für andere Regionen. Hier sind auf 232 m² rund 800 Sachzeugnisse ausgestellt, die Auskunft über eine volkskundlich überaus spannende Auseinandersetzung mit der Rolle der Schafe in der Kulturgeschichte Thüringens geben. Auch Aktionen in Wort und Bild über eine „Bockauktion", über die „1. Reichs-Schau, Prämierung und Versteigerung von Landschaftsböcken" anno 1922 in Gotha sind dokumentiert sowie die Rolle der Hüterhunde, Sitten und Bräuche rund um Schäfer und Schafe, über die Schäfer in der Sage, über das Herdengeläute in Thüringen, über die Pferchwirtschaft, die Schur und die Wollverarbeitung. (Vgl. „Hohenfeldener Blätter", Nr. 34, 1979–1999).

BULGARIEN

Ein aus der Sicht moderner und zeitgemäßer Umweltschutz-Aktionen bemerkenswerter Hinweis in Zusammenhang mit der TRANSHUMANZ stammt aus BULGARIEN. Dort ist eine „flankierende Geierschutz-Wiederbelebung" entwickelt worden:

> „Über viele Jahrhunderte wurden über die bulgarischen Gebirgsketten Schafe bis nach Istanbul getrieben. Diese traditionelle Form der Schafhaltung, die die Landschaft mitprägte, wurde nach dem Zweiten Weltkrieg im Zuge der Zwangskollektivierung aufgegeben. Während des Schaftriebes verunglückte Schafe stellten für die Geier aber immer eine wichtige Nahrungsgrundlage dar. Daher bildet dieses Projekt auch eine ideale Begleitmaßnahme, um das Geierprogramm auf dem Balkan erfolgreich zu gestalten. Das Projekt hat im Jahre 2003 wichtige infrastrukturelle Voraussetzungen geschaffen, um die Karakachan-Schafherde aufzubauen." (Vgl. www.zgf.de/projekte, 20. 10. 2007)

Ziel des Projektes ist es, eine angepasste lokale Schafrasse, nämlich das Karakachan-Schaf, wiederzubeleben.

Aus den Ötztaler Alpen wird von Jägern und Hirten Vergleichbares berichtet. Im Gemeindegebiet von Sölden, der mit ca. 468 km^2 größten Landgemeinde der Alpen, weiden im Sommer ca. 10.000 Schafe (ca. 5.000 bis 5.500 kommen aus Südtirol). Die Hirten geben an, der Verlust an Schafen würde im Sommer etwa ein bis maximal zwei Prozent durchschnittlich betragen. Das wären also in Sölden etwa hundert Schafe pro Sommer. Und diese verunglückten, abgestürzten oder von Steinen und Lawinen getöteten Schafe wären die beinahe ideale Zusatznahrung der Bartgeier. Anderswo, wie beispielsweise im Nationalpark Hohe Tauern, gibt es fallweise Zusatzfütterungen, um das Überleben der dort angesiedelten Bartgeier zu ermöglichen oder zu erleichtern. In den Ötztaler Alpen haben Bartgeier angeblich keine Nahrungsprobleme.

FÖRDERUNG DER TRANSHUMANZ

Die TRANSHUMANZ, vor allem in Europa, ist neuerdings Teil von gezielten, geplanten und organisierten „Strategien zur Erhaltung von Landschaften und Lebensräumen". Vom 26. bis 28. 5. 2004 fand zu diesem Thema im Plantahof in Landquart (Kanton Graubünden/ Schweiz) ein Workshop mit 35 Interessenvertretern aus neun Ländern Europas statt. Dabei wurden auch Empfehlungen ausgearbeitet, wie beispielsweise auch die EU die alten Formen der Transhumanz zur Rettung alter Kulturlandschaften fördern könnte. *„In ganz Europa sind mehr als vier Millionen Hektaren Landwirtschaftsfläche abhängig von der Transhumanz",* hieß es in einem abschließenden Bericht. Eine der Empfehlungen, zusammengefasst in Punkt 4, betrifft *„Richtlinien zur Entwicklung von öffentlichen finanziellen Unterstützungsmodellen".* Dazu heißt es u. a.:

„Die Transhumanz ist in Gebirgsregionen zentral für die Multifunktionalität der Landwirtschaft. Die Europäische Union sollte dies anerkennen. Als Beispiel kann die Schweiz dienen, die mit einem durchdachten System nachhaltige Berglandwirtschaft unterstützt. In der EU soll ein Teil der Gelder, die durch

Kürzen von Subventionen frei werden, Transhumanz-Systeme durch Agrar-Umwelt-Projekte oder andere bäuerliche Entwicklungsprogramme unterstützen." (Montagna 8/9, 2004, S. 30 f.)

SCHAFWEGE IN SÜDITALIEN: DIE „TRATTURI"

AUF DEM SCHAFSWEG wanderte ein Reporter der „Süddeutschen Zeitung" und brachte darüber einen Bericht in der Ausgabe vom 25. September 2008. Von den hohen Abruzzen bis hinunter in die Ebene und das Flachland von Apulien ziehen Schafherden auf den alten TRATTURI. Das sind traditionelle, seit Jahrhunderten bereits in „vorrömischen" Zeiten fixierte Schafwege. Die „Molise" ist ein Gebiet mit fast keinem Tourismus. Drei Schafwege führen über Berg und Tal. „In der Molise sind alle Tratturi in Staatsbesitz. Man darf nicht auf ihnen bauen oder Felder anlegen ..." In der Antike sollen in diesem Gebiet bis zu sechs Millionen Schafe unterwegs gewesen sein. Sie waren die Woll-Lieferanten für das römische Heer. Seit dem Verfall der Wollpreise sind nur mehr relativ wenige Schafherden unterwegs. In Frosolone gibt es noch immer und jährlich ein Schaffest. Nach einer alten neapolitanischen Maßeinheit sind die Tratturi durchgehend genau 111 Meter breit. Michael Winter, von dem der Beitrag stammt, weist auch auf die alten Tageswanderungen hin. An den Rastorten gab es Brunnen, Tränken, Schlafstätten, Wirtshäuser und sogar Bordelle. Wenn der Hirt Mario bei den Schafen ist, kann es auch vorkommen, dass er nach alter Manier spielt und singt:

> „Dann nimmt er von seinem Pickup einen Dudelsack und eine Ziehharmonika, stellt sich vor die Herde und singt und spielt den Schafen Lieder vor. Die Tiere lauschen und murren, wenn er aufhört. ‚So ein Publikum hast du in keinem Opernhaus', sagt Mario."

AGROPASTORALISMUS

In Fachkreisen wird international noch ein weiterer Begriff verwendet, dem auch die Transhumanz zugerechnet wird. Es ist der AGROPASTORALISMUS. Zusammengesetzt ist der Begriff aus „ager", lateinisch für Acker, und aus „pastor", lateinisch für Hüter, Hirt. Agropastoralismus bezeichnet eine Kombinationsform von Landwirtschaft und Viehhaltung – eine Form des Halbnomadismus. Im Vordergrund steht die wirtschaftliche Sichtweise, die Viehhaltung mit Schaf, Ziege, Kamel, Dromedar, Rind, Yak, Pferd usw. auf Naturweide. (Vgl. dazu u. a. de.wikipedia.org/wiki/agropastoralismus)

FESTE UND MUSEEN DER SCHAFE UND DER TRANSHUMANZ

In der Provinz Navarra gibt es ein Käse- und Schäfereimuseum in Uztárroz, dem nördlichsten Dorf des Roncal-Tales:

„Werkzeuge, Fotos und Kleider illustrieren den althergebrachten Beruf der Schäfer, aber auch die modernen Herstellungsverfahren des schmackhaften Roncal-Käses. Der Roncal-Käse ist eine Käsesorte aus Navarra, die über eine eigene Ursprungsbezeichnung verfügt und auf Messen im In- und Ausland zahlreiche Auszeichnungen und Preise gewonnen hat." (www.turismo.navarra.es/deu/organice-viaje/recurso/relacionado/2931/)

In Hohenfelden in Thüringen befindet sich ein wichtiges Museum, spezialisiert auf Schafe, Schafhaltung und Schäfer. Informationen zum wahrscheinlich schönsten und größten Transhumance-Museum sind unter www.transhumance.org/accueil.php zu finden.

Bukolik und Schäferdichtung

ALBRECHT VON HALLER: „DIE ALPEN"

Der Schweizer Albrecht von Haller (1707–1777) war ein berühmter Arzt, Naturforscher und Dichter. Im Jahre 1749 schrieb er sein berühmt gewordenes, auf 1729 datiertes Gedicht DIE ALPEN. In einer Sammlung von poetischen und lehrhaften und auch von bukolischen Gedichten über die Schönheit des Landlebens, über die Schönheit der Berge, stellt er die Alpen der Verkommenheit der „verweichlichten" Städte gegenüber. Seine Texte sind ein Vorbild für die spätere bukolische Dichtung geworden. Auch Friedrich Schiller und Naturphilosophen griffen die Ideen von Haller auf.

„Ein junger Schäfer stimmt indessen seine Leyer,
Dazu er ganz entzückt ein neues Liedchen singt,
Natur und Liebe gießt in ihn ein heimlich Feuer,
Das in den Alpen glimmt und nie die Müh erzwingt;
Die Kunst hat keinen Theil an seinen Hirtenliedern
Im ungeschmückten Lied mahlt er den freyen Sinn;
Auch wenn er dichten soll, bleibt er bei seinen Widdern,
Und seine Muse spricht wie seine Schäferin;
Sein Lehrer ist sein Herz, sein Phöbus seine Schöne ..."
(Albrecht von Haller, Die Alpen, 1779, S. 48)

SCHÄFER- ODER HIRTENDICHTUNG

Der Begriff BUKOLIK stammt aus dem Griechischen und bedeutet „Hirtendichtung", wobei es vorerst eher um den Rinderhirten geht.

48. Dudelsack spielender Hirte mit Schafherde. Stich

Später bezog er sich immer mehr auf den Schäfer. „Bukolisch" wurde gleichgesetzt mit „schäferlich" und war schlechthin „Schäferdichtung". Laut Wikipedia ist die Bukolik aus den sizilisch-griechischen Hirtengesängen abzuleiten. In der Literaturwissenschaft genießt die sogenannte SCHÄFERDICHTUNG, auch „Hirtendichtung", „Pastorelle", „bukolische Dichtung" und „arkadische Dichtung" genannt, nicht gerade den besten Ruf. Die in der Renaissance und im Barock populäre Lyrik zeichnet ein durchwegs idyllisches, idealisiertes Bild des Hirtenlebens. Als Vorläufer darf unter anderen Theokrit gelten, der um 300 v. Chr. Hirtengedichte schrieb. Der römische Dichter Vergil griff um 100 v. Chr. mit seinen „Bucolica" diese Dichtungsgattung auf. Auch die Pastorellen der Troubadours sind bukolische Dichtungen mit Hirtenmotiven. SCHÄFER-Romane wurden ebenso populär, zum Beispiel „Arcadia" um 1500 von J. Sannazaros. Boccacio und Petrarca verfassten ebenfalls bukolische Werke. Den ersten wirklichen Schäferroman schuf Martin Opitz mit „Schäfferey von der Nimfen Hercinie" (1630). Auch vom jungen Goethe sind lyrisch-bukolische Verse bekannt. In verschiedenen Lexika ist die BUKOLIK als eine Dichtungsgattung angeführt. Seit Ende des 18. Jahrhunderts wurden immer weniger bukolische Dichtungen verfasst. Dennoch beschäftigt sich die Literatur im 19. Jahrhundert weiterhin mit der Hirtenkultur. Eine ganze Reihe namhafter Schriftsteller schreibt über Hirten, Schäfer und (eher seltener) über Schäferinnen. Einige Beispiele aus der deutschsprachigen Literaturszene dürfen als repräsentativ gelten.

FRANZ GRILLPARZER: „DAS GOLDENE VLIES" (DRAMA 1819)

„Das goldene Vlies", Grillparzers umfangreichstes Werk, bildet zusammen mit dem Vorspiel „Der Gastfreund" und der Ehetragödie „Medea" eine Trilogie. Antike Vorlagen sind das Argonautenepos des Apollonios Rhodios und die Medea des Euripides. Im ersten Teil, „Der Gastfreund", kommt der Grieche Phryxos auf Befehl Apollons mit dem goldenen Widderfell nach Kolchis zu König Aietes, der ihn ermorden lässt, womit er eine Verletzung des Gastrechts begeht. Der Fluch des Phryxos lastet nun schwer auf Aietes, dem Vater Medeas. In den „Argonauten" werden die Griechen mit dem Schiff Argo unter der Führung Iasons nach Kolchis geschickt, um das Goldene Vlies zurückzuholen und Iason verliebt sich in Medea.

Im Ehedrama „Medea" kommt der Argonautenführer Iason als Schutzflehender und Verbannter mit seiner Gattin Medea, den beiden Kindern und deren Amme auf der Flucht nach Korinth an den Hof König Kreons und bittet ihn um gastliche Aufnahme. Dort trifft Iason seine Jugendliebe Kreusa, die Tochter Kreons, wieder, welche die Kinder Iasons sehr herzlich aufnimmt, worauf Medea in Zorn entbrennt. Medea fühlt sich in Griechenland von den Menschen, deren Sitten sie nicht kennt, als Barbarin verstoßen. Kreon erklärt sich zwar bereit, Iason und den beiden Kindern Zuflucht zu gewähren, will aber Medea Kreusa zuliebe wieder fortschicken. Ein Herold aus Iolkos kommt an den Hof Kreons und erzählt ihm von den Greueltaten Iasons und Medeas und erteilt ihm den Befehl, die beiden vom Königshof zu vertreiben. Die vom Hof verwiesene Medea beauftragt die Amme, Kreusa ein Gefäß mit entflammbarem Inhalt zu bringen, um ihre Nebenbuhlerin zu beseitigen. In ihrer inneren Zerrissenheit ermordet sie auch ihre beiden Kinder. Am Ende des Dramas bringt Medea einsam und verlassen das Goldene Vlies zum Heiligtum des Apollo nach Delphi.

In den folgenden Versen schildert sie ihrer Nebenbuhlerin Kreusa Iason als einen egoistischen Tatmenschen und rücksichtslosen Individualisten, der sich zum Maß aller Dinge macht und sich über Grenzen hinwegsetzt.

„Du kennst ihn nicht, ich aber kenn ihn ganz.
Nur er ist da, er in der weiten Welt.
Und alles andere nichts als Stoff zu Taten.
Voll Selbstheit, nichts des Nutzens, nichts des Sinns,
spielt er mit seinem und der andern Glück.
Lockt's ihn nach Ruhm, so schlägt er einen tot,
will er ein Weib, so holt er eine sich,
was auch darüber bricht, was kümmert's ihn!
Er tut nur Recht, doch Recht ist, was er will."

Der Gegensatz von Griechen und Barbaren, von humaner Kultur und wilder Natur wird in der „Medea" deutlich herausgearbeitet.

Die Trilogie „Das Goldene Vlies" zeichnet den Weg von der Humanität mit Delphi und Apollo als Symbol über den Topos Nationalität mit dem Gegensatz von Griechen- und Barbarentum bis zum bestialischen Kindermord Medeas nach. (www.franzgrillparzer.at/Dramen4.htm)

GUSTAV SCHWAB:
„MEDEA RAUBT DAS GOLDENE VLIES" — ERSTER TEIL

„Die ganze Nacht hindurch hielt der König Aietes die Häupter seines Volkes um sich im Palast versammelt und ratschlagte, wie die Argonauten zu überlisten wären, denn er war es wohl inne geworden, dass alles, was sich den Tag zuvor ereignet hatte, nicht ohne Mitwirkung seiner Töchter geschehen war. Hera, die Göttin, sah die Gefahr, in welcher Iason schwebte; deswegen erfüllte sie das Herz Medeas mit zagender Furcht, dass sie zitterte wie ein Reh im tiefen Walde, das der Jagdhunde Gebell aufgeschreckt hat. Sogleich ahnte sie, dass ihre Hilfe dem Vater nicht verborgen sei; sie fürchtete auch die Mitwisserschaft der Mägde; darum brannten ihre Augen von Tränen und die Ohren sausten ihr. Ihr Haar ließ sie wie in Trauer hängen und, wäre das Schicksal nicht zuwider gewesen, so hätte die Jungfrau durch Gift ihrem Jammer zur Stunde ein Ende gemacht. Schon hatte sie die gefüllte Schale in der Hand, als Hera ihr den Mut aufs Neue beflügelte und sie mit verwandelten Gedanken das Gift wieder in seinen Behälter goss. Jetzt raffte sie sich zusammen; sie war entschlossen zu fliehen, bedeckte ihr Lager und die Türpfosten mit Abschiedsküssen, berührte mit den Händen noch einmal die Wände ihres Zimmers, schnitt sich eine Haarlocke ab und legte sie zum Andenken für ihre Mutter aufs Bett. ‚Lebewohl, geliebte Mutter', sprach sie weinend, ‚lebewohl, Schwester Chalkiope und das ganze Haus! O Fremdling! hätte dich das Meer verschlungen, ehe du nach Kolchis gekommen wärest!' Und so verließ sie ihre süße Heimat, wie eine Gefangene fliehend den bitteren Kerker der Sklaverei verlässt. Die Pforten des Palastes taten sich vor ihren Zaubersprüchen auf; durch enge Seitenwege rannte sie mit bloßen Füßen, mit der Linken den Schleier bis über die Wangen herunterziehend, mit der Rechten ihr Nachtgewand vor der Befleckung des Weges schützend. Bald war sie, unerkannt von den Wächtern, draußen vor der Stadt und schlug einen Fußpfad nach dem Tempel ein, denn als Zauberweib und Gifttrankmischerin war sie vom Wurzelsuchen her aller Wege des Feldes wohl kundig. Die Mondgöttin, welche sie so wandeln sah, sprach zu sich selbst, lächelnd herniederscheinend: ‚So quält denn doch nicht mich allein die Liebe zum schönen Endymion! Oft hast du mich mit deinen Hexensprüchen vom Himmel hinweggezaubert: Jetzt leidest du selbst um einen Iason bittere Qualen. Nun, so geh nur, aber, so schlau du bist, hoffe nicht, dem herbsten Schmerz zu entfliehen!' So sprach die Göttin mit sich selber; jene aber trugen ihre Füße eilig davon. Endlich bogen ihre Schritte gegen das Meeresufer ein, wo das Freudenfeuer, das die Helden wegen Iasons Siege die ganze Nacht hindurch auflodern ließen, ihr zum Leitstern diente. Dem Schiffe gegenüber angekommen, rief sie mit lauter Stimme ihren jüngsten Schwestersohn Phrontis; dieser, der mit Iason ihre Stimme erkannte, erwiderte dreimal den dreifachen Ruf. Die Helden, die dies mit hörten, staunten anfangs, dann ruderten sie ihr entgegen. Ehe das Schiff ans jenseitige Ufer gebunden war, sprang Iason vom Verdeck ans Land, Phrontis und Argos ihm nach. ‚Rettet mich', rief das Mädchen, indem sie die Knie ihrer Neffen umfasste, ‚entreißt mich und euch meinem Vater! Alles ist verraten und keine Hilfe mehr; lasst uns zu Schiffe fliehen, ehe er die schnellen Rosse besteigt; das goldene Vlies will ich euch verschaffen, indem ich den Drachen einschläfere. Du aber, o Fremdling, schwöre mir zu den Göttern vor deinen Genossen, dass du mich Verwaiste in der Fremde nicht beschimpfen willst!' So sprach sie traurig und erfreute Iasons Herz. Er hob die ins Knie Gesunkene sanft vom Boden auf, umfasste sie und sprach: ‚Geliebte, Zeus und Hera, die Beschirmerin der Ehe, seien meine Zeugen, dass ich, nach Griechenland zurückgekehrt, dich als rechtmäßige Gattin in mein Haus einführen will!' So schwor er und legte seine Hand in die ihrige. Dann hieß Medea die Helden noch in der Nacht das Schiff nach dem heiligen Haine rudern, um dort das goldene Vlies zu entführen. Die Helden fuhren mit dem Schiffe davon, Iason und die Jungfrau gingen über den Pfad einer Wiese dem Haine zu. Dort suchten sie den hohen Eichbaum, an welchem das goldene Vlies hing, strahlend durch die Nacht, einer Morgenwolke ähnlich, die von der aufgehenden Sonne beschienen wird. Gegenüber aber reckte der schlaflose Drache, aus scharfen Augen in die Ferne blickend, seinen langen Hals den Herannahenden entgegen und zischte fürchterlich, dass die Ufer des Flusses und der ganze Hain widerhallten. Wie über einen angezündeten Wald die Flammen sich hinwälzen, so rollte das Untier mit leuchtenden Schuppen in unzähligen Krümmungen daher. Die Jungfrau aber ging ihm keck entgegen, sie rief mit süßer Stimme den Schlaf, den mächtigsten der Götter an, das Ungeheuer einzulullen; sie rief zur mächtigen Königin der Unterwelt, ihr Vorhaben zu segnen; nicht ohne Furcht folgte ihr Iason. Aber schon durch den Zaubergesang der Jungfrau eingeschläfert, senkte der Drache die Wölbung des Rückens, und sein geringelter Leib dehnte sich der Länge nach aus, nur mit dem grässlichen Kopfe stand er noch aufrecht und drohte, die beiden mit seinem aufgesperrten Rachen zu fassen. Da sprengte Medea ihm mit einem Wacholderstängel unter Beschwörungsformeln einen Zaubertrank in die Augen, dessen Duft ihn mit Schlummer übergoss; jetzt schloss sich sein Rachen, und schlafend dehnte sich der Drache mit seinem ganzen Leibe durch den langen Wald hin.

Auf ihre Ermahnung zog nun Iason das Vlies von der Eiche, während das Mädchen fortwährend den Kopf des Drachen mit dem Zauberöl besprengte. Dann verließen beide eilig den beschatteten Areshain, und Iason hielt von fern schon freudig das große Widdervlies entgegen, von dessen Widerschein seine Stirn und sein blondes Haar in goldenem Schimmer glänzten; auch beleuchtete sein Schein ihm weithin den nächtlichen Pfad. So ging er, es auf der linken Schulter tragend; die goldene Last hing ihm vom Hals bis auf die Füße herunter; dann rollte er es wieder auf, denn immer fürchtete er, ein Mensch oder Gott möchte ihm begegnen und ihn des Schatzes berauben. Mit der Morgenröte traten sie ins Schiff, die Genossen umringten den Führer und staunten das Vlies an, das funkelte wie der Blitz des Zeus; jeder wollte es mit den Händen betasten, aber Iason litt es nicht, sondern warf einen neu gefertigten Mantel darüber. Die Jungfrau setzte er auf das Hinterverdeck des Schiffes und sprach dann so zu seinen Freunden: ‚Jetzt, ihr Lieben, lasst uns eilig ins Vaterland zurückkehren. Durch dieser Jungfrau Rat ist vollbracht, weswegen wir unsere Fahrt unternommen haben; zum Lohne führe ich sie als meine rechtmäßige Gemahlin nach Hause; ihr aber helft mir, sie als die Gehilfin ganz Griechenlands zu beschirmen. Denn ich zweifle nicht, bald wird Aietes da sein und mit allem seinem Volke unsere Ausfahrt aus dem Flusse hindern wollen! Deswegen soll

49. Titelblatt einer Mecklenburgischen Schäferordnung

von euch abwechslungsweise die eine Hälfte rudern, die andere, unsere mächtigen Schilde aus Rindshaut den Feinden entgegenhaltend, die Rückfahrt schirmen. Denn in unserer Hand steht jetzt die Heimkehr zu den Unsrigen und die Ehre oder Schande Griechenlands!' Mit diesen Worten hieb er die Taue ab, mit denen das Schiff angebunden war, warf sich in volle Rüstung und stellte sich neben das Mägdlein, dem Steuermann Ankaios zur Seite. Das Schiff eilte unter den Rudern der Mündung des Flusses entgegen." (www.sagen.at/texte/sagen/sagen_klassisches_altertum/gustav_schwab/teil_1/medearaubt.html)

BUKOLIK UND SCHÄFERDICHTUNG

HALLDÓR LAXNESS: „AM GLETSCHER"

Halldór Laxness gilt als der bekannteste und wichtigste Gegenwartsautor von Island.

1955 wurde er mit dem Nobelpreis für Literatur ausgezeichnet. Er wurde 1902 in Reykjavik geboren und starb im Februar 1998. „Wer nicht in Poesie lebt, überlebt hier auf Erden nicht", meinte er. Einer seiner wichtigsten Romane ist „Am Gletscher", der seit 1968 in vielen Auflagen bei mehreren Verlagen erschienen ist. Eine seiner Geschichten handelt vom Fräulein Stößeldora und dem Widder, hier ein Elfenwidder. Auch hier schimmert das Horn wie Gold und hat ein Vlies offenbar kultische Bedeutung. Von Legenden in Nordafrika über Ägypten zu den Argonauten, über die literarischen Bearbeitung durch Franz Grillparzer bis nach Island kommt die weltweite Bedeutung des Schafes, vor allem des Widders, auch in der Literatur zum Vorschein.

Das Fräulein Stößeldora schildert, wie sie zum Ort Bervik geschickt wird. Statt am Meer zu gehen, folgt sie den Schafpfaden über die Gletscherhügel. Dort gibt es viele schöne Mulden voller Moos und Beeren. Auf einem Hügel sieht sie einen braunen Widder ganz allein stehen. Kein anderes Tier ist weit und breit zu sehen. Die Hörner des Widders sind künstlich geformt worden. Schutzlos ist sie als Mädchen der Gefahr ausgesetzt. Sie weiß aus Erzählungen, dass es in dieser Gegend keine anderen Widder mit künstlich hergerichteten Hörnern geben kann:

„Der Widder schimmerte wie aus Gold. Bei keinem anderen Schaf hat sie jemals ein solches goldenes Vlies gesehen. Sie konnte den Blick lange nicht von diesem wunderschönen Tier lassen, von dem sie wusste, dass weder in den Gemeinden im Inneren des Landes noch in den Küstengegenden, noch überhaupt in Island ein solches Tier existierte. Sie lief schnell und in einem großen Bogen vom Hügel herunter und ging durch die Senken hinab zum Meer. Dann war sie auf der Straße und fühlte sich sicher.

Ob es ein ELFENWIDDER war, wurde sie gefragt. Es wurde aber nie genau danach geforscht. Fräulein Stößeldora erklärt dann: ‚Nein, natürlich ist niemand auf den Grund gekommen. Es wussten alle so gut wie ich, dass es hier in der Gegend keine braunen Widder mit künstlich gerichteten Hörnern gab. Vom nächsten Hof gingen Burschen los und suchten. Doch natürlich fanden sie nichts. Und seitdem habe ich nie mehr etwas gesehen, was man halt sehen nennt. Und nie ist mir etwas passiert.'" (Halldór Laxness: „Am Gletscher", Wien 1994, S. 29–30)

LEO TUOR:
SCHAF-IMPRESSIONEN AUS „GIACUMBERT NAU"

„Giacumbert steht Spalier neben der langen Perlenschnur, die sich den Pfad herunterschlängelt. Giacumbert schaut und schaut entzückt auf die lange Prozession, die geht, wie sie zu gehen hat.

Giacumbert steht ganz allein Spalier neben der langen Prozession, nicht wie an Sankt Placi, wo nur wenige in der Prozession gehen und alle anderen gaffen und herumschwärmen mit Kameras und Klimbim, knien und rutschen und sich bücken und beugen, kriechen vor Kreuz und Fahne und Geschell.

Giacumberts Tiere habe ihre Rituale bewahrt.

Nur die Menschheit steht Spalier,

die Dekadenz.

Die breite Front aus Wolle bewegt sich vorwärts über Höcker und Hügel. Frisst die zarteren Gräser bis auf die Wurzel ab. Die dumme Laune eines einzelnen Tieres reicht, um der ganzen schreckhaften Schar eine andere Richtung zu geben.

Und dann geht es wieder vorwärts, als ob nichts gewesen wäre. Manchmal hebt ein Tier den Kopf, misstrauisch weitermahlend. Die wenigen Schellen klimpern ihr tin tin. Weiter bewegt sich die Front
avanti avanti
avanti popolo
ohne Ruh
ohne Ruh.
Lässt die Nachtweide hinter sich und den Hügel, lässt Mist hinter sich und zähes Borstgras, lange Büschel, und ihr bäh bäh.

Der vorwiegend auf Rätoromanisch schreibende Schafhirt Leo Tuor ist einer der wichtigsten Autoren der Schweiz. Viele Sommer war er als Schafhirt in den Bergen unterwegs. Das Buch „Giacumbert Nau. Hirt auf der Greina" ist 1994 auf Deutsch und vorher 1989 auf Rätoromanisch erschienen. Durch sein Buch ziehen sich poetische Zeichnungen und Schilderungen seines Sommerlebens bei den Schafen. Vieles handelt von Freiheit und Liebe, auch von ungestillter Sexualität und kritischer Auseinandersetzung mit der „religio" und dem Kult. Den langen Zug der Schafe vergleicht er mit der Perlenschnur des Rosenkranzes:

„... endloser Zug, weiße Perlen und hin und wieder eine schwarze. Gesenkten Kopfes ziehen sie und ziehen und stehen niemals still, ziehen und ziehen und suchen vergeblich." (S. 59)

HARUKI MURAKAMI: „WILDE SCHAFSJAGD" (ROMAN)

„Wenn sich irgendeins verletzt, zum Beispiel, und seine Kräfte nachlassen, kommt die Rangordnung durcheinander. Das nächstuntere Schaf will noch auf die Leiter und fordert das verletzte heraus. So geht das dann etwa drei Tage." (S. 238)

In Murakamis Geschichte wird darüber diskutiert, wie arm das Schaf sei, das von der Leiter fällt, und wie das Schaf dann andere Schafe verdrängt. Am ärmsten dran seien die Zuchtböcke. „Wissen sie, was ein Schafharem ist?" Niemand wusste es genau. Das Wichtigste bei der Schafzucht ist die genaue Kontrolle der Paarung. Deswegen müssen die Böcke, die Widder, streng getrennt gehalten werden. Zu gewissen Zeiten lässt man einen Widder zu den Weibchen, meist den stärksten. Wenn der Widder seine Arbeit getan hat, wird er wieder zu den anderen Widdern gesperrt. Der Zuchtwidder hat „wegen der Rammelei die Hälfte seines Gewichtes verloren".

ROBERT MUSIL: „NACHLASS ZU LEBZEITEN"

In der Einleitung zum Kapitel „Schafe, anders gesehen" klärt uns der berühmte Schriftsteller auf, wie die Schafe „anders" zu sehen sind; ohne die gewohnten Klischees von Schafsgeduld und überirdischen Kräften:

„Zur Geschichte des Schafes: der Mensch findet heute das Schaf dumm. Aber Gott hat es geliebt. Er hat die Menschen wiederholt mit Schafen verglichen. Sollte Gott ganz unrecht haben?

Zur Psychologie des Schafes: der sichtbar gestaltete Ausdruck hoher Zustände ist dem der Blödheit nicht unähnlich."

BUKOLIK UND SCHÄFERDICHTUNG

50. Ein Lamm wird beim Schaftrieb im Niedertal im Rucksack getragen.

Und, notiert Musil dann weiter:

„Schafe sind ängstlich und blöd, der Mensch naht: sie haben Schläge und Steinwürfe des Übermuts kennengelernt. Aber wenn er ruhig stehen bleibt und in die Weite starrt, vergessen sie ihn. Sie stecken dann die Köpfe zusammen und bilden, zehn oder fünfzehn, einen Strahlenkreis."

Weiters schildert Musil, wie die Schafe die Schädeldecken aneinanderpressen, wie sie da stehen und ein Rad bilden und sich stundenlang nicht rühren. Sie scheinen nichts fühlen zu wollen als den Wind und die Sonne. Zwischen ihren Stirnen fühlen sie den Sekundenschlag der Unendlichkeit, der in ihrem Blut pocht. Von einem Kopf zum anderen teilen sie sich mit. Es ist wie das Klopfen der Gefangenen an Gefängnismauern …

Die Frage ist, ob sie wirklich dumm sind. Der Mensch versteht ihr Wesen nicht. Hinter dem angeblich blöd schauenden Schaf steckt vielleicht Weisheit und Einsicht. Jedenfalls ist das Zusammenrücken zu einem engen Kreis mitunter überlebensnotwendig, beispielsweise im Schneesturm oder wenn sie die vielen Lämmer in ihre Mitte nehmen und wärmen. (S. 34–36)

PAULO COELHO: „AUF DEM JAKOBSWEG. TAGEBUCH EINER PILGERREISE NACH SANTIAGO DE COMPOSTELA"

„Das Lamm war jetzt mein Führer auf dem Jakobsweg." Coelho berichtet von den Szenen, die er aus der Apokalypse kennt. Das große Lamm sitzt auf dem Thron. Menschen, die ihre Kleider im Blut des Lamms reingewaschen haben, sind gerettet worden. Analog den Visionen der Apokalypse erwarten den Menschen schlimme Kämpfe, schwierige Zeiten und Katastrophen, die die Erde in den kommenden Jahren erschüttern werden. Alles endet – getreu der Apokalypse – mit dem Sieg des Lammes „und dem Erwachen des schlafenden Gottes und seiner Macht auf Erden".

Später verschwand in der Geschichte das Lamm wieder. Der fromme Pilger ging den Weg weiter. Er war knapp am Ziel angelangt.

Der in Spanien befindliche Pilgerweg von den Pyrenäen bis nach Santiago de Compostela ist ungefähr 700 Kilometer lang. Teile davon folgen den alten Schafwegen auf der Transhumanz. Coelho war im Jahr 1986 unterwegs, als Mitglied einer alten katalanischen Bruderschaft. Dass er die Apokalypse mit einbezieht, deutet auf sein Wissen um religiös-kultische Zusammenhänge hin. Das Lamm wird zu seinem Führer, zumindest auf einer kleinen Strecke. Das weiße Lamm ist hier auch stellvertretend für die jahrhundertealten Wege der großen Schafherden – wie auch der heutigen Pilgerwege – zu sehen. (S. 256–261)

BUKOLIK UND SCHÄFERDICHTUNG

WILHELMINE VON HILLERN: „DIE GEIERWALLY"

Die 1836 in München geborene Schriftstellerin Wilhelmine von Hillern ist durch ihren populären Roman über die Geierwally bekannt geworden. Der Stoff wurde mehrmals verfilmt. Der italienische Komponist Alfredo Catalani hat ihn 1890/91 mit einigen Änderungen für seine Oper „La Wally" verwendet, die an der Mailänder Scala uraufgeführt wurde. In den vergangenen Jahren gab es Aufführungen, unter anderem bei den Bregenzer Festspielen, an der Staatsoper in Wien und zuletzt 2008 in Klagenfurt. Im Mittelpunkt steht die „stolze" Wally. Weil sie nicht den von ihrem „hartherzigen" Vater ausersehenen reichen Bauern heiraten will, verbannt sie der Vater in die einsame Berg- und Gletscherwelt:

„Das war der Vorhof zur Eisburg Murzolls, von der im Ötztal so viele Sagen gehen, wo die ‚saligen' Fräulein hausen ...
Lautlos schritt sie weiter. Endlich machte der taube Führer halt bei der niederen Hütte, von Steinen erbaut, mit weit überhängendem Dach, einer starken Tür von rohem Holz und kleinen Lucken statt der Fenster. Darin ein paar geschwärzte Steine als Herd und eine Lagerstätte aus altem verfaultem Stroh. Das war die Hütte des Schnalser Hirten." (S. 43)

Wally wurde zur Schäferin. Sie lebte unter einfachsten Verhältnissen in einer jahrhundertealten Schäferhütte. Sie hatte ihre kleine Herde um sich geschart, „die nur aus Schafen und Ziegen bestand, denn größeres Vieh fand in dieser Höhe nicht Nahrung genug." (S. 43 ff.)

FREIHERR RITTER VON ALPENBURG: „MYTHEN UND SAGEN TIROLS"

Im Jahre 1857 veröffentlichte Freiherr Ritter von Alpenburg das Buch „Mythen und Sagen Tirols". In der Gletscherwelt der Ötztaler Alpen gab es in diesen Jahren eigenartige Berichte. „Griesgrame und verstummte oder einsilbige Fremde" zogen zu den Gletschern und ließen sich von ihren Leiden kurieren. Der Arzt Götsch aus dem Vinschgau hatte diese Medizin empfohlen. Die Patienten bezogen ihr Quartier in den einfachen, eher primitiven Steinhütten der Schäfer. Diese Patienten legten sich stundenlang auf das Eis der Gletscher. Auch veraltete Frostbeulen wurden kuriert. Alpenburg berichtet in diesem Zusammenhang von einem Patienten aus dem Vinschgau, der seine veralteten Frostbeulen ausgeheilt hatte.

„Er fand einst in einer Eishöhle am Ferner ein verfallenes Schaf, wovon er ein Stück nahm, es kochte und ausgezeichnet fand. Er nährte sich einige Wochen von diesem Schafe und bemerkte mit besonderem Wohlbehagen, dass, je älter es wurde, desto schöner das Fleisch und desto besser der Geschmack war. Unser Wald (wie der Mann hieß) war pfiffig. Ei, dachte er, wenn der Ferner krepiertes altes Fleisch so meisterlich herzustellen und zu verbessern vermag, so wird er auch meine Haxn (Füße) heilen können. Gedacht, getan! Er stellte und hing seine frostbeuligen Füße täglich, wann und wo es ihm möglich war, in die Eisspalten ..."

Abschließend und zusammenfassend notiert der Reiseschriftsteller: „Manche armselige Schäferhütte beherbergt einen Patienten."

BUKOLIK UND SCHÄFERDICHTUNG

ANDRI PEER: „ZWISCHEN GLETSCHER UND WEIDE"

Schäfchen,
dich hab' ich umarmt
zwischen
noch vereisten Seen
und dem grünen Hauch der Weide.
Kaum im Arm mir
zitterst du,
und
ich weiß:
zu früh gefangen
hab' ich dich
trotz Eis und Einsamkeit.

Andri Peer aus dem Kanton Graubünden hat dieses und viele weitere seiner Gedichte auf Rätoromanisch verfasst und dann zweisprachig publiziert. Der Autor wurde 1921 in Sent im Unterengadin geboren und starb 1985 in Winterthur.

CLAUDE DEBUSSY: „PELLÉAS UND MÉLISANDE"

Claude Debussy (1862–1918) komponierte 1892 die Oper „Pelléas und Mélisande" nach einem Libretto von Maurice Maeterlinck.

Im sagenhaften Königreich Allemonde nimmt Prinz Golaud die schöne Mélisande zur Frau und bringt sie ins Schloss. Dort leben seine Eltern, König Arkel und Königin Geneviève, der kleine Yniold, Golauds Sohn aus erster Ehe, und sein Stiefbruder Pelléas. Pelléas und Mélisande verlieben sich ineinander und der von Eifersucht gequälte Golaud tötet seinen Stiefbruder und verletzt seine Gattin schwer. Mélisande bringt noch ihr Kind zur Welt, dann verlassen sie ihre Kräfte. Auf dem Sterbebett beteuert sie, dass sie Pelléas zwar geliebt, aber Golaud nie mit ihm betrogen habe. Nachdem sie den König gebeten hat, für ihr Kind zu sorgen, stirbt Mélisande.

Nachdem er 1893 eine Aufführung von Maeterlincks Drama gesehen hatte, entschloss sich Debussy, das Werk zu vertonen. Fast zehn Jahre arbeitete er an seiner einzigen Oper, die sich nach anfänglichem Misserfolg schließlich doch durchsetzen konnte. (Quelle: Neues großes Musiklexikon, 1990 Gruppo Editoriale Fabbri Bompiani Sonzogno Etas S. p. A. Deutsche Fassung: Weltbild Verlag GmbH, Augsburg, S. 96)

Im 3. Bild des 4. Aktes ist der Ball des kleinen Yniold unter einen Stein geraten und er versucht vergeblich, ihn hochzuheben. Mit Schrecken beobachtet er, wie eine Schafherde zum Schlachthof getrieben wird (Oh! Oh! Ich höre Schafe weinen ... Im Original: „Oh! oh! j'entends pleurer les moutons ...").

Dazu der Ausschnitt aus der deutschen Übersetzung des Librettos:

„Ein Brunnen im Park
Der kleine Yniold versucht, ein Felsstück aufzuheben.

YNIOLD
Oh! Dieser Stein ist schwer ... Er ist schwerer als ich ...
Er ist schwerer als die ganze Welt. Er ist schwerer als alles ...
Ich sehe meinen goldenen Ball
zwischen dem Felsen und diesem dummen Stein,
und ich kann ihn nicht erreichen ...
Mein kleiner Arm ist nicht lang genug,
und dieser Stein lässt sich nicht aufheben ...
Man könnte meinen, er habe Wurzeln in der Erde ...
Man hört in der Ferne das Blöken einer Schafherde.

Oh! Oh! Ich höre Schafe weinen ...
Ei! Keine Sonne mehr! ...
Sie kommen, die kleinen Schafe; sie kommen ...
Da sind sie! Da sind sie! Sie haben Angst vor dem Dunkel ...
Sie drängen sich zusammen! Sie drängen sich zusammen!
Sie weinen, und sie laufen schnell!
Einige wollen nach rechts laufen ...
Sie wollen alle nach rechts laufen ...
Sie können nicht! Der Schäfer wirft mit Erde nach ihnen! Ah!
Ah! Sie kommen hier vorbei ...
Ich werde sie ganz aus der Nähe sehen. Wie viele es sind!
Jetzt schweigen sie alle ...
Schäfer! Warum rufen sie nicht mehr?

SCHÄFER
unsichtbar
Weil das nicht der Weg zum Stall is..

YNIOLD
Wohin gehen sie? Schäfer? Schäfer? Wohin gehen sie?
Er hört mich nicht mehr. Sie sind schon zu weit weg ...
Sie machen keinen Lärm mehr ... Das ist nicht der Weg zum Stall ...
Wo werden sie heute Nacht schlafen?
Oh! Oh! Es ist zu dunkel ... Ich werde jemandem etwas sagen ...

Er geht ab."
(Quelle: www.opera-guide.ch/libretto.
php?id=105&uilang=en&lang=de)

LUCIANO BERIO: 11 FOLK SONGS

Luciano Berio (1925–2003) komponierte 1964 Folk Songs auf der Basis von authentischen Volksliedern in verschiedenen Sprachen. Das 10. Lied, „Lo fiolairé", ist auf Okzitanisch verfasst und handelt von einem Mädchen und einem Hirten.

10. Lied

> Ton qu'èrè pitchounèlo,
> Gordavè loui moutous.
> Ti lirou lirou … la la diri tou tou la lara!
>
> Obio ,no counoulhèto
> è n'ai près u postrou.
> Ti lirou lirou … la la diri tou tou la lara!
>
> Per fa l'obiroudèto
> Mè domound' un poutou.
> Ti lirou lirou … la la diri tou tou la lara!
>
> È ièu soui pas ingrato,
> Èn lièt d'un n'in fau dous!
> Ti lirou lirou … la la diri tou tou la lara!

Deutsche Übersetzung:

> Als ich ein kleines Mädchen war,
> hütete ich die Schafe.
> Ti lirou lirou … la la diri tou tou la lara!

Ich hatte einen kleinen Hirtenstab
und ich rief einen Hirten zu mir.
Ti lirou lirou ... la la diri tou tou la lara!

Als Lohn, weil er meine Schafe hütete,
verlangte er einen Kuss von mir.
Ti lirou lirou ... la la diri tou tou la lara!

Ich wollte nicht undankbar sein,
drum gab ich ihm nicht einen, sondern zwei!
Ti lirou lirou ... la la diri tou tou la lara!

(Entnommen mit freundlicher Genehmigung dem Programmheft eines Konzerts des Ensembles Kontrapunkte vom 23. März 2009 im Musikverein Wien.)

ELFRIEDE JELINEK: LIBRETTO FÜR „BÄHLAMMS FEST" VON OLGA NEUWIRTH

„Bählamms Fest" (Musiktheater) ist ein 1998 in Zusammenarbeit mit der österreichischen Komponistin Olga Neuwirth mit Elfriede Jelinek entstandenes Musiktheater. Die literarische Vorlage, nach der Jelinek als Librettistin den Stoff bearbeitete, stammt von Leonora Carrington, der Lebensgefährtin von Max Ernst. Als Leonora Carrington 1940 begann, ihr Stück „Das Fest des Lammes" (engl. Orig.: „Baa Lamb's Holiday") zu schreiben, war ihr Freund Max Ernst gerade in ein Konzentrationslager abgeführt worden. Carrington, die zwischenzeitlich in eine Irrenanstalt eingeliefert werden musste, zeigte in diesem wie in jedem Werk die für sie typische Affinität zum Surrealistischen.

In diesem Stück gibt es eine Begegnung mit dem „Wolfsmenschen" Jeremy. Dieser wählt in jedem Jahr zwölf Lämmer aus, denen er rituell den Kopf abreißt, um danach auch den Schäfer zu schlachten.

(JeliNetz. Elfriede Jelinek-Forschungszentrum, Institut für Germanistik, Universität Wien. www.univie.ac.at/jelinetz/index.php?title=B%C3%A4hlamms_Fest_(Libretto) zusammengestellt von: Raphaela Edelbauer, Gernot Hausar)

GUSTAV MAHLER: 4. SINFONIE

Der Text der 4. Sinfonie in G-Dur für großes Orchester und Sopransolo im Finalsatz von Gustav Mahler basiert auf einem Gedicht aus „Des Knaben Wunderhorn".

Text des letzten Satzes:
Wir genießen die himmlischen Freuden,
D'rum tun wir das Irdische meiden.
Kein weltlich' Getümmel
Hört man nicht im Himmel!
Lebt alles in sanftester Ruh'.
Wir führen ein englisches Leben,
Sind dennoch ganz lustig daneben;
Wir tanzen und springen,
Wir hüpfen und singen,
Sanct Peter im Himmel sieht zu.

Johannes das Lämmlein auslasset,
Der Metzger Herodes d'rauf passet.
Wir führen ein geduldig's,
Unschuldig's, geduldig's,

Ein liebliches Lämmlein zu Tod.
Sanct Lucas den Ochsen tät schlachten
Ohn' einig's Bedenken und Achten.
Der Wein kost' kein Heller
Im himmlischen Keller;
Die Englein, die backen das Brot.

Gut' Kräuter von allerhand Arten,
Die wachsen im himmlischen Garten,
Gut' Spargel, Fisolen
Und was wir nur wollen.
Ganze Schüsseln voll sind uns bereit!
Gut' Äpfel, gut' Birn' und gut' Trauben;
Die Gärtner, die alles erlauben.
Willst Rehbock, willst Hasen,
Auf offener Straßen
Sie laufen herbei!

Sollt' ein Fasttag etwa kommen,
Alle Fische gleich mit Freuden angeschwommen!
Dort läuft schon Sanct Peter
Mit Netz und mit Köder
Zum himmlischen Weiher hinein.
Sanct Martha die Köchin muß sein.

Kein' Musik ist ja nicht auf Erden,
Die unsrer verglichen kann werden.
Elftausend Jungfrauen
Zu tanzen sich trauen.
Sanct Ursula selbst dazu lacht.
Cäcilia mit ihren Verwandten

Sind treffliche Hofmusikanten!
Die englischen Stimmen
Ermuntern die Sinnen,
Daß alles für Freuden erwacht.
(Quelle: http://de.wikipedia.org/wiki/4._Sinfonie_(Mahler))

51. Weihnachtskrippe in St. Leonhard bei Bad Aussee

Musik
Schofar, Hirtenhorn, Spinnstube,
Krippenlied, Pastorale und Pastorellen

DER SCHOFAR

Der Schofar ist ein jüdisches mundstückloses Blasinstrument, meist aus einem Widderhorn, das am Neujahrstag zum Synagogengottesdienst (Rosch ha-Schanah), am Versöhnungstag (Jom Kippur) und zu anderen wichtigen Anlässen geblasen wird. So erklingt es auch bei der Inauguration eines neuen Staatspräsidenten. Der SCHOFAR soll an die geplante Opferung des Isaak durch Abraham erinnern. An Isaaks Stelle wurde ein Widder geopfert, dessen Hörner an das Leiden Israels erinnern sollen. Und bei der Eroberung von Jericho erklangen sieben Hallposaunen. Fällt aber ein Fest auf einen Sabbat, darf der Schofar nicht geblasen werden. Wie über Wikipedia zu erfahren ist, gibt es insgesamt vier grundlegende Signaltöne: Teki'a (ein langer Ton), Schewarim (drei kurze Töne), Teru'a (neun bis zwölf sehr kurze Töne) und Teki'a gedola (ganz langer Ton).

Der Schofar wird zumeist aus einem gekrümmten Widderhorn von mehr als zehn Zentimetern Länge angefertigt. Eine mundstückähnliche Öffnung zum Anblasen wird durch das Absägen der Hornspitze erreicht. Die Verwendung eines Horns von einem nicht rituell geschlachteten Tier ist zulässig. Neben den Bräuchen und dem Festessen ist der Schofar wichtiger Bestandteil der jüdischen Feste. Vor dem Schofarblasen werden bei zeremoniellen Kirchenfesten zwei Segen gesprochen. Wenn einer der Segen erfolgt ist, darf bis zur Beendigung des Schofarblasens nicht mehr gesprochen werden. Frauen dürfen auch den Segen sprechen und den Schofar blasen. Am Schluss des festlichen Gottesdienstes ist es üblich, dass noch einmal vierzig kurze Stöße geblasen werden, sodass schließlich die Gesamtzahl von einhundert Schofartönen erreicht wird.

Weitere Hinweise auf den Schofar und dessen Verwendung gibt es unter anderem beim Evangelischen Arbeitskreis Kirche und Israel in Hessen und Nassau. (Vgl. www.lomdim.de).

HÖRNER

Ähnlich hergestellt sind die auch bei den österreichischen Hirten und Bauern verwendeten HÖRNER. Sie werden zumeist aus dem gekrümmten Widderhorn oder dem Horn des Ziegenbocks gefertigt.

In ähnlicher Form gibt es das GEMSHORN oder SCHAFHORN. Es wird heute nach alten Vorbildern und Vorlagen in der Schweiz von dem Team „Erlebbare Archäologie" nachgebaut. Vorlage ist unter anderem eine Bildquelle von 1455 aus dem bayerischen Ochsenfeld sowie der Heidelberger Totentanz von 1484. Bei den wenigen erhaltenen Exemplaren besteht das Mundstück aus Holz. Nachgebaut wird es unter Verwendung von Wachs anstelle von Holz. (Vgl. u. a. Hakelberg 1999, S. 279–291)

SPINNSTUBENLIEDER

Die Spinnstubenlieder sind weitgehend verklungen. Aus dem Burgenland ist aus historischer Sicht ein reicher Fund gelungen. Der aus Ungarn stammende und mehrere Jahre in Wien lehrende Károly Gaàl hat seine Forschungen im Buch „Spinnstubenlieder. Lieder der Frauengemeinschaften in den ungarischen Sprachinseln im Burgenland" im Jahre 1966 veröffentlicht. In einem der Lieder heißt es:

„... Der höchste Pappelbaum von Baron Szedri,
Mein Herr Baron galoppiert darauf zu.
Er ruft seinen ältesten Schäferburschen an,
Ob er seine liebe Tochter nicht gesehen habe.

Mein Herr Baron, ich sah ihre Tochter nicht.
Es ist drei Tage her, dass ihre Herde zu Hause ist.
Es ist drei Tage her, dass der Schäferbursch weg ist,
Gewiss mit dem Fräulein des Barons ..."

Die Lieder sind alle in der Originalsprache, also magyarisch und deutsch und auch mit Noten wiedergegeben. Das Lied Nr. 6 („A becsali csard ...") bezieht sich ebenfalls auf den Hirten:

„... Du hast den Schafhirten getötet,
wegen seiner zweihundert Forint,
Du hast ihn in die Theis geworfen ..."

Ein weiteres Lied (Nr. 11) bezieht die konkrete Situation der Spinnstube mit ein. In der 5. und 6. Strophe heißt es:

„... Sie ging in die Spinnstube,
Sie setzte sich auf die Bank.
Ein Bursch rief sie hinaus;
Nur auf eine Minute.

Kommt, Mädchen, kommt!
Ihr sollt mir helfen.
Ach, in die Spinnstube
Komm ich mit euch nie wieder"

Die Spinnstubenlieder sind eine wichtige Gattung innerhalb der Volksliedforschung. Unter der SPINNSTUBE wird in der volkskundlichen Forschung das gesellige Zusammensein in einer (Bauern-)Stube bei Musik, Gesang, Erzählungen, Spiel und Tanz verstanden. In den Stuben wurde gesponnen – oftmals einen Winter lang. Spinnstuben und damit verbunden auch die Spinnstubenlieder sind in mehreren Teilen der Alpen verbreitet, aber auch „von der Bretagne bis zum Himalaja", wie im „Wörterbuch der deutschen Volkskunde" nachzulesen ist.

Neben „Spinnstube" sind auch die Begriffe „Kunkel", „Heimgarten" und „Stubete" bekannt. Der Begriff „Kunkel" bezieht sich auf das Gerät gleichen Namens für den Spinnrocken, also den Stab, der das Wollbündel trägt und vielfach sorgfältig geschnitzt worden ist. Zusammen mit dem Spinnrad ist der Rocken ein beinahe unentbehrliches Gerät in österreichischen Heimatmuseen. Spinnrad und Rocken haben für die Wollverarbeitung im häuslichen Bereich eine große Rolle gespielt.

In Slowenien wurde ein Webstuhlgewicht aus Ton gefunden. Einige Schriftzeichen sind erhalten geblieben, die übersetzt lauten könnten:

„Bei den Maschen sitzend, beeilst du dich mit dem Weben. Den Klöppel fortjagend, besingst du die Taten der Ritter (Helden, Mann)."

Ein vergleichbares jahrhundertealtes Zeugnis stammt aus der Hallstatt-Zeit (zwischen 800 und 400 v. Chr.). Es handelt sich um die Zeichnung eines Webstuhls. Der wertvolle Fund stammt aus der Nähe von Sopron in Ungarn. Dargestellt ist auch eine Weberin und rechts eine Musikantin. Links von der Weberin ist eine herabhängende Spindel zu erkennen. Die Weberin ist offenbar damit beschäftigt, den Schussfaden durch die mit Gewichten nach unten gespannte Kette zu ziehen. (Vgl. Haid „Vom alten Handwerk", S. 14)

MUSIK

PASTORALEN UND PASTORELLEN

Eine PASTORALE ist ein Hirtenstück der Instrumentalmusik. Eine PASTORELLE ist ein Schäferlied im Sinne einer lyrischen Form, die bis ins Mittelalter rückdatiert.

Die Lieder in der Spinnstube und über die Spinnstube mögen auch als Anregung für PASTORALEN und PASTORELLEN gedient haben, musikalische „Hirtenstücke". Sie werden aus den Schäferspielen abgeleitet, die sogar eine Operngattung bildeten. Im 17. und 18. Jahrhundert wurden von Komponisten wie J. S. Bach Pastoralen und Pastorellen komponiert. Einen populären Höhepunkt erzielten diese Stücke in weihnachtlichen Pastoralmessen. Eine Pastoralsinfonie aus der Zeit um 1800 ist beispielsweise die 6. Sinfonie in F-Dur, opus 68 von Ludwig van Beethoven. Neuere Kompositionen stammen unter anderem auch von Richard Strauss in der Oper „Daphne", und insbesondere die Orfeo-Saga ist zu nennen.

MADRIGALE

Die Werke der anspruchsvollen Hochkultur von Komponisten, ausgehend von den Rollen der Hirten, wurden zu einem besonderen Topos in der Weihnachtszeit. Auch von Ernst Krenek (1900–1991) wird in „Orpheus und Euridike" (Kassel, 1928) das Hirtenmotiv eingesetzt. Die MADRIGALE ist teilweise der Hirtenmusik zuzurechnen. Das Madrigal ist ursprünglich der Hirtengesang. Als Musikinstrument wird oft der Dudelsack eingesetzt, um eine „Hirten-Stimmung" zu vermitteln. Die Hirtengesänge sind vor allem den Schafhirten und ihrer Kultur, ihrer Lebensweise, der angeblichen Romantik gewidmet.

SCHAFE IN WERKEN DER KLASSISCHEN MUSIK

In der Tondichtung „Don Quixote" von Richard Strauss (1897), basierend auf dem Roman „Don Quijote de la Mancha" des spanischen Autors Miguel de Cervantes (Strauss), stößt man auf eine Schafherde. Die zweite Variation schildert eine Episode, in der Don Quijote einer Schafherde begegnet, die er zunächst für eine nahende Armee hält. Strauss setzt dissonantes Flatterzungenspiel ein, um das Blöken der Schafe zu imitieren. Das Flatterzungenspiel war damals eine ganz neue Spieltechnik. (de.wikipedia.org/wiki/Don_Quixote_(Strauss))

Eine Kritik der Aufführung dieses Werkes durch das Rundfunk-Sinfonieorchester Berlin im April 2004 von Isabel Herzfeld trug den Titel „Mäh, macht das Schaf, Mäh, macht das Horn". Die Journalistin schreibt von „gestopften, die Schafherde imitierenden Hörnern".

HIRTEN- UND KRIPPENLIEDER

Die heimelig-fromme Kultur der Hirten- und Krippenlieder ist insbesondere in Krippendörfern wie zum Beispiel Ebensee, Thaur, Wenns usw. zu erleben. Das Salzkammergut bildet hier ein Zentrum. Auch das alte Neapel ist „Wiege" der Pastoralmusik, der Melodien und auch der Krippen. Die erste Weihnachtskrippe soll der Heilige Franz von Assisi gebaut haben. Was die Krippen- und Hirtenlieder des Salzkammergutes mit den Zentren Ebensee, Hallstatt und Bad Ischl, aber auch das Ausseerland besonders auszeichnet, sind die Lieder, in denen konkret Hirten und Schafe vorkommen. In den originellsten Formen einfacher Dialektpoesie tummeln sich Lämmer und auch Schafe und Widder.

In einem Ebenseer Gasthaus beispielsweise kommen Männer zusammen und singen Weihnachts- und Krippenlieder. Vor einigen Jahren wurde eine umfangreiche Sammlung zusammengestellt. Gewöhnlich teilt eine Wirtin in Hallstatt Zettel mit Liedern aus. Auf die Tische stellt sie je eine Portion Würfelzucker und starken Schnaps. Ganze Familien kommen nach und nach, sitzen an den Tischen. Sie lassen es zischen. Der Würfelzucker, auf den Gabeln über die Flamme gehalten, zischt in den Schnaps. Dann geht es dahin und immer weiter:

„Ös Goasbök und Wieda laßts d'Lampln mit Rueh,
Diets nit allwall Gamperln der Stutzl schaut zue,
Höbts ma koan Handl, i sags engs voneh
Ich ließ eng glei beissen aft dats eng frey weh.

I treib eng auf d'Wiesen, wo s'Graß wachst und s'Heu,
Da mögts eng gnue frössen und springa a wall,
Und habts eng schon gfressa und trunka bis voll
Kints ja nimma springa seids all Wambalvoll …"

(Ziegenbock und Widder lasst ja die Lämmer in Ruh. Macht keinen Streit. Wird gebissen: Das tut weh. Ich treibe euch auf die Wiesen, wo das Gras wächst und das Heu und da könnt ihr euch vollfressen und volltrinken. Ihr könnt ja nicht mehr springen, so sind eure Wampen voll.)

Die immer noch gebräuchliche Hirtenlieder-Sammlung „Weihnachts-Lieder-Buch für Josef Moser" von 1880 zum Beispiel umfasst 124 Titel. Aus ihr wird in Ebensee gesungen. Die Texte handeln immer wieder von Hirten und symbolisch auch von Sängern, die ihre Schäfchen und Lämmer auf die Weide treiben. Ein Engel kommt und verkündet den Hirten die freudige Geburt des Herrn, der in einem armseligen Hirtenstall liegt. Die Schafhirten sind die ersten, die zum Neugeborenen kommen dürfen. Die Privilegierten bringen, so heißt es in manchen Krippenliedern, ihre Gaben: Speck und Butter und sogar ein Lamm. Einer der Hirten pfeift auf der Schalmei. Ein anderer hat den Dudelsack zum Klingen gebracht.

> „Auf ihre Hirten von dem Schlaf
> Bey so schönnen Zeiten,
> Samlet die zerstreuten Schaf
> Laßt sie fröhlich weiden,
> Dann die Nacht ist schon vorbey,
> Und der Tag aufgangen neu,
> Hollt euch eilends naus der Ruh,
> Lauffet euren Herden zu",

heißt es in der ersten Strophe des Liedes Nummer 27. Und weiter:

> „Nun ergreift den Schäffers Stab, nach der Stadt zu reisen
> Reichet eine kleine Gab, dankbar euch zu zeigen
> Stoßt in eure Hirtenspiel, ich ein gleiches thun auch will,
> Geht mit mir nur fröhlich fort, laßt uns sehen diesen Orth."

Eine andere Liedersammlung stammt von Schwaiger Gustav junior, in der es etwa heißt:

> „Ob ich gleich ein Schäfer bin,
> habe doch den freien Sinn.
> Habe doch ein solches Leben,
> das mit lauter Lust umgeben.
> Wechsle meinen Hirtenstab,
> nicht für einen Zepter ab.

Früh, wann die Sonn'aufgeht
und der Tau im Grase steht.
Treib ich mit verliebtem Schalle,
meine Schäflein aus dem Stalle,
auf die grüne Wiese hin,
ob ich gleich alleine bin ..."

Und „O Lamplein all, geht's aus dem Stall, es scheint die Sonn schon überall" beginnt ein weiteres Lied.

In Ebensee sind außerdem Krippen öffentlich zugänglich. Schafe, Lämmer und Widder in allen Größen sind zu sehen, manchmal auch ganze Herden.

52. Hirte mit Alphorn in der Loidl-Krippe, Ebensee, Kohlstatt

HIRTEN- UND KRIPPENLIEDER

In einer alten handgeschriebenen Sammlung im Kammerhofmuseum in Bad Aussee mit Hirten- und Krippenliedern tritt ein Wolf als schlimme Bestie auf, der etliche Schafe zum Opfer fallen.

Im sogenannten „Luschari-Wallfahrtslied" erklingt eine Anspielung auf die Sage der Entstehung der Wallfahrt. Ein Schafhirt findet seine Herde nicht mehr. Er sucht sie überall. Dann hört und sieht er die Schafe: Sie knien in einem Ring. Sie hätten sogar so getan, als ob sie eine Kniebeuge machen wollten.

Ein Wallfahrtslied vom Luschari-Berg erzählt in 21 Strophen von einer wahrlich „frommen" Schafherde, sodass auch der Bischof an ein Wunder glaubt.

Von Leonore und Max Schanzl aus Bad Aussee/St. Leonhard ist folgendes Lied überliefert: „Hant's Buama, habt's koane nix ghert?", in dem wieder Schäflein vorkommen. In der großen Krippe von St. Leonhard bei Bad Aussee tummeln sich Schafe. Das ganze Geschehen um die Geburt und damit verbundene Probleme werden gemäß dem alten Volksglauben dargestellt.

Bemerkenswert ist, dass die Hirten- und Krippenlieder entgegen dem sonstigen liturgischen Gebrauch nicht glatt gefeilt und gereimt in der Schriftsprache, sondern zumeist in holprigem Dialekt verfasst wurden. So werden sie auch gesungen.

Das Thema ist unerschöpflich. Es wird regional verarbeitet, gesammelt und dokumentiert, aber nie überregional und vergleichend interdisziplinär.

Literaturliste

Alpenburg, Freiherr Ritter von: Mythen und Sagen Tyrols. Zürich, 1857

ALPES Magazine. Toulouse, 1999 (Heft 59, u. a. S. 13–19)

Angerer, Tatjana: Od ovce do preje, preproge, odeje. Ljubljana, 2002

Apple, Sam: Schlepping durch die Alpen. Ein etwas anderes Reisebuch. Atrium, Zürich, 1907 (Über den österreichischen Wanderschäfer Hans Breuer)

Bätzing, Werner: Valle Stura. Rundwanderungen durch ein einsames Tal der piemontesischen Alpen. Rotpunktverlag, Zürich, 2008

Baumgartner, Alexander: Island und die Faröer. Herder, Freiburg, 1889

Baumgartner, Augustin: Maria Mutter der Gnaden. Wallfahrtsstätten in Österreich und Südtirol. Carinthia, Klagenfurt, 1989

Bensa, Patrick: Les moutons. PEMF, Mouans-Sartoux, 1990

Bernardini, Enzo: Lungo le strade del sale dal Mar Ligure a Ginevra. Sagep, 1981

Berthold, Fritz: Die Hirtin und ihr Paradies. Lebensbild einer Südtiroler Bergbauernfamilie. Wien/München, 1976

Beutler, Rolf: Schafkrankheiten und Geburten. In: Neues Handbuch Alp. Zalpverlag, Mollis, 2005

Bodini, Gianni: Schafe und Hirten im Vinschgau und Schnalstal. Katalog einer Fotoausstellung, Schnals, 2005

Brisebarre, Anne-Marié : Bergers et transhumances. De Borée, 2006

Büchli, Arnold: Mythologische Landeskunde von Graubünden. 4 Bände, Desertina, 1989/1992

Busch, Gabriel: Kapellenkranz rund um den Michaelsberg, 1985, S. 201

Carissoni, Anna: Pastori. La pastorizia bergamasca e il vocabulario Gai. Edizioni Villadiseriane, Villa di Serio, 2001

Coelho, Paulo: Auf dem Jakobsweg. Tagebuch einer Pilgerreise nach Santiago de Compostela. Diogenes, Zürich, 1999 (spanische Originalausgabe 1987)

Cortesi, Antonio: Zwei Frauen gegen die Bären. In: Tagesanzeiger, Zürich (www.tagesanzeiger.ch/dyn/ne 7.7.2008)

Defner, Thomas: Am Jakobsweg. Photographische Impressionen einer Pilgerreise ... Eigenverlag, Igls, 2008

Die gefährdeten Nutztierrassen Österreichs. Verein zum Schutze und zur Bewahrung der Erbanlagen heimischer gefährdeter landw. Nutztierrassen, Wien, ca. 1990

Druckenthaner, Christa und Kurt: Hirtenliedhandschriften des Salzkammergutes als Dialektquelle. In: O-radl. Salzkammergut. Dialektvarianten, Ebensee, 2008

Gaal, Karoly: Spinnstubenlieder. Lieder der Frauengemeinschaften in den magyarischen Sprachinseln im Burgenland. Studia Hungarica, München, 1999, Wörterbuch der Deutschen Volkskunde. Kröner, Stuttgart, 1974

Genuss-Region Österreich. GRM Genussregionen Marketing, Wien, 2008

Goldaniga, Giacomo: Gai, Gavi, Gau di Valcamonica e delle valli Bergamasche. (L'antico gergo dei pastori), Boario Terme, 1995

Gruber, Peter/Hörbst, Kurt: Sommerschnee. Porträt eines Almlebens in gwändigen öden Gebürg. Bibliothek der Provinz, Weitra, 2008

Haid, Hans: Similaun. Skarabäus, Innsbruck, 2008

Haid, Hans: vende vallis snals. Zusammenhänge zw. dem hinteren Ötztal und dem Schnalstal. In: Der Schlern, Bozen, 1991

Haid, Hans: Vom Alten Handwerk. Rosenheimer, Rosenheim, 2001 und Edition Tau, Bad Sauerbrunn, 2001

Haid, Hans: Wege der Schafe. Die jahrtausendealte Hirtenkultur zwischen Südtirol und dem Ötztal. Tyrolia & Athesia, Innsbruck und Bozen, 2008

Hakelberg, Dietrich: Spätmittelalterliche Gefäßflöten. In: Internationale Archäologie Studia honoraria, Band 9, 1999 (S. 279–291)

Haller, Albrecht von: Die Alpen. Baumeister, Wien, 1789

Hillern, Wilhelmine von: Die Geierwally. (Mehrere Ausgaben in verschiedenen Verlagen seit 1875)

Höcht, Johannes: Die große Botschaft von La Salette, Christina-Verlag, 1996

Hohenfeldener Blätter Nr. 34, Schäfer und Schafhaltung in Thüringen, Thüringer Freilichtmuseum Hohenfelden, 1979

Hoppe, Alfred: Des Österreichers Wallfahrtsorte. 1913
Jacobeit, Wolfgang: Schafhaltung und Schäfer. Akademie-Verlag, Berlin, 1961
Jantsch, Franz: Ich war in Fatima, 1954
Kemal, Yasar: Das Lied der tausend Stiere. Unionsverlag, Zürich, 1997 (deutsche Ausgabe)
Križnar, Naško: Die Käserei auf Schafalmen. In: Der Triglav Nationalpark. Eigenverlag Nationalpark, Bled, 1987 (deutsche Ausgabe S. 192–201)
L' ALPE. Transhumances, Band 3, Glénat, Grenoble, 1999
L'homme et le mouton. Dans l'espace de la transhumance. Musée Dauphinois, Grenoble, 1994 (Texte: Jean-Claude Duclos et André Pitte)
La routo. Sulle vie della transumanza tra le Alpe e il mare. Primalpe. Ecomuseo della Pastorzia, Pontebernardo, 2001
Landes-Schafzuchtverband Tirol. Gedenkschrift 50 Jahre, 1938–1988, Innsbruck, 1988
Laxness, Halldor: Am Gletscher. Roman. Steidl, Göttingen, 1989 (1994 und 1995)
Lechner, Eva: Das Buch von den Schafen in Tirol. Loewenzahn, Innsbruck, 2002
Leimer-Rumersdorfer, Ingrid: Von Schafen und Schäfern. In: Salzburger Volkskultur, Salzburg, 18. Jg. April 1
LeRoy Ladurie, Emmanuel: Montaillou. Ein Dorf vor dem Inquisitor 1294 bis 1324. Ullstein, Berlin, 2000 (deutsche Ausgabe)
Lesebuch für die Landschulen. o. J.
Mannent, Jacques et René: Les dernières grandes transhumances. Ophrys, Gap, 1996
Moyal, Maurice (Text)/Coen, Marcel/Fotos): 1951 Transhumance sur la route des alpages. Maison de la Transhumance, Marseille, 2001
Murakami, Hariki: Wilde Schafsjagd. btb, Random House, München, 2006
Musil, Robert: Nachlass zu Lebzeiten. Humanitas, Zürich, 1936
Musset, Danielle: Histoire et actualité de la transhumance en Provence. Les Alpes de Lumière, 1986
Nationalpark Hohe Tauern. Almen im Nationalpark Hohe Tauern. Natur, Kultur und Nutzungen. Wissenschaftliche Schriften. Matrei, 2004

Neues Handbuch Alp. Handfestes für Alpleute. Erstaunliches für Zaungäste. zalpverlag, Mollis, 2005

Oelke, Manfred: Sitten und Bräuche um Schäfer und Schafe in Thüringen. In: Zeitschrift für Agrargeschichte und Agrarsoziologie. Heft 1, Stuttgart, 1999

OLM NOU OLM (immer nur Alm). Geschichten der Vintschger Almen. Begleitheft zur Sonderausstellung Vintschger Museum, Schluderns, 2006

Payer, Alois: Einführung in Entwicklungsländerstudien. www.payer.de/entwicklung (4.7.2008)

Peer, Andri: Poesias-Gedichte: Desertina, Disentis, 1988

Platzgummer, Hans Luis: Das Schnalstal. Eine Landschaft: Berge – Steine – Schafe. Kulturverein Schnals, 2000

Poestion, J. C.: Island. Das Land und seine Bewohner. Wien, 1885

Prettner, J.: Der Heilige Luschari-Berg in Kärnten. In: Jahrbuch des Österreichischen Alpenvereins. Band I, Wien, 1865 (Anm.: Zu dieser Zeit war diese Region Teil von Kärnten und ist heute in Italien.)

Rama Rau, Santha: Die Küche in Indien. Time-Life, Amsterdam, 1970

Reichhof, Josef H.: Warum die Menschen sesshaft wurden. Das größte Rätsel unserer Geschichte. S. Fischer, Frankfurt, 2008

Sagen und Geschichten aus den Ötztaler Alpen. Edition Löwenzahn. Innsbruck 1997 (Ötztal-Archiv-Schriftenreihe, Bd. 1)

Sambraus, Hans Hinrich: Atlas der Nutztierrassen. Ulmer, Stuttgart, 1984, 1994

Savli, Jozef/Bor, Matej: Unsere Vorfahren – die Veneter. Wien, 1988

Schallberger, Franz-Toni: Die 18 Erscheinungen von Lourdes und ihre Bedeutung für den inneren Weg. Baden, 2007

Schauber, v.: Bildlexikon der Heiligen, Seligen und Namenspatrone, München, 1999

Schauber, v.: Heilige und Namenspatrone im Jahreslauf. München, 2001

Schauber, v.: Pattloch Namenstagkalender, Augsburg, 1994

Schemann, Christine und Karlheinz: Wallfahrten im Gebirge. 50 Wanderungen in den Alpen. München, 1991

Steiner, Gertrude: Sagen und Mythen entdecken auf Salzburger Almen, Tyrolia, Innsbruck, 2005

Stohner, Anni/Wilson, Henrike: Das Schaf Charlotte. Hanser, München, 2005

Swann, Leonie: Glenkill. Ein Schafskrimi. Goldmann, München, 2005

Transhumance en provence. Histoire et actualité. Les Alpes de Lumière, (Grenoble), 1995

Tuor, Leo: Giacumbert Nau. Hirt auf der Greina. Octopus, Chur, 1989 (rätoromanisch), 1994 (deutsch)

Vardinam, E. E.: Nomaden. Schöpfer einer neuen Kultur im Vorderen Orient. Wien –Düsseldorf, 1977 (Lizenzausgabe Pawlak, 1990)

Verona, Marzia: Dove vai pastore? Pascolo vagante e transumanza nelle Alpi Occidentali agli albori del XXI secolo. In: Quaderni di cultura alpina (Band 85, herausgegeben von Luigi Dematteis), Priuli & Verlucca, Ivrea, 2006

Weihnachts-Lieder-Buch des Josef Moser. Eigenverlag, Ebensee, ohne Jahr

Werner, Karl-Heinz: Die Almwirtschaft de Schnalstales unter Einbeziehung der Herdenwanderungen ins innerste Ötztal. Veröffentlichungen der Universität Innsbruck, 1969 (Band 20 – Studien)

Zipperle, Andreas/Rachewiltz, Siegfried W. de/Togni, Roberto: Transhumanza. Weideplätze wechseln. Sturzflüge & Löwenzahn, Bozen, 1994

ZEITUNGEN UND ZEITSCHRIFTEN

Kurier, Wien, 25. Sept. 2005 „Abgegrast"

GEO, Hamburg, Januar 2009, S. 30–54

Der Spiegel, Hamburg, Nr. 52, 20.12. 2008, S. 98–108, und 17.10.2007

Die Krone, Wien, 6.1.2009 und 2.12.2008

Der Standard, Wien, 23.12. 2008

Süddeutsche Zeitung, München, 31.12.2008/1.1.2009

Die Presse, Wien, 20.10.2007 und 17.11.2007

Die Zeit, Hamburg, 16.11.2006 (Rezension Bilderbuch „Das Schaf Charlotte")s

LITERATURLISTE

FILM, VIDEO, DVD ETC.

Schaftrieb Schnalstal. 9. 9. 2001. Amateurfilm Video VHS. Kamera: Chris Wanke

Manuel und die Wolkenschafe. sylvia.rothe@gmx.de (München), 2007

Das Leiden der Lämmer. Überspielung des Fernsehfilmes, Südwestfunk, Sept. 1996

Die Alpen. Folge 5 „Wege durch Tirol". Bayerischer Rundfunk, 1993 (u. a. über den Schaftrieb Südtirol–Ötztal)

Schnalstal und Schafe (u. a. Porträt des Schäfers Fortunat Gurschler), Norddeutscher Rundfunk; Überspielung auf VHS, 16. 2. 2006

Schafalm Planina ZA Skalo (Slowenien). Naško Križnar, 1972

Der große Schaftrieb über den Gurgler Ferner. Amateurfilm von Hans Falkner

Schafkrieg im Ötztal. Dokumentation ORF-Tirol, 7. 4. 1990

Schafkrieg. ORF-Tirol, 6. 10. 1988

Lorenzo Paccagnella: La via della lana. RAI-Italien, 1996

Schafe und Ötzi. ORF-Tirol und ORF 2, 8.5.2004

Verband der Südtiroler Kleintierzüchter (Hans Götsch) u. a. über Schafe. dvd (2007?)

Mauro Gambicorti: Transumanza. 2 x CD, 2007

Thomas Defner: Wege der Schafe. Die jahrtausendealte nomadische Hirtenkultur zwischen Südtirol und dem Ötztal. DVD über eine Multivision, Igls, 2007

Robert Weichinger, ORF-Wien, Dokumentation des Schaftriebes Sept. 2001 im Ötztal, CD

Nomaden. Der lange Treck der Bachtiari. NDR (Norddeutscher Rundfunk), (1991?)

Tal der schwarzen Schafe. Bayerischer Rundfunk, 1964

Schafes Bruder. Der Hirte Petre (Rumänien). Ein Film von Björn Reinhardt, Maramure, 2006

Hirtenreise ins dritte Jahrtausend. Ein Film von Erich Langjahr, 2003

Tiroler Loden von der Handweberei zur Tuchfabrik. Arbeitskreis visuelle

Dokumentation. Bozen, 2001, 40 Minuten, VHS (Die Video-Tyroliensie)

Mythos Schaf – von Sündenböcken und Unschuldslämmern in der Reihe Mythos Tier, 2007, vgl. www.marco-polo-film.de/Film (4.7.2008)

Shaun das Schaf. Gemüsefußball. 8 schafsinnige Abenteuer. DVD Concorde Home Entertainment, München, 2008

BILDNACHWEISE

Defner, Thomas: Abb. 21; Farbtafel 7, 8, 9, 12b, 13a, 14, 15, 16
Degioanni, Teresio: Abb. 23, 29 (aus: La routo. Sulle vie della transumanza tra le Alpe e il mare. Primalpe. Ecomuseo della Pastorzia, Pontebernardo, 2001)
Farwer, Alfward: Abb. 8, 37; Farbtafel 13b
Gurschler, Friedrich: Abb. 4, 14; Farbtafel 10/11
Haid, Gerlinde: Abb. 10, 51, 52
Haid, Hans: Abb. 5, 11, 15, 20, 26, 27, 28, 30, 35, 50; Farbtafel 1, 2, 3, 4/5, 6
Holland, Philip (fotolia.com): Abb. 7
Križnar, Naško: Abb. 31, 32, 33
Musée Dauphinois: Abb. 43 (aus: L' ALPE. Transhumances, Band 3, Glénat, Grenoble, 1999)
Pechtl, Inge: Farbtafel 12a
Schreyer, Ingrid: Abb. 6, 44

Aus: Baumgartner, Alexander: Island und die Faröer. Herder, Freiburg, 1889: Abb. 22
Aus: Bensa, Patrick: Les moutons. PEMF, Mouans-Sartoux, 1990: Abb. 12, 25, 36
Aus: Hohenfeldener Blätter Nr. 34, Schäfer und Schafhaltung in Thüringen, Thüringer Freilichtmuseum, Hohenfelden, 1979: Abb. 24, 34
Aus: Jacobeit, Wolfgang: Schafhaltung und Schäfer. Akademie-Verlag, Berlin, 1961: Abb. 13, 16, 17, 38, 39, 40, 41, 42, 46, 47, 49
Aus: Schmidt, Ernst Eugen: Vom singenden Dudelsack: Abb. 19, 48
Aus: Vardinam, E.E.: Nomaden. Schöpfer einer neuen Kultur im vorderen Orient. Wien – Düsseldorf, 1977 (Lizenzausgabe Pawlak, 1990): Abb. 1, 2, 3, 9
Aus: Verona, Marzia: Dove vai pastore? Pascolo vagante e transumanza nelle Alpi Occidentali agli albori del XXI secolo. In: Quaderni di cultura alpina (Band 85, herausgegeben von Luigi Dematteis), Priuli & Verlucca, Ivrea, 2006: Abb. 45

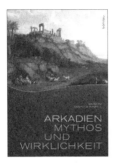

BARBRO SANTILLO FRIZELL
ARKADIEN
MYTHOS UND WIRKLICHKEIT
AUS DEM SCHWEDISCHEN ÜBERSETZT VON
YLVA ERIKSSON-KUCHENBUCH

Arkadien, ursprünglich ein raues Hochland auf der griechischen Halbinsel Peloponnes, erscheint bereits seit hellenischer Zeit mythisch verklärt als Ort ländlicher Idylle. In Vergessenheit geraten sind jedoch Alltag und Wirklichkeit der ursprünglichen pastoralen Lebenswelt.

Dieses Buch lädt den Leser auf eine ebenso lehrreiche wie faszinierende Reise durch Raum und Zeit ein. Von der Antike bis in die heutige Zeit geht die Autorin den Ursprüngen pastoralen Lebens im mediterranen Raum nach. Sie betrachtet Landschaften, Tierhaltung, landwirtschaftliche Produktionsweisen, Handelswege und Märkte, aber auch deren Auswirkungen auf das gesellschaftliche und kulturelle Leben der Menschen.

2009. 188 S. MIT 55 S/W-ABB. 28 FARB. ABB. AUF 24 TAF.
GB. MIT SU. 155 X 230 MM.
ISBN 978-3-412-20307-8

Barbro Santillo Frizell stellt den Mythos von Arkadien auf seine agrarische Basis. [...] Die antiken und auch späteren Stadtkulturen waren auf eine viel intensivere Weise mit der Weidewirtschaft verflochten, als man bislang wusste. Mit diesem Buch lässt sich der Blick für die Realität von Europas schönsten Landschaften schärfen.
Frankfurter Allgemeine Zeitung

BÖHLAU VERLAG, URSULAPLATZ 1, 50668 KÖLN. T: +49(0)221 913 90-0
INFO@BOEHLAU.DE, WWW.BOEHLAU.DE | KÖLN WEIMAR WIEN

HANS HAID
MYTHEN DER ALPEN
VON SALIGEN, WEISSEN FRAUEN
UND HEILIGEN BERGEN

Von Frankreich bis Slowenien, über die Schweiz nach Italien, Deutschland und Österreich zieht sich eine Welt der bisher kaum bekannten Kultstätten und Sagen – die Alpen.

Hans Haid erwandert und erkundet geheimnisvolle Wallfahrtsorte, hoch hinauf zum Rocciamelone auf über 3500 m, von Maria Alm über das Steinerne Meer zum Königssee, von Fusch über die Hohen Tauern nach Heiligenblut. Auf seinen Wegen rund um Großglockner, Montblanc, Dachstein, Triglav oder Similaun trifft er auf die alte „religio", Kulte, heilsame Quellen und Stätten, an denen totgeborene Kinder notgetauft wurden und sich jahrtausendealte Orte der Mutterkulte befanden. Der Alpenmythos begleitet die längst vergessenen Totenzüge, erinnert an die alten Betkugeln und erhält Rituale wie Kreisziehen und Bann am Leben. Die Saligen und Aldeunen, das Vreneli, die Weiße Frau am Gletscher und das „rotzige Weibl" („mumma veglia") – sie alle zeugen von der Vielfalt der alpinen Kultur.

2006. 365 S. GB. 120 S/W- & FARB. ABB.
135 X 210 MM. | ISBN 978-3-205-77541-6

BÖHLAU VERLAG, WIESINGERSTRASSE 1, 1010 WIEN. T: +43(0)1 330 24 27-0
BOEHLAU@BOEHLAU.AT, WWW.BOEHLAU.AT | WIEN KÖLN WEIMAR